U0569062

国家社科基金
后期资助项目

规范性文件附带审查制度研究

Research on the System of Incidental Review of Normative Documents

于洋 著

中国人民大学出版社
·北京·

国家社科基金后期资助项目
出版说明

后期资助项目是国家社科基金设立的一类重要项目，旨在鼓励广大社科研究者潜心治学，支持基础研究多出优秀成果。它是经过严格评审，从接近完成的科研成果中遴选立项的。为扩大后期资助项目的影响，更好地推动学术发展，促进成果转化，全国哲学社会科学工作办公室按照"统一设计、统一标识、统一版式、形成系列"的总体要求，组织出版国家社科基金后期资助项目成果。

全国哲学社会科学工作办公室

序

一

年初时，于洋来信说她的博士论文《规范性文件附带审查制度研究》要出版了，问我可否写个序，我很高兴应诺了。在我的记忆中，与于洋第一次见面应该是在华东政法大学承办的中国行政法学研究会第一次会员代表大会暨2012年年会上，当时，她正在辽宁大学法学院师从张弘教授读宪法学与行政法学专业。2015年她报考了我的博士生，初试成绩排名第三，那年我有两个招生名额，因她在复试中的表现特别优秀，于是，那年9月她来到了之江月轮山。读博期间，她十分勤奋，谦虚好学，并独立发表多篇学术论文，其中发表在《交大法学》上的《明显不当审查标准的内涵与适用——以〈行政诉讼法〉第七十条第（六）项为核心》为中国人民大学复印报刊资料《诉讼法学、司法制度》2018年第3期全文转载。毕业之后，她顺利入职了上海财经大学法学院。

在于洋着手博士论文选题时，围绕2014年修正的《行政诉讼法》实施中的问题展开讨论是当时行政法学界的一大热点。2016年初，华东政法大学章志远教授为《福建行政学院学报》以"新《行政诉讼法》实施一周年热点问题探讨"专题研讨组稿，我应约提交了《论行政诉讼中规范性文件的合法性审查》一文，发表在当年该学报的第3期上。在这篇论文中，因篇幅的限制，我仅就规范性文件合法性审查的诉讼请求要件、审查基准和若干相关问题作了一个规范性的框架论述，不少问题只能点到为止，未能深入展开论述，所以，我建议于洋把规范性文件合法性审查作为博士论文的选题，她欣然接受了。于洋在攻读硕士期间打下了较为坚实的专业基础，上山之后学习十分努力，所以，博士论文的写作、外审和答辩也很顺利。

她入职上海财经大学法学院之后,以博士论文为基础申请获得了国家社科基金后期资助项目,为博士论文修改成书提供了一个很好的条件。

二

好的博士论文总是有一个敏锐的问题意识。2014年修正的《行政诉讼法》确立了行政诉讼规范性文件附带审查制度,但无论在规范层面、学理层面,还是在司法实践层面,于洋提出以下几个方面的问题需要认真对待:(1)"框架式"规定亟待廓清制度构造与调试审查逻辑;(2)学理研究趋于固化,本土化关怀不足;(3)司法实践的错综混乱与实效难题。于洋在"绪论"中十分清晰、明确地提出了她要研究的核心问题,其中,关于"学理研究趋于固化,本土化关怀不足"可以说直指当下中国行政法学研究的通弊,因此,"学理-规范-案例"互动分析方法成为她首选的一种研究方法。

在第一章"规范性文件附带审查制度的概观分析"中,规范性文件附带审查制度被定义为"法院采用附带审查方式审查规范性文件的制度,即公民等主体不可以直接对规范性文件提起诉讼,法院仅可以在其对行政行为提起诉讼时,附带对行政行为所依据的规范性文件进行审查的制度"。然后,于洋从制度史角度,分三个阶段对规范性文件附带审查制度的演变进行解释,并指出了它是伴随法院、学理对该制度的不同理解逐渐发展的。基于上述分析,她得出了一个很有意义的结论:规范性文件附带审查制度的选择,本质上是由《行政诉讼法》以"行政行为"为审查对象的审查体系、具体行政行为与抽象行政行为分离的行政法治传统,以及法院的司法属性与两造对立的诉讼构造等所决定的。这个分析视野开阔,说理清当,具有较强的说服力。当然,规范性文件附带审查作为一个法律制度,它的理念、功能也是必须阐明的,于洋在书中也没有忽视这一点。在第二章"规范性文件附带审查制度的构造与审查难题"中,于洋采用规范分析方法,将规范性文件附带审查制度的构造界分为综合程序和实体内容的"启动要件-审查标准-结果处理"三部分,并对每一部分制度装置中的子结构内容进行了简要阐述,为后续展开详细论证提供了一个清晰的分析框架。同时,又对每个部分中存在的问题进行了深度的病理式诊断,确保了后续展开的详细论证有的放矢。

在完成了上述理论铺垫后，接下来三章对规范性文件附带审查制度的"启动要件-审查标准-结果处理"分别展开论述。在第三章"启动要件：附带审查方式下的三要件厘清"中，于洋认为：首先，中国采用规范性文件"附带审查方式"需要借助于个案中行政行为的审查一并提出审查请求，因此，"启动要件"的关键即在于对被诉行政行为"依据"的识别，只有当规范性文件成为被诉行政行为的"依据"时，原告才能向法院请求附带审查规范性文件，这是规范性文件附带审查方式的核心点。其次，能够被附带审查的对象是"国务院部门和地方人民政府及其部门制定的规范性文件"，只有符合上述制定主体——国务院部门和地方人民政府及其部门——要求的规范性文件才能被附带审查，其范围具有严格的限定。最后，还应符合启动审查的其他程序要求，如提出附带审查请求的主体、时间等。因此，在规范性文件附带审查方式下，启动要件主要包含规范性文件的识别要件、依据要件、其他程序要件三个部分，三者不可或缺。在第四章"审查标准：合法性审查标准的内涵与要件展开"中，于洋认为，对规范性文件附带审查采用的是"合法性审查标准"。对合法性审查标准的解释包含两个维度：一是对合法性审查内涵的理解，二是合法性审查标准不同审查要件的展开。在两个维度的关系上，后者属于对前者不同维度的进一步廓清与执行，可见这两个维度不是并列关系，而是递进关系。在明确了"合法性审查标准"的基础上，于洋结合规范条文、学理与司法实践，将规范性文件合法性审查标准的具体审查要件整合为三个，即主体合法要件、内容合法要件、程序合法要件，并从方法论的视角，对规范性文件合法性审查标准的三个审查要件进行具体分析。这部分内容是全书的核心，多处内容具有新的创意，对司法实务具有较好的指引性。在第五章"结果处理：个案效力基础上的拓展与监督机制"中，于洋认为，法院对规范性文件作出合法性与否的判断之后，如何对相关政策条款进行事后处理，是规范性文件附带审查制度装置运行体系中最为棘手的难题，因此，这一个案审查后的"结果处理"也被称为"附带审查制度实施的最后一公里"。从司法实践来看，规范性文件附带审查后存在一个规范性文件的效力难题，它表现为法院审查结论的效力范围存在争议、违法的规范性文件可能继续存在于法规范秩序中以及司法建议效力不彰等问题，学理上对此也没有较好的回应。因此，如何对违法的规范性文件进行处理是一个亟待解决的现实难题，具有持续研究的空间。在完成了对规范性文件附带审查制度的"启动要件-审查标准-结果处理"三部分的论证之后，于洋在书中又设第六章"规范性文件附带审查制度的运行实效与提升路径"。她从事实层面对规范性文件附带审查制度的运行实效进行了考察,在行政诉讼制度运行的实然与应然中,分析了规范性文件附带审查制度运行所面临的制度环境与社会因素,为它的未来发展指明了方向。规范性文件附带审查制度在中国是一个新制度,本质上是国家通过立法扩大了法院监督行政机关依法行使职权的范围,在"司法权-行政权"这一诉讼监督制度框架中能否如立法预期,正如于洋分析所得到的结论:通过对上述司法案例的梳理,我们可以发现当前规范性文件附带审查制度在实践中呈现出"启动率低、违法认定率低"的状态,尚未实现预期立法目的。而通过对裁判文书的梳理又可以发现,这种运行样态很大程度上是法官不予适用,或者形式上适用该制度所致的,由此呈现出法官"回避"适用该制度的实效困境。作为一种理论回应,于洋对此提出了遵循法律规范主义的进路调试法官裁判思维、借助司法管理体制的改革构造法官激励制度和通过国家权力结构的优化改善法官审判环境等三条提升路径。总体而言,于洋这部关于规范性文件附带审查的学术专著体系完整,框架清晰,逻辑严密,结论可信。

三

与当年博士论文相比,于洋在这部专著中关于规范性文件附带审查制度的学术思考有了很大的提升,可以看出在下山之后的这几年中,于洋从未停止对这个问题的思考。作为一个新的法律制度,今天看来,规范性文件附带审查从设计到实施并非完满,它存在的问题并不少,对此就需要我们进一步研究。于洋在这部专著中所作的论证和得出的结论并非没有可以继续讨论的空间,期待于洋在今后的学术研究中,保持对这个问题的持续性思考,产出更高质量的学术作品!

章剑生

甲辰初 杭州 良渚·锁澜坊

目　录

绪论 ………………………………………………………………… 1
 一、问题意识 ………………………………………………………… 1
 二、研究综述 ………………………………………………………… 5
 三、研究方法 ………………………………………………………… 15
 四、研究内容 ………………………………………………………… 15

第一章　规范性文件附带审查制度的概观分析 ……………………… 18
 第一节　规范性文件附带审查制度的内涵阐释 ……………………… 18
  一、规范性文件附带审查制度的基本含义 ………………………… 18
  二、规范性文件附带审查制度与抽象审查制度的比较 …………… 20
 第二节　规范性文件附带审查制度的历史演进 ……………………… 24
  一、1989～2000年：基于法律适用的合法性判断 ……………… 24
  二、2000～2014年：合法性判断规则的细化 …………………… 26
  三、2014年至今：附带审查制度的确立与适用解释的细化 …… 27
 第三节　规范性文件附带审查制度的选择动因与制度难题 ………… 29
  一、《行政诉讼法》以"行政行为"为审查对象的审查体系 …… 29
  二、具体行政行为与抽象行政行为分离的行政法治传统 ………… 31
  三、法院的司法属性与两造对立的诉讼构造 ……………………… 34
  四、制度难题：规范审查与行为审查的逻辑嵌合 ………………… 35
 第四节　规范性文件附带审查制度的审查理念 ……………………… 36
  一、司法权监督行政权 ……………………………………………… 37
  二、司法权对行政权的适度尊让 …………………………………… 38
  三、本土视阈下司法权与行政权的互动 …………………………… 40
 第五节　规范性文件附带审查制度的功能 …………………………… 42
  一、直接功能：保障公民权利与维护法秩序统一 ………………… 42

二、间接功能：拓展《行政诉讼法》审查体系与行政诉讼
　　　　制度 ………………………………………………………… 45
第二章　规范性文件附带审查制度的构造与审查难题 ………… 50
　第一节　规范性文件附带审查制度的构造 …………………… 50
　　一、规范性文件附带审查的启动要件 ………………………… 52
　　二、规范性文件附带审查的审查标准 ………………………… 53
　　三、规范性文件附带审查的结果处理 ………………………… 54
　第二节　规范性文件附带审查制度的审查难题 ……………… 55
　　一、启动要件内涵不清 ………………………………………… 56
　　二、合法性审查标准错综混乱 ………………………………… 64
　　三、结果处理机制尚待明晰 …………………………………… 73
第三章　启动要件：附带审查方式下的三要件厘清 …………… 77
　第一节　规范性文件的识别与制定主体限制 ………………… 77
　　一、规范性文件的识别 ………………………………………… 78
　　二、制定主体的机构性质限制 ………………………………… 83
　第二节　依据要件的判断 ……………………………………… 87
　　一、依据的形式判断标准 ……………………………………… 88
　　二、依据的实质判断标准 ……………………………………… 89
　　三、依据的范围 ………………………………………………… 92
　第三节　其他程序要件 ………………………………………… 97
　　一、请求主体 …………………………………………………… 97
　　二、请求时间 …………………………………………………… 99
　　三、请求内容 …………………………………………………… 100
第四章　审查标准：合法性审查标准的内涵与要件展开 ……… 103
　第一节　以"实质合法"为核心的合法性审查内涵 ………… 103
　　一、法院合宪性审查的排除 …………………………………… 103
　　二、《行政诉讼法》从形式合法性审查到实质合法性
　　　　审查的演进 ………………………………………………… 109
　　三、规范性文件附带审查相关条款的规范解读 ……………… 114
　第二节　合法性审查要件的分析 ……………………………… 117
　　一、合法性审查要件两条分析路径的再观察 ………………… 117
　　二、司法实践的偏好 …………………………………………… 120
　　三、《行诉适用解释》第 148 条审查要件分析 ……………… 122

四、要件整合：主体要件、内容要件、程序要件 ……………… 123
　第三节　合法性审查要件（一）：主体合法审查 ………………… 125
　　一、职权来源合法 …………………………………………… 125
　　二、超越事项管辖权审查 …………………………………… 131
　　三、超越规范管辖权审查 …………………………………… 133
　第四节　合法性审查要件（二）：内容合法审查 ………………… 142
　　一、是否与上位法相抵触 …………………………………… 142
　　二、是否明显不合理 ………………………………………… 150
　第五节　合法性审查要件（三）：程序合法审查 ………………… 172
　　一、程序违法的判断依据 …………………………………… 173
　　二、程序违法的认定 ………………………………………… 178

第五章　结果处理：个案效力基础上的拓展与监督机制 …………… 196
　第一节　规范性文件附带审查结果的个案效力 …………………… 196
　　一、个案效力是附带审查方式的应有之义 ………………… 197
　　二、个案效力契合立法意旨 ………………………………… 197
　　三、附带审查结果不具有既判力 …………………………… 199
　第二节　规范性文件附带审查结果个案效力的拓展机制 ………… 203
　　一、以司法建议作为效力拓展载体的内在机理 …………… 203
　　二、运用行政自制与外部力量促进司法建议的落实 ……… 206
　　三、借由司法建议抄送制度与其他规范性文件监督方式相衔接 … 209
　第三节　规范性文件附带审查结果司法内部的统一与监督机制 …… 211
　　一、规范性文件附带审查结果司法内部的统一机制 ……… 211
　　二、规范性文件附带审查结果司法内部的监督机制 ……… 217

第六章　规范性文件附带审查制度的运行实效与提升路径 ………… 220
　第一节　规范性文件附带审查制度的运行实效考察 ……………… 220
　　一、规范性文件附带审查制度的运行现状 ………………… 221
　　二、规范性文件附带审查制度的运行实效困境 …………… 228
　第二节　规范性文件附带审查制度运行实效困境的制度动因 …… 237
　　一、附带审查模式的制度局限 ……………………………… 237
　　二、法院科层化管理体制的反向激励 ……………………… 241
　　三、司法运行场域的外在因素制约 ………………………… 243
　第三节　规范性文件附带审查制度运行实效的提升路径 ………… 246

一、遵循法律规范主义的进路调试法官裁判思维 …………… 246
二、借助司法管理体制的改革构造法官激励制度 …………… 249
三、通过国家权力结构的优化改善法官审判环境 …………… 250

结语 ………………………………………………………………… 254

参考文献 …………………………………………………………… 257

绪　　论

一、问题意识

如何对行政规范性文件进行司法审查一直是学界与实务界热议的话题。自1989年《行政诉讼法》的颁布，到2014年《行政诉讼法》的修正，对行政规范性文件司法审查的讨论经历了不同的转向：2014年《行政诉讼法》修正之前，学界大多将其放置于抽象行政行为司法审查的研究中进行讨论，大多基于1989年《行政诉讼法》第53条"参照规章"条款进行解释，认为该规定事实上将法院的审查权扩张至"行政规范性文件"（又称为"规范性文件"），法院可以基于法律适用的角度、依职权对规范性文件进行"间接"的合法性判断从而有选择地适用。2014年《行政诉讼法》修正，增加了第53条、第64条，由此创设了"规范性文件附带审查制度"，亦有学者称为"规范性文件一并审查制度"，实现了法院对规范性文件从"隐性审查"到"显性审查"的转变。其中第53条规定：公民、法人或者其他组织认为行政行为所依据的国务院部门和地方人民政府及其部门制定的规范性文件不合法，在对行政行为提起诉讼时，可以一并请求对该规范性文件进行审查。第64条规定：人民法院在审理行政案件中，经审查认为本法第53条规定的规范性文件不合法的，不作为认定行政行为合法的依据，并向制定机关提出处理建议。2018年2月8日施行的《最高人民法院关于适用〈中华人民共和国行政诉讼法〉的解释》（简称《行诉适用解释》），第145条至151条对该制度进行了细化。由此，2014年修正的《行政诉讼法》第53条、第64条以及《行诉适用解释》第145条至151条，9个条文便擘画出一项全新的制度——规范性文件附带审查制度。

可以说，规范性文件附带审查制度自产生之日起，就被学界与实务界寄予厚望，并被认为是2014年《行政诉讼法》修正的亮点之一。有权威观点评价称:"允许由法院对规范性文件进行附带审查,是社会进步的标志。"① 同时,相较于复议机关监督规范性文件审查结论的权威性先天不足的尴尬,以及立法机关监督因制度支撑付诸阙如而难以落地的窘境,由法院在行政诉讼中附带审查规范性文件兼顾了审查结论的可接受性和审查过程的可操作性。② 然而遗憾的是,无论是规范层面、学理层面,还是司法实践层面,均亟待对该制度进行全面剖析。

(一)"框架式"规定亟待廓清制度构造与调试审查逻辑

以规范为起点进行观察,可以发现 2014 年《行政诉讼法》第 53 条、第 64 条与《行诉适用解释》第 145 条至 151 条寥寥 9 个条文,只是大致从规范性文件附带审查的启动要件、规范性文件附带审查的审查标准、规范性文件附带审查的结果处理三个部分进行了"框架式"的规定,部分条款规定不明,不仅导致了认知分歧,而且难以为司法实践提供充分的指引,导致各地司法实践不统一等问题。比如:一是在启动要件中,如何识别"国务院部门和地方人民政府及其部门制定的规范性文件","依据"的判断标准是什么,如果原告诉讼请求不明确、未指明具体的审查条款,法院是否应当审查,等等,均有待厘清。二是在审查标准中,对规范性文件的合法性审查是否包含合宪性审查、是否包含合理性审查,具体的合法性审查要件有哪些,也需要明确。虽然《行诉适用解释》第 148 条的出台,暂时平息了对这一问题的争议,但是何谓"超越制定机关的法定职权或者超越法律、法规、规章的授权范围"、"与法律、法规、规章等上位法的规定相抵触"之"抵触"如何判断,等等,这些问题均有待进行规范、再解释。三是在结果处理中,根据 2014 年《行政诉讼法》的规定,法院仅在裁判理由中对规范性文件的合法性予以理由说明,那么法院的合法性判断仅具有个案效力,抑或普遍效力,如何运用司法建议建立起规范性文件附带审查制度与其他监督方式的衔接机制,如何对规范性文件附带审查制度进行监督,等等,亦需予以说明。上述问题都是对 2014 年《行政诉讼法》与《行诉适用解释》9 个条文进行规范释义的重要内容,因此,规范性文件附带审查制度的构造亟待廓清。

更为关键的是,规范性文件的附带审查本质上属于"规范审查",而

---

① 全国人大常委会法制工作委员会:《中华人民共和国行政诉讼法释义》,北京,法律出版社,2014,第 129 页。

② 李成:《行政规范性文件附带审查进路的司法建构》,《法学家》2018 年第 2 期。

2014年《行政诉讼法》的审查制度体系是以"行为审查"为核心的,规范性文件附带审查制度的确立是将"规范审查"嵌入"行为审查"中的,由此导致审查逻辑的"嵌合"。因此,对规范性文件附带审查制度的解释不是割裂的、孤立的,而是应嵌入现有的行政诉讼制度体系中的,既要注重规范性文件司法审查的特殊性,又要保证审查逻辑的自洽,兼顾规范创造的可能性,法院如何将审判逻辑从行为审查向规范审查进行适度调试,仍需不断探索。

(二)学理研究趋于固化,本土化关怀不足

当前行政法学界展开了大量关于规范性文件附带审查制度的讨论,无疑为该制度的研究提供了有益的研究基础。然而对该制度的研究仍有不足,亟待深化。一是当前关于规范性文件附带审查制度的理论研究趋于"固化"。对审查对象认识不足,忽视了规范性文件与行政行为的不同性质,大多运用行政行为的审查思维去审视规范性文件的审查,存在逻辑错位。二是中国行政法学界对规范性文件附带审查制度的研究体系性不足,当前的研究大多集中于规范性文件附带审查制度的某一部分,比如集中研究启动要件、审查标准等,缺乏系统研究。同时相关研究存有分歧,比如在规范性文件的审查标准部分,具体的合法性审查要件有哪些,主体合法、内容合法、程序合法等各个审查要件又应如何展开,亟待予以明确。而现有部分研究可操作性不足,对规范性文件各个审查要件的具体内容与操作方法大多语焉不详,有待进行深入的剖析。三是缺乏整体性反思,大多局限于规范性文件附带审查制度本身,没有从行政诉讼体系和规范审查体系等宏观视角对该制度进行体系性反思。中国《行政诉讼法》是以"行政行为"为核心建构起来的审查体系,规范性文件与行政行为有着本质的不同,那么规范性文件附带审查制度给行政诉讼体系带来了哪些影响,如何与整体规范审查体系相衔接,以上问题均有待回答。

而更为重要的是,中国行政法学界对规范性文件附带审查制度的研究过于注重理论层面的缔造,对中国的现实语境关怀不足。其中,部分论者或将精力放在对规范性文件的司法审查方式的宏观构建上;[①] 或直接将中国的规范性文件与外国的相关概念进行简单的对接,忽视了中国规范性文

---

① 如王红卫、廖希飞:《行政诉讼中规范性文件附带审查制度研究》,《行政法学研究》2015年第6期;张浪:《行政规范性文件的司法审查问题研究——基于〈行政诉讼法〉修订的有关思考》,《南京师大学报(社会科学版)》2015年第3期;程琥:《新〈行政诉讼法〉中规范性文件附带审查制度研究》,《法律适用》2015年第7期。

件独特的本土化属性;或急于借鉴德国、美国、英国、法国等的立法与实践,为中国的规范性文件司法审查提供参考。① 真正从中国的行政法治现实与本土案例出发,仔细研究法律规范、研读案例者并不多,理论研究与司法实践没有进行充分对话。而忽视了中国规范性文件附带审查司法运行本土化实践的研究不仅事倍功半,而且将缺乏持续的生命力,难以指导司法实践。

(三) 司法实践的错综混乱与实效难题

反观司法实践,当前法院对规范性文件的附带审查依然存在审查标准不统一、审查能力不足等问题,比如:在启动要件"依据"的认定中,存在以行政决定中载明的"形式判断标准",还是行政行为与规范性文件的法律关系是否一致的"实质判断标准"之争。在审查标准中,部分法院仅对规范性文件的合法性进行审查,排除合理性审查,而部分法院则采用合法性与合理性的双重审查标准。具体到审查要件,部分法院明确表达了法院不应审查规范性文件制定程序的鲜明立场,部分法院则仅以规范性文件程序违法作出规范性文件违法的判断。在结果处理中,由于法院对规范性文件的合法性判断仅具有个案效力,司法建议效果不彰导致违法的规范性文件依然存在,如何建立起规范性文件监督机制的衔接机制,如何对法院的审查结论进行监督,等等,均成为司法实践的难题。

同时,立法文本中的法律只有得到实施和遵守,才能从应然转化为实然,才能实现立法目标。法律的尊严、权威及作用的发挥是在实施过程中和取得有效的结果上体现出来的。② 根据司法实践的考察,这一全新的制度在司法实践中的运行效果着实不尽如人意:规范性文件附带审查制度的启动率低、认定违法率低,法院对规范性文件附带审查采取规避审查的态度,大多以规范性文件合法、不与上位法相抵触直接认可规范性文件的合法性,抑或对原告的诉讼请求不予回应。这一问题的背后交织着规范性文件附带审查制度自身的局限、既有规范条文的不完善、权力框架体系中司法权与行政权的博弈等多重复杂因素,因此有待于对上述问题进行揭示,并从整个行政诉讼制度体系、权力运行框架对该制度进行反思,以激活规范性文件附带审查制度,辨明该制度未来的发展方向。

因此,作为一项《行政诉讼法》的新制度,规范性文件附带审查制度

---

① 孙首灿:《论行政规范性文件的司法审查标准》,《清华法学》2017年第2期。
② 夏锦文:《法律实施及其相关概念辨析》,《法学论坛》2003年第6期。

亟待深入研究，以回应理论与司法实践的现实需求。本研究将采用"学理-规范-案例"互动分析的方法，首先从制度层面，对规范性文件附带审查制度进行概观分析，从而对该制度有一个总体的把握；其次从规范层面，以《行政诉讼法》以及司法解释为基础，结合理论与司法实践，从启动要件、审查标准、结果处理三个维度阐释规范性文件附带审查制度的构造，以形成具有可操作性的审查规则体系；最后从事实层面，对规范性文件附带审查制度的运行实效进行考察，描绘其在司法实践中的运行图景，揭示该制度的运行实效困境，结合行政诉讼体系与权力运行体系反思产生上述运行实效困境的制度动因，提出化解路径，辨明该制度未来的发展方向。

二、研究综述

从文献数量上来看，自2014年《行政诉讼法》修改增加规范性文件附带审查制度以来，涌现了大量关于该制度的研究文献，该制度成为研究的热点。① 自该制度建立到实施至今已经近十年，随着司法实践中案例的逐渐增多，学界对该制度的研究经历了从理论研究到实证研究的转变，在研究内容上趋于精细化，主要从以下维度展开：

（一）规范性文件附带审查制度的理论研究

总体而言，目前的研究大多数属于理论研究，并且在2014年该制度建立的初期，此种研究进路尤为明显。

1. 规范性文件附带审查制度的"总括式"研究

部分学者从规范性文件的启动要件、审查标准、结果处理等维度，② 对规范性文件附带审查制度进行总括式的研究。袁勇教授从启动阶段、判断阶段、裁决阶段、结果处理阶段四个部分，概述规范性文件附带审查的现状与尚存难题，而后从法律解释、制度建议与理论建构三个方面切入提出解决方案。③ 章剑生教授则认为：作为一个独立的行政诉讼请求，对规

---

① 在此需要说明的是：2014年《行政诉讼法》修改之前，国内相关学者的研究同样为本研究的展开提供了研究基础。为进行更有针对性的阐述，在此主要聚焦于2014年规范性文件附带审查制度确立之后学界的相关研究。

② 章剑生：《论行政诉讼中规范性文件的合法性审查》，《福建行政学院学报》2016年第3期；王红卫、廖希飞：《行政诉讼中规范性文件附带审查制度研究》，《行政法学研究》2015年第6期；张浪：《行政规范性文件的司法审查问题研究——基于〈行政诉讼法〉修订的有关思考》，《南京师大学报（社会科学版）》2015年第3期；程琥：《新〈行政诉讼法〉中规范性文件附带审查制度研究》，《法律适用》2015年第7期；朱淼：《论对规范性文件的司法审查——以新行政诉讼法的修改为视角》，《南海学刊》2015年第4期；等等。

③ 袁勇：《规范性文件的司法附带审查》，北京，人民出版社，2022，第一、二、三、四章。

范性文件一并提出合法性审查必须具备请求主体、请求客体、请求内容和请求期限等四个要件。法院对规范性文件的审查是合法性审查，包括主体合法、程序合法、内容合法，在内容合法中，不涉及对规范性文件所依据的"事实问题"的审查。对于被认定为不合法的规范性文件，法院的决定效力仅限于本案不适用。① 耿玉娟教授则以"规范性文件附带审查规则的程序设计"为视角，在分析规范性文件附带审查的功能定位的基础上，从规范性文件附带审查的启动要件、规范性文件附带审查的范围、规范性文件附带审查的标准、规范性文件附带审查的方式、规范性文件附带审查后的处理五个维度，对规范性文件附带审查制度进行程序化的制度设计。② 何海波教授认为：一并审查不是一种独立的诉讼类型，而只是法院为正确审理行政案件所进行的附带审查，法院应当予以"主动、全面、审慎、适度"的审查。具体地说，法院有义务依职权主动审查，以确定相关规范性文件在该案中能否适用，不必以原告申请为前提；审查对象包括被诉行政行为实际依据的规范性文件的相关条款，不管它是否被行政决定书援引；为审慎起见，法院可以考虑提级审理、审委会审理等方式，给予文件制定机关、检察机关、社会组织和专家参与诉讼的机会；对规范性文件合法性审查的标准应当严守职权法定原则，程序问题宜于适用"严重违法"标准，实体裁量可以适用"明显不当"标准。③

2. 规范性文件附带审查的启动要件研究

学界一般将《行政诉讼法》第 53 条解释为规范性文件附带审查的启动要件，部分学者将其划分为请求主体、请求客体、请求内容、请求时间、请求方式等要件，④ 亦有学者将第 53 条概括为属性要件、依据性要件和附带性要件等三类，⑤ 也有学者基于行政诉讼制度规定的逻辑关系，认为其包含行政行为起诉的基础性要件以及规范性文件审查启动的附带性要件。⑥ 虽然启动要件的分类不同，但是学界主要集中对规范性文件的识别标准、"依据"的判断标准、诉讼请求的明确性以及提起诉讼的时间等

---

① 章剑生：《论行政诉讼中规范性文件的合法性审查》，《福建行政学院学报》2016 年第 3 期。
② 耿玉娟：《规范性文件附带审查规则的程序设计》，《法学评论》2017 年第 5 期。
③ 何海波：《论法院对规范性文件的附带审查》，《中国法学》2021 年第 3 期。
④ 章剑生：《论行政诉讼中规范性文件的合法性审查》，《福建行政学院学报》2016 年第 3 期。
⑤ 陈运生：《规范性文件附带审查的启动要件——基于 1738 份裁判文书样本的实证考察》，《法学》2019 年第 11 期。
⑥ 李明超：《论规范性文件不予一并审查：判断要素及其认定规则——基于 1799 份裁判文书的分析》，《政治与法律》2021 年第 4 期。

问题展开讨论。在规范性文件的识别标准上，存在制定机关主体标准、制定"形式-实质"标准、制定程序标准、制定"具体-抽象"标准、制定"外部-内部"标准等不同判断标准。① 在"依据"的判断标准上，存在形式判断标准与实质判断标准之分。部分学者采用形式判断标准，认为行政机关在行政决定书中载明，或者在庭审答辩中表示依据该规范性文件作出，即为"依据"。亦有学者采用实质判断标准，认为在形式判断标准的基础上，还需要采用内容基准，内容基准的前提性要求是"权利义务受到影响"，表现形式为"法律关系构成上的一致性与法律效果形式上的因果性"，并排除合法行政协议的权利处分。② 在诉讼请求的明确性以及提起诉讼的时间方面，学者大多认为，法院对于原告没有明确指明规范性文件具体审查条款的情形，应当行使释明权，并对此采用宽松的审查态度。③

3. 规范性文件附带审查标准研究

主要聚焦于"合法性审查内涵"与"规范性文件合法性审查要件"两个维度。在对"合法性审查内涵"的理解上，分歧主要表现为是否进行合理性审查。部分学者以"形式合法性审查为原则，实质合法性审查为例外"，认为："人民法院对规范性文件的审查，仅针对合法性问题，不涉及合理性问题的审查。"④ 但仍有部分学者从实质合法的角度，认为司法附带审查还包括实质合法性审查。规范性文件的司法附带审查主要是，法院在行政诉讼中对规范性文件的形式与实质合法性附带审查。⑤ 合法性与合理性是一组纠缠不休的概念。从实质合法的观点来看，明显不当是违法。规范性文件明显不当的，不能作为认定行政行为合法的依据。⑥ 法院应借助"滥用职权""明显不当"两项审查标准，实现对规范性文件制定过程中行政裁量权的司法规制。⑦

在对"规范性文件合法性审查要件"的理解上，学者们虽然对其称谓与划分方式不同，但是主要集中于规范性文件的主体权限以及规范性文件

---

① 李明超：《论规范性文件不予一并审查：判断要素及其认定规则——基于1799份裁判文书的分析》，《政治与法律》2021年第4期。
② 周乐军、周佑勇：《规范性文件作为行政行为"依据"的识别基准——以〈行政诉讼法〉第53条为中心》，《江苏社会科学》2019年第4期。
③ 贾圣真：《行政诉讼规范性文件审查的现状与问题——以"中国裁判文书网"案例为素材》，《行政法论丛》2017年第1期。
④ 杨士林：《试论行政诉讼中规范性文件合法性审查的限度》，《法学论坛》2015年第5期。
⑤ 袁勇：《规范性文件的司法附带审查》，北京，人民出版社，2022，第10页。
⑥ 何海波：《论法院对规范性文件的附带审查》，《中国法学》2021年第3期。
⑦ 陈良刚：《规范性文件一并审查的范围、标准与强度》，《法律适用》2017年第16期。

内容、制定程序等方面进行审查，①但是在部分要件是否审查以及如何审查上仍有差异。下面将进行简要阐述：一是主体要件与职权要件。部分学者将二者合并一起称为"主体合法"，②有的学者将二者分开。③但是讨论本质相同，即有没有行政主体资格、超越事务管辖、超越地域管辖、超越级别管辖、超越法律规定的职权等。部分学者进一步指出"制定权来源合法"的核心在于对"法律保留原则的遵从"。二是内容要件。核心为"不得违反上位法的规定，即不与上位法相抵触"，大都以2004年最高法《关于审理行政案件适用法律规范问题的座谈会纪要》为蓝本而展开。主流观点认为："行政规范性文件的内容不应与上位法抵触，凡相抵触的，原则上不具有法律效力。"④同时"不与上位法相抵触"包含不与法律规则相抵触、不与法律原则相抵触，⑤亦不得违反立法目的、法律精神等。三是程序要件。对于程序要件是否进行审查存在分歧。部分学者主张进行审查，如章剑生教授认为，如果对程序问题不审查，第一，限缩了2014年《行政诉讼法》第53条和第64条中的"不合法"内容，即限于实体不合法，但限缩理由不充分；第二，阻断了程序违法可能对实体内容产生的影响，有违反2014年《行政诉讼法》第70条第3项法理之嫌。⑥而部分学者对此采取反对态度，主要基于两方面的理由。第一，民主性、合宪性的拷问。如部分学者认为：将制定程序纳入审查的风险在于有可能将实施中的规范性文件审查由对所涉条款的法律适用等具体审查跳跃至对于规范性文件的全面审查，进而发展至脱离了个案案情的相对抽象、全面的规范性

---

① 如章剑生认为，合法性审查包括主体（职权）合法、程序合法和内容合法，在内容合法中，不涉及对规范性文件所具的"事实问题"的审查。参见章剑生：《论行政诉讼中规范性文件的合法性审查》，《福建行政学院学报》2016年第3期。李成认为，合法性要求法院从权限、程序、内容三个层面判断行政规范性文件是否存在与上位法规则或原则相抵触的情形。参见李成：《行政规范性文件附带审查进路的司法建构》，《法学家》2018年第2期。朱芒则根据全国首例规范性文件附带审查案件将其划分为主体要件、权限要件、内容要件。参见朱芒：《规范性文件的合法性要件——首例附带性司法审查判决书评析》，《法学》2016年第11期。

② 如王红卫、廖希飞：《行政诉讼中规范性文件附带审查制度研究》，《行政法学研究》2015年第6期；程琥：《新〈行政诉讼法〉中规范性文件附带审查制度研究》，《法律适用》2015年第7期。

③ 如徐肖东：《行政诉讼规范性文件附带审查的认知及其实现机制》，《行政法学研究》2016年第6期。

④ 李杰：《其他规范性文件在司法审查中的地位及效力探析》，《行政法学研究》2004年第4期；廖希飞：《论行政规定在行政诉讼中的效力》，《行政法学研究》2011年第2期。

⑤ 李成：《行政规范性文件附带审查进路的司法建构》，《法学家》2018年第2期。

⑥ 章剑生：《论行政诉讼中规范性文件的合法性审查》，《福建行政学院学报》2016年第3期。

文件审查模式,并遭遇来自民主性、合宪性的拷问。① 第二,基于机构能力与审判成本的角度,认为对于制定程序的审查更适合备案机关来处理,法院缺乏足够的"机构能力"来对规范性文件制定程序进行审查判断。② 同时由于全国尚无统一、明确的规范性文件制定程序规定,各地、各系统规定混乱不一,规范性文件制定程序涉及公开征求意见、合法性审查、集体讨论决定等大量证据材料,会牵涉大量司法资源,尤其当被诉行政机关与规范性文件制定机关不一致时,将会给法院带来较大的沟通协调成本,导致法院疲于应对。③

在此需要说明的是,在规范性文件审查标准方面,亦有学者采取其他研究方法。比如部分学者认为,"合法性要件框架"存在各要件之间重叠混杂、忽视规范性文件类型的复杂性,导致各要件下具体要求无法对审查需要作出实质性回应等问题,故而引入"审查强度"的分析视角,区分规范性文件的权力来源与权力行使两项合法要素,由此形成强弱不等的审查强度,进而形成对于规范性文件合法性审查的四种基本态度与不同的合法性要求。④ 再如部分学者采用"类型化"的研究方法,将规范性文件划分为解释基准与裁量基准两种类型,从而分别构建不同的审查标准。⑤

4. 结果处理研究

学界主要聚焦于规范性文件附带审查的效力范围以及法院的司法建议展开研究。在规范性文件附带审查的效力范围方面,一直存有三种争论:一是规范性文件丧失效力说。该说认为应赋予法院对于不合法的规范性文件宣告无效的权力与撤销的权力,使得规范性文件归于无效。⑥ 二是普遍效力说。有学者基于解决违法规范性文件在实践中仍然存在的现实难题的视角认为,如果规范性文件被认定为违法,则应普遍不予适用。三是个案效力说。该说认为法院对规范性文件的合法性判断仅具有个案效力,如果认定规范性文件违法,仅具有在本案中不予适用的效力,而不能直接宣布

---

① 夏雨:《行政诉讼中规范性文件附带审查结论的效力研究》,《浙江学刊》2016年第5期。
② 卢超:《规范性文件附带审查的司法困境及其枢纽功能》,《比较法研究》2020年第3期。
③ 王红卫、廖希飞:《行政诉讼中规范性文件附带审查制度研究》,《行政法学研究》2015年第6期;卢超:《规范性文件附带审查的司法困境及其枢纽功能》,《比较法研究》2020年第3期。
④ 戴杕:《论规范性文件实体合法性的司法审查框架》,《华东政法大学学报》2022年第1期。
⑤ 王留一:《论行政规范性文件司法审查标准体系的建构》,《政治与法律》2017年第9期。
⑥ 王春业:《实证视角下规范性文件一并审查制度研究》,北京,中国政法大学出版社,2019,第156页。

规范性文件无效,或者撤销规范性文件。① 在法院的司法建议方面,学界主要聚焦于如何让司法建议充分发挥效能,实现规范性文件附带审查与其他监督方式之间的顺畅衔接。部分学者认为:应当改革与完善现有司法建议的方式和效力,提高司法建议主体的级别,由最高人民法院作为司法建议的提出主体,制定机关必须在法定时间内提出司法建议。将不纠正违法规范性文件的行为纳入行政机关考核体系。② 亦有学者建议,应当借由司法建议建立起规范性文件附带审查与其他监督方式之间的衔接,比如有学者指出,规范性文件的立法备案一直存在着审查动力不足、覆盖范围有限的困境,法院在规范性文件附带判断之后,借助司法建议手段抄送至备案机关的模式,可以有效起到案件筛选的聚焦作用,督促备案机关加强对特定规范性文件的备案监督。③

5. 规范性文件附带审查制度的结构性反思

此种研究不局限于规范性文件附带审查制度本身,而是将规范性文件附带审查制度放置于整个行政诉讼制度的框架中,对其进行分析。张婷博士认为,规范性文件附带审查制度看似篇幅不大但实属行政诉讼体制调整性的宪法意义,从宪法体制整体安排的视角,必须回应规范审查与审判逻辑的分工与嵌合、刚性的合法性判断与弹性的规则试错空间的协调、法院附带审查与规范监督体系的衔接三个宪法命题。④ 林莉红教授等在对规范性文件附带审查的构造进行分析的过程中,基于诉讼类型的视角对规范性文件的审查程序启动进行反思,并认为人们需要认识到规范性文件附带审查制度兼具主观诉讼与客观诉讼,随着实践推进与立法成熟,应该确立直接起诉模式,引入制定主体参加诉讼,修正审查强度,规定判决样态,从而实现"诉—审—判"的一体化格局。⑤ 李稷民博士认为:2018 年《行诉适用解释》从多个角度对行政规范性文件的审查构造进行了细化规定,确定了审查权的地位,明确了"效力无涉"的审查模式,对行政规范性文件的审查内容进行了否定列举式的规定,明确了司法义务。2018 年《行诉适用解释》在规范性文件审查方面带来了许多有益的改变,理论与司法实

---

① 应松年:《〈中华人民共和国行政诉讼法〉修改条文释义与点评》,北京,人民法院出版社,2015,第168页。
② 王春业:《论行政规范性文件附带审查的后续处理》,《法学论坛》2019年第5期。
③ 孙首灿:《论我国行政规范性文件的监督体系及其完善》,《华南理工大学学报(社会科学版)》2019年第4期。
④ 张婷:《行政诉讼附带审查的宪法命题及其展开》,《法学论坛》2018年第3期。
⑤ 林莉红、李淮:《行政规范性文件司法审查构造论》,《学术论坛》2017年第6期。

务需要认识到这种构造上的变革，并在此基础上从更细化的方法问题入手对中国行政规范性文件司法审查体系进行完善。① 卢超副研究员则认为在规范性文件监督的制度体系中，规范性文件附带审查制度愈发显现出一种枢纽功能，附带审查装置通过司法建议工具向各类有权处理机关传递合法性讯号，如何通过自身装置的制度改进，借助司法系统的机构优势与其他审查机制相配合，以实现对行政规范性文件的立体化治理。②

（二）规范性文件附带审查制度的实证研究

随着司法实践案件数量的增多，从实证角度对规范性文件附带审查制度进行研究日益受到关注，学者采用多元化的案例研究方法展开研究。

1. 个案研究

部分学者针对司法实践中的个案展开研究。比如针对全国"首例"涉国家部委规范性文件附带审查案件——安徽华源医药股份有限公司诉国家工商行政管理总局商标局商标行政纠纷案，朱芒教授、徐肖东博士、王天华教授等分别撰文进行研究。朱芒教授认为，该案将审查对象限定在规范性文件的特定部分，第一次提出合法性构成要件，即主体、权限、内容、程序，但只审查其中过程争议的要件。对于"常识性的法律概念"，在对其"具体应用"解释设定了新的权利义务或违反了法律原则时，就构成不合法。③ 徐肖东博士则将2014年《行政诉讼法》修正前的公报案例与华源公司案进行比较，认为：法院的审查从"单一的内容"审查转向了"主体要件"、"职权要件"及"内容要件"的三个面向审查。在审查方法上，由简单的同一法律规范体系内的层级分析（是否与上位法相抵触）转向了当然解释、目的解释等具体方法运用下的深层级分析。就审查强度而言，已从简单的合法性判断标准转向了合理性渗透的实质合法性标准。④ 区别于二者的传统分析路径，王天华教授则基于凯尔森的框架理论的启发意义，认为可以用判断过程审查方式进行审查。⑤ 亦有针对具有代表性的典

---

① 李稷民：《论我国行政规范性文件司法审查的构造——解读2018年〈行政诉讼法〉司法解释带来的变革》，《学习与探索》2019年第1期。
② 卢超：《规范性文件附带审查的司法困境及其枢纽功能》，《比较法研究》2020年第3期。
③ 朱芒：《规范性文件的合法性要件——首例附带性司法审查判决书评析》，《法学》2016年第11期。
④ 徐肖东：《行政诉讼规范性文件附带审查的认知及其实现机制》，《行政法学研究》2016年第6期。
⑤ 王天华：《框架秩序与规范审查——"华源公司诉商标局等商标行政纠纷案"一审判决评析》，《交大法学》2017年第1期。

型案例展开的分析研究，比如陈良刚法官以2018年最高人民法院发布的典型案例之一"方某诉浙江省淳安县公安局治安管理行政处罚案"作为分析样本，对规范性文件附带审查制度的范围、标准、强度等展开分析。①

2. 群案研究

部分学者通过梳理司法实践中的群案，对规范性文件附带审查制度展开研究。但是在研究的内容方面存有如下差异：

一是借由群案对规范性文件附带审查制度进行整体研究。比如王春业教授对收集的2904个案例进行梳理，运用理论与案例相结合的方式，从规范性文件的司法识别问题、规范性文件与所诉行政行为之间依据关系认定问题、规范性文件一并审查相关程序问题、法院对规范性文件的审查范围与标准、规范性文件一并审查结果处理问题、规范性文件一并审查制度总体评价与趋势等六个方面，对规范性文件一并审查制度展开全面的研究。② 再如霍振宇法官对北京市各级法院审理的较为典型的涉及规范性文件一并审查的行政诉讼案件进行类案梳理与实证调研，考察了规范性文件一并审查制度的运行状况及存在的问题，在此基础上提出解决问题的对策与建议。③ 江国华教授等则以947份裁判文书为样本进行实证考察，认为：该制度的运行在有效回应现实诉求的同时，拓展了司法审查的作用空间，但仍存在法院审查意愿不足、审查标准不完善、审查结果处理刚性不足等诸多问题。为了更充分地发挥行政规范性文件附带审查制度的功效，有必要在附带审查之司法义务构建、审查内容的规则设计和审查结果处理的衔接机制等层面进一步完善。④

二是通过群案分析的方法对规范性文件附带审查的启动要件、审查标准等具体内容展开分析。比较具有代表性的，如：李明超博士基于1799份裁判文书对司法实践中法院"不予审查规范性文件"的案件进行分析，认为在规范性文件附带审查的启动要件方面，法院应当采取更为积极宽容的态度，尽可能地将更多的规范性文件纳入一并审查的范围；对不予一并审查的规范性文件的认定，应当在区分规范性文件与非规范性文件的基础

---

① 陈良刚：《规范性文件一并审查的范围、标准与强度》，《法律适用》2017年第16期。
② 王春业：《实证视角下规范性文件一并审查制度研究》，北京，中国政法大学出版社，2019。
③ 霍振宇：《规范性文件一并审查行政案件的调查研究——以新行政诉讼法实施后北京法院审理的案件为样本》，《法律适用》2018年第20期。
④ 江国华、易清清：《行政规范性文件附带审查的实证分析——以947份裁判文书为样本》，《法治现代化研究》2019年第5期。

上，综合运用多种认定标准，应当赋予第三人一并审查主体资格，并明确当事人推迟提出一并审查请求"正当理由"的判断。① 陈运生教授基于538份裁判文书进行实证分析，认为规范性文件的审查标准主要由三部分构成，即制定主体方面、制定程序方面、内容方面，并分别对各个审查要件展开分析。② 张雨梅、高宏亮法官则以105则行政诉讼案例为分析样本，对司法实践中法院对规范性文件的审查强度进行考察，并重新构建规范性文件司法审查的类型与程序。③ 周乐军博士则通过对司法实践中的案例进行分析，认为现行司法审查标准存在适用的模糊性难题，传统规则导向的法条主义与结果导向的后果主义审查模式，在消解模糊性难题的进路上都存在明显局限性，事实上，随着法律品格从权威性至沟通性的转变，过程导向的功能主义审查模式逐渐被倡导。④

三是借由群案对规范性文件附带审查制度的实效性进行考察。法律的生命在于实践，部分学者通过考察群案，对规范性文件附带审查制度的实效性进行分析。从目前学者的考察结果来看，规范性文件附带审查制度存在"实效性困境"，比如卢超副研究员通过对近年来中国相关司法案例的梳理与调研访谈，发现地方法院往往借助诸多隐性策略，来规避附带审查的司法运用。对于这些消极现象，其认为是嵌入式法院、法院对规范性文件公开评价以及差异化判断所附带的制度风险、附带审查所设定的审查标准存在偏差等所导致的。但是从积极的视角来看，规范性文件附带审查制度也愈发显现出一定的枢纽功能。⑤ 这一观点在王春业教授的考察中同样得以验证，其认为规范性文件附带审查制度的实施效果令人失望，从规范性文件进入司法审查的端口，到审查后的处理等诸多环节，都反映了司法偏离的现象，没有达到规范性文件附带审查制度的预期目标，没有达到制

---

① 李明超：《论规范性文件不予一并审查：判断要素及其认定规则——基于1799份裁判文书的分析》，《政治与法律》2021年第4期。

② 陈运生：《行政规范性文件的司法审查标准——基于538份裁判文书的实证分析》，《浙江社会科学》2018年第2期。

③ 张雨梅、高宏亮：《回归与再造：规范性文件司法审查强度研究——以105则行政诉讼案例为分析样本》，载《尊重司法规律与刑事法律适用研究（上）——全国法院第27届学术讨论会获奖论文集》，北京，人民法院出版社，2016，第730～739页。

④ 周乐军：《规范性文件司法审查的"后果考量"及其补充规则》，《安徽大学学报（哲学社会科学版）》2020年第2期。

⑤ 卢超：《规范性文件附带审查的司法困境及其枢纽功能》，《比较法研究》2020年第3期。

度设置的初衷,而后提出了完善建议。①

(三) 其他相关研究

学界关于规范性文件附带审查制度的研究除了上述研究之外,仍有学者采用其他研究方法展开相关研究。比如采用比较研究的方法进行研究。有学者考察美国行政规则的审查,认为:中国虽然制度框架已经建立,但在实践中还面临着如何操作以及与其他制度如何衔接等诸多难题。相比之下,美国行政规则的司法审查已初步形成了统一的审查标准,通过借鉴美国的经验,并结合中国的已有成果,可构建中国行政规范性文件的"识别-复合审查标准",以区分识别产生不同法律效力的行政规范性文件,并对不同属性的规范性文件适用不同强度的审查标准。②亦有学者通过分析美国立法性规则与非立法性规则,指出对于行政立法与行政规范性文件的区分应当采用程序性区分标准,法院应当给予行政规范性文件低于行政立法的尊重,应当将合理性审查纳入行政规范性文件附带审查的范围。③再如部分学者聚焦于某一类别规范性文件的附带审查进行研究,其中多聚焦于高校校规领域。有学者通过对40起涉及高校校规合法性问题的高校教育行政诉讼案件的分析,认为:当前对高校校规附带审查实践存在审查方式不统一、审查标准不一致、审查结果相互矛盾、司法克制过度等问题。应当区分不同类型、不同权力来源进行不同进路的审查。④

总体而言,当前中国关于规范性文件附带审查制度的研究趋于多元化,为本研究提供了有益的研究基础,但是仍存在继续研究、拓展的空间:一是研究视角有待继续拓展,审查对象"规范性文件"的独特属性仍有待明晰,缺乏从整个行政诉讼制度体系、规范性文件监督体系对该制度进行结构性反思的研究;二是研究内容相对比较分散,尚未达成基本的共识,体系化研究仍有待完善;三是研究的精细化与可操作性有待深入,对司法实践的本土化经验挖掘不够,有待通过法律方法论的精细化研究为司法实践提供可操作性的指引,因此亟待进行深入研究。

---

① 王春业:《论规范性文件一并审查制度的实践偏离与校正——以907个案例为研究样本》,《浙江大学学报(人文社会科学版)》2021年第1期。

② 沈开举、任佳艺:《行政规范性文件附带司法审查的实现机制研究——美国经验与中国探索》,《湖北社会科学》2018年第9期。

③ 王留一:《论行政立法与行政规范性文件的区分标准》,《政治与法律》2018年第6期。

④ 王霁霞:《高校校规司法审查的类型分析与进路重构——基于近3年40起高校教育行政诉讼案件的实证研究》,《中国高教研究》2018年第9期。

三、研究方法

本研究将综合运用以下研究方法：

规范分析。法学以规范为核心，行政诉讼法学的研究离不开行政诉讼法规范本身。规范性文件附带审查制度规定在《行政诉讼法》第53条、第64条，《行诉适用解释》第145条至151条，以此为基础展开研究。

实证分析。本研究将综合运用个案式研究、群案式研究、例证式研究等不同案例研究方法，同时进行定性、定量分析，并结合实证访谈等，奠定实践基础，在中国本土视域下总结规范性文件附带审查制度的经验。

比较分析。通过考察其他国家规范性文件司法审查制度的实践与经验，进行对比分析，在此基础上深入探究"其他国家为何这样设置"，从而为中国规范性文件附带审查制度的研究提供参考。

价值分析。纵观世界各国，对规范性文件的司法审查均可以类型化为两个价值取向，即权利救济与法制统合。中国规范性文件附带审查制度亦是如此，核心即在于对公民权利的救济与保障，以及将违法的规范性文件排除在法律体系之外，维护国家法制的统一。本研究将以上述价值为指引，展开规范性文件附带审查制度的研究。

四、研究内容

本研究聚焦"规范性文件附带审查制度"，从"制度层面、规范层面、事实层面"展开系统研究。其中，第一章从"制度层面"对规范性文件附带审查制度进行概观分析，第二、三、四、五章从"规范层面"阐释规范性文件附带审查制度的构造，第六章则从"事实层面"考察规范性文件附带审查制度的运行实效。具体研究内容如下：

第一章对规范性文件附带审查制度进行概观分析。首先，阐释规范性文件附带审查制度的内涵。其次，梳理中国规范性文件附带审查制度的历史演进，结合中国《行政诉讼法》的审查体系、行政法治传统、法院的司法属性与两造对立的诉讼构造等，阐述中国采用附带审查制度的动因，揭示隐藏的制度难题。再次，论述规范性文件附带审查制度的审查理念，关键在于协调司法权与行政权的关系，包含司法权监督行政权、司法权对行政权的适度尊让、本土视阈下司法权与行政权的互动，为规范性文件附带审查制度的适用与运行提供指引。最后，结合规范性文件监督体系与行政诉讼制度体系，分析规范性文件附带审查制度的直接功能与间接功能。

第二章以《行政诉讼法》及司法解释为基础，剖析规范性文件附带审查制度的构造，梳理该制度的审查难题，为第三、四、五章提供指引。根据《行政诉讼法》第53条、第64条以及《行诉适用解释》第145条至151条，规范性文件附带审查制度主要由启动要件、审查标准、结果处理三部分构成。通过梳理司法裁判文书，上述三个部分分别存在如下审查难题：一是启动要件内涵不清，表现为规范性文件识别困境、依据的认定标准不一、其他程序要件存有争议；二是合法性审查标准错综混乱，表现为规范性文件"合法性"审查标准内涵是否包含合宪性审查与合理性审查存有分歧，审查要件包含哪些以及各审查要件如何展开存有争议；三是结果处理机制尚待明晰，表现为审查结果的效力范围不清、司法建议效果不佳、缺乏效力认定冲突的解决机制等。

第三章阐释规范性文件附带审查的启动要件。本章主要分析"法院启动规范性文件附带审查的要求"，即在"附带审查"模式下，从规范性文件的识别、依据要件、其他程序要件三个维度分析启动要件。一是规范性文件的识别，在与具体行政行为、内部文件、行政规章相区分的基础上，限定规范性文件的"制定主体"。二是依据要件的判断，分析依据的形式判断标准与实质判断标准，明确依据的范围与排除情形。三是其他程序要件的分析，包括请求主体、请求时间、请求内容等。

第四章论述规范性文件合法性审查标准。本章主要分析"法院如何判断规范性文件的合法性"，包含规范性文件合法性审查标准的内涵与要件两个维度。一方面，分析规范性文件合法性审查标准的内涵。首先，通过合宪性审查与合法性审查的制度比较、中国宪法监督的制度设计及立法意旨，证成法院应排除对规范性文件的合宪性审查。其次，梳理《行政诉讼法》从形式合法性审查到实质合法性审查的脉络演进，结合制度的相关条款进行规范解读、探寻其立法目的后，明确应当采用"实质合法性审查"的内涵，即形式合法与明显不合理。另一方面，结合法律方法，系统论述规范性文件合法性审查要件。首先，结合规范条款、司法实践的偏好与域外经验，将审查要件整合为：主体要件、内容要件、程序要件。其次，在主体要件审查方面，核心在于"不得超越职权"，具体主要从职权来源合法、不得超越事项管辖权、不得超越规范管辖权等维度进行审查。再次，在内容要件审查方面，不仅应当审查规范性文件的合法性，还应当审查规范性文件的合理性。前者主要表现为不得与上位法条文所构成的外部秩序相抵触，后者主要表现为不得违反由法律原则、立法目的、公共政策等构成的内部秩序，即"不得明显不合理"。最后，在程序要件审查方面，基于程序正义与效率价值的博弈，结合规范性文件涉及面广、利害关系复杂的特点，为了维护法的安定性，参考其他国家经验，规范性文件制定程序只有达到严重违法的程度才能认定为违法，应集中于"批准类程序""公开发布类程序""公众与有关机关参与类程序"的审查。

第五章分析规范性文件附带审查的结果处理机制。本章聚焦"法院审查后如何处理规范性文件"。其一，结合附带审查制度的特点、判决拘束力范围，以及中国法院并不具有对规范性文件撤销或改变等权力，论证附带审查结果仅具有个案效力。其二，分析运用司法建议向外部拓展审查结果效力的内在机理，借助行政自制与外部力量促进司法建议的落实，建立与其他监督方式之间的衔接机制。其三，为实现裁判的统一，应建立法院系统内部的信息共享平台与审查结果备案机制，运用指导案例、典型案例等统一裁判思维与裁判方法；同时亦应完善审级监督与再审监督程序，明晰附带审查结果的监督机制。

第六章对规范性文件附带审查制度的运行实效进行考察，分析制度运行的掣肘因素，论述提升运行实效的路径。首先，以裁判文书为分析对象，综合运用定性、定量分析方法，结合法官访谈，揭示当前规范性文件附带审查制度呈现出"启动率低、违法认定率低"的运行样态，法官倾向于采用特定行为模式回避附带审查规范性文件，存在运行实效困境。其次，剖析规范性文件附带审查制度运行实效困境的制度动因，包括附带审查模式的制度局限、法院科层化管理体制的反向激励、司法运行场域的外在因素制约等。最后，论述化解运行实效困境的提升路径，包括应遵循法律规范主义的裁判思维调试法官的裁判行为，通过方法论自觉提升法官附带审查规范性文件的能力；持续推进司法管理体制改革，明确审判责任体系，通过激励机制激发法官附带审查的动力；优化国家权力结构来改善法官审判环境等，共同助推规范性文件附带审查制度的落实。

第一章 规范性文件附带审查制度的概观分析

本章将从制度层面对规范性文件附带审查制度进行概观分析，以对该制度有整体把握，为后文分析奠定基础。详言之：首先，阐释规范性文件附带审查制度的内涵。其次，梳理中国规范性文件附带审查制度的生成脉络，分析中国采用附带审查制度的动因，并揭示中国采用附带审查制度所隐藏的制度难题。再次，分析规范性文件附带审查制度的审查理念，即协调司法权与行政权的关系，通过分析司法权与行政权的不同关系维度，指引规范性文件附带审查制度的设计与运行。最后，论述规范性文件附带审查制度的直接功能与间接功能，即从规范性文件附带审查制度本身分析其保障公民权利、维护法秩序统一的直接功能；运用系统性的思维，阐述规范性文件附带审查制度拓展《行政诉讼法》审查体系以及行政诉讼制度的间接功能，从而为后文进行针对性的分析奠定基础。

第一节 规范性文件附带审查制度的内涵阐释

一、规范性文件附带审查制度的基本含义

规范性文件是指行政主体为实施法律和执行政策，在法定权限内制定的除行政立法以外的决定、命令等普遍性行为规则的总称，俗称"红头文件"。[①] 域外法律制度中与之可类比的概念与种类大致有行政命令、行政规则、条例、非立法性规则、法规、命令、通令等。伴随着立法调控能力的减弱，以及迅速应对现代行政发展的要求，立法通过授权授予行政机关

---

① 姜明安：《行政法与行政诉讼法》，北京，北京大学出版社、高等教育出版社，2015，第6版，第176页。

相当程度的自主规范形成空间，规范性文件大量涌现，甚至成为主宰行政领域的规范依据。① 由于规范性文件不仅对外发生一般性的拘束力、数量极为可观，而且在适用顺序上优先于法律，各国对规范性文件的监督，都不敢掉以轻心。② 而在众多监督制度中，司法对规范性文件的监督无疑是一种较为重要的监督制度。根据法院审查规范性文件的方式不同，可以划分为"抽象审查方式"与"附带审查方式"两种。其中，"抽象审查方式"是指公民等主体可以直接向法院提起诉讼审查规范性文件，法院可以单独对规范性文件进行合法性判断并作出最终的效力认定，亦有学者称其为直接审查；"附带审查方式"是指公民等主体不可单独对规范性文件直接提起诉讼，法院仅可以在审查具体案件或争议时，附带对具体案件或争议所依据的规范性文件进行审查。

因此，"规范性文件附带审查制度"是指法院采用附带审查方式审查规范性文件的制度，即公民等主体不可以直接对规范性文件提起诉讼，法院仅可以在其对行政行为提起诉讼时，附带对行政行为所依据的规范性文件进行审查的制度。司法实践中，采用附带审查制度的典型代表是德国。比如依据德国《基本法》第 19 条的规定：任何人之权利受到官署侵害时，得提起诉讼。这意味着："对于任何一个其权利受到公权力侵害的人而言，法律救济途径都是敞开的。"③ 就审查的方式而言，由于法规审查并无行政机关的个别行为或特定法律关系，所以除德国《行政法院法》第 47 条第 1 项④的特别规定外，通常仅对法规进行附带审查，因此德国事实上仅"有限"地承认了对法规的抽象审查，除此之外行政法院均只能对法规进行附带审查。⑤ 在附带审查中，法院仅能以其无效为由在本案中拒绝适用，而不具有普遍的约束力。行政法院在审判过程中，认定法规命令违法，无权宣告该法规命令一般性违法甚至无效，仅有权在系争个案中拒绝

---

① 于洋：《论行政规范性文件的符合审查标准——基于规范性文件逻辑结构展开》，《内蒙古社会科学（社会科学版）》2017 年第 6 期。
② 许宗力：《论国会对行政命令之监督》，《台大法学论丛》1998 年第 2 期。
③ 胡建淼：《世界行政法院制度研究》，武汉，武汉大学出版社，2007，第 155 页。
④ 德国《行政法院法》第 47 条第 1 项规定，高等行政法院在其审判管辖范围内，依申请可以审判下列法规的效力：(1) 依《建设法》规定所制定之规章，以及根据《建设法》第 246 条第 2 项之法规命令；(2) 其他位阶低于邦法规定所制定之法规，但以邦法就此有规定者为限。概言之，德国有权进行抽象审查的法院仅限于级别较高的"高等行政法院"，且审查对象有限，仅限于特定的依德国《建设法》制定的规章和命令，以及其他位阶低于邦法且依邦法可以直接进行司法审查的法规，审查请求得在"法规公布后两年内提出"。
⑤ 陈敏等译：《德国行政法院法逐条释义》，"台湾司法院" 2002 年印行，第 474 页。

适用该违法的法规命令。《行政诉讼法》第53条规定，"公民、法人或者其他组织认为行政行为所依据的国务院部门和地方人民政府及其部门制定的规范性文件不合法，在对行政行为提起诉讼时，可以一并请求对该规范性文件进行审查"，可见中国采用的也是附带审查制度。

由此，规范性文件附带审查制度具有如下特点：一是在制度本质上，规范性文件附带审查制度是一种司法监督制度。二是在审查方式上，公民等主体不可以单独对规范性文件提出审查请求，法院需要在对个案行政行为的审查中附随对行政行为所依据的规范性文件进行审查。三是在处理方式上，如果经审查法院认为规范性文件违法，仅会导致在个案中拒绝适用，而非直接宣告规范性文件违法或撤销违法的规范性文件。

二、规范性文件附带审查制度与抽象审查制度的比较

（一）规范性文件附带审查制度与抽象审查制度的区别

作为监督规范性文件的重要方式，规范性文件附带审查制度明显区别于抽象审查制度，因此明晰两者之间的区别，将有助于厘清规范性文件附带审查制度的内涵。

区别于只能在审理具体案件或争议时才能附带对具体案件或争议所依据的规范性文件进行审查的附带审查制度，"抽象审查制度"则是法院采用抽象审查方式对规范性文件进行监督的制度，即公民等主体直接对规范性文件提起诉讼，法院可以单独对其进行合法性判断并作出最终效力认定的制度。法国是采用抽象审查制度的典型代表，法国将规范性文件等行政规范称为"行政条例"，视为"行政行为"，包括"行政条例"在内的全体行政行为原则上遵守相同的合法性，且遵循相同的诉讼方式——越权之诉。在越权之诉的框架下，"利害关系人认为条例违法，可在条例公布后2个月内向行政法院提起越权之诉，请求撤销不合法的条例"[1]。根据法国最高行政法院的判例发展，法院对行政条例的审查标准为：无权限、形式上的缺陷、权力滥用、违反法律。[2] 若一项行政条例存在上述审查标准中的情形，最高行政法院可宣布其无效，撤销违法的行政条例。由于法国行政诉讼制度的核心在于对客观法秩序的维护，所以法国还可以针对明示或默示的拒绝制定行政条例、拒绝废止或修改既存的行政条例提起行政诉

---

[1] 王名扬：《法国行政法》，北京，北京大学出版社，2016，第117页。
[2] 王名扬：《法国行政法》，北京，北京大学出版社，2016，第534页。

讼。追随法国模式的意大利、比利时、瑞士、希腊等国采用的均是抽象审查制度。①

需要说明的是，虽然法国针对行政条例审查的核心特色在于可以"直接提起诉讼"进行抽象审查，但是由于提起撤销行政命令的越权之诉时间较短，"仅在命令公布的 2 个月内"，所以作为补充制度，法院同样可以在审查具体案件中，附带审查应适用于具体案件的行政条例的合法性，被称为"违法性抗辩"。但是如果经审查认为行政条例违法，仅能在具体案件中不予适用，"这种诉讼不产生撤销效果，不影响条例的存在"②。

由此可见，规范性文件抽象审查制度与附带审查制度最核心的区别主要表现为两个方面：一是审查的启动方式不同。抽象审查制度的条件非常宽泛与简单，受到规范性文件影响的公民等主体都可以提起诉讼，而附带审查制度则只能在对行政行为审查的同时附随对行为所依据的规范性文件进行审查，公民等主体不可直接提起诉讼。二是审查后果不同。抽象审查制度中，法院可以直接宣布规范性文件违法、无效，并具有不局限于个案的普遍约束力；附带审查制度中，法院只能在个案中拒绝适用违法的规范性文件，而不具有普遍效力。

（二）二者区分的影响因素

抽象审查制度与附带审查制度不同模式的选择与上述差异的产生，往往与一国法治传统紧密相连，与该国诉讼功能、对行政行为的内涵理解、法院结构以及诉讼结构等因素密切相关，以下将进行详细分析：

一是诉讼功能的不同。法国是抽象审查制度的代表。法国行政行为之审查机制的设计，较非重于个人主观权利的保护，而是以维护合法性之必要为重心。③ 法国行政法院的核心功能在于确保行政机关遵守法律，通过越权之诉检视行政机关对客观公法法则的遵守，这其中包含行政机关作出的所有行为，自然包含行政机关制定抽象的法律规范。行政法院可以直接通过越权之诉审查条例的效力，撤销违法的条例。而德国是附带审查制度的代表，在德国行政诉讼发展史中，客观法秩序维护模式与主观公权利保护模式都有支持者，但是第二次世界大战之后，德国《基本法》第 19 条

---

① 张浪：《行政规范性文件的司法审查问题研究——基于〈行政诉讼法〉修订的有关思考》，《南京师大学报（社会科学版）》2015 年第 3 期。
② 王名扬：《法国行政法》，北京，北京大学出版社，2016，第 117 页。
③ 王必芳：《行政命令的抽象司法审查——以法国法为中心》，《中研院法学期刊》2012 年第 11 期。

规定，任何人之权利若受官署侵害时，得提起诉讼，自此人性尊严的保护成为宪法的最高价值，人民权利的保障成为德国行政法院的核心功能。因此，请求人必须基于权利受到损害才具有提起诉讼的资格，而由于抽象规范制定后不会直接对公民权利产生影响，这等于事实上排除了针对行政规范的抽象审查，所以德国采取以附带审查为主的模式，除了德国《行政法院法》第 47 条规定的例外情形。

二是对行政行为的内涵理解不同。无论是以抽象审查制度为典型的法国，还是以附带审查制度为典型的德国，都以"行政行为"作为行政诉讼的核心审查对象，但是二者对"行政行为"内涵的理解并不相同。法国对行政行为的理解采用"形式主义"的观点，着重于机关的要素、行为的功能、权威和可争讼性，认为国家的职能仅能依据行使职能的机关来区别，因此所谓行政行为是指出自行政机关的行为。[①] 由此，法国对"行政行为"的界定趋向于采用"务实"的形式主义态度，由国会之外行政机关发布一般性规范多被归类于行政机关制定普遍性规则的行政行为。[②] 全体行政行为原则上遵守相同的合法性，且遵循相同的诉讼管道，均通过越权之诉。

而德国则将行政行为定义为，"行政机关对具体事实作出的具有直接外部法律效果的处理行为"[③]，法规命令是指"行政机关（政府、部长和行政机关）颁布的法律规范"[④]。可见德国对国家职能的界定建立在"法行为的一般分类"上，区分"一般拘束力的行为"与"特别拘束力的行为"。因此，"行政行为"是作出个别的、具体的"个别决定"，"立法行为"则具有一般性、抽象性与非属人性。法规命令自然向立法行为靠拢，类似于实质上的立法行为，所以原则上排除行政诉讼的受案范围，只能采用附带审查方式。

三是法院结构不同。法国的行政法院设立在行政系统的内部，组织结构直属法国总理领导，业务包含两个部分：一部分负责咨询业务，另一部分负责行政案件的审理，[⑤] 因而具有一定的"行政属性"。法国"最高行政法院成员，属于司法部领导，但不是司法审判官，不享有司法院所具有

---

① 王必芳：《行政命令的抽象司法审查——以法国法为中心》，《中研院法学期刊》2012 年第 11 期。
② 王名扬：《法国行政法》，北京，北京大学出版社，2016，第 107 页。
③ 〔印〕M. P. 赛夫：《德国行政法——普通法的分析》，周伟译，台北，五南图书出版股份有限公司，1991，第 72 页。
④ 〔德〕哈特穆特·毛雷尔：《行政法学总论》，高家伟译，北京，法律出版社，2000，第 58 页。
⑤ 严理：《法国行政法院的组织与工作》，《人民司法》1986 年第 7 期。

的特别保障。行政法官的地位，在理论上说，和其他文职行政官员相同，受公务员一般低位法的支配，但行政法院又受该职系特别地位法的支配，在职业保障方面，比一般行政官员优越"①。正是行政法院独特的"行政属性"使得行政法院能够保证其具有对行政机关行为进行较为深度审查的资格和能力，也有助于行政机关的所有行为接受行政法院的裁判，包括抽象的行政规范。

而德国的行政法院具有"司法属性"。德国的民主传统相当薄弱，除在纳粹时期外，法院一直发挥着重要的作用。此种作用在第二次世界大战后，随宪法法院的设立而更为强大。一个强大的司法机关被视为对抗不可靠政治之必需。鉴于行政法院的"司法属性"，尽管为公民提供充分的司法保护是德国行政法院的核心功能，但是其仍然需要遵守行政机关与法院之间的权力界限，对不直接影响公民权益的抽象立法行为不具有直接的审查权。

四是诉讼结构不同。法国行政诉讼制度的核心是"越权之诉"，越权之诉的核心在于不区分行为的性质，只要是行政机关作出的行为均遵守相同的合法性，适用同样的"诉讼管道"。同时，传统上"越权之诉"大多被界定为"客观诉讼"，其不是针对"两造"之间的诉讼。而是针对"行为"而展开的保护客观法秩序的诉讼，其重心在于"维护合法性"，因此沙皮（René Chapus）教授将越权之诉称为"公共效用之诉"。即使请求人认为自己为了自身利益而自私地行动，但是其真实的身份是合法性的防卫者或是"法的检察官"，其所履行的公共职责，亦是对行政机关进行控制。相对地，法官撤销违法行为，与其说是为了修复请求人的损害，毋宁说是为了重建被违背的合法性。②

而德国的行政诉讼制度是仿效民事诉讼制度而设计的，是运用"主观思维"来进行构思的。行政诉讼建立在行政机关与相对人二元对立关系的基础上，其针对的是对立的两造之间的纠纷解决程序，提起诉讼的人必须是自身的权益受到损害，同时诉讼的效力也仅能拘束诉讼当事人。因此，基于行政规范所具有的"侵害间接性"，③ 相对人往往难以直接对行政规

---

① 王名扬：《法国行政法》，北京，北京大学出版社，2016，第476页。
② 王必芳：《行政命令的抽象司法审查——以法国法为中心》，《中研院法学期刊》2012年第11期。
③ 行政规范"侵害间接性"是相对于行政行为而言的，其需要借助于行政行为的转化才能对相对人产生直接侵害。

范提起诉讼。同时由于行政规范具有"对世性",如果确认其违法或无效将影响到本造诉讼之外的其他相关人,这对于对立的"两造诉讼"是不容许的。① 所以,德国对于法规命令的司法审查原则上采用的是"附带审查"方式,除了德国《行政法院法》第 47 条规定的例外情形。

综上所述,正是由于不同国家法治传统的不同,导致对包括规范性文件在内的行政规范采用了不同的审查方式,亦反向影响了附带审查制度与抽象审查制度的设计,导致了二者的区别。

第二节 规范性文件附带审查制度的历史演进

2014 年《行政诉讼法》第 53 条、第 64 条确立了规范性文件附带审查制度,该制度的生成在中国经历了不同时期的演变。梳理这些演变不仅有助于对规范性文件附带审查制度本身的理解,而且有助于放宽视野,挖掘制度的深层内涵。庞德教授认为,法律的稳定性和变化性的关系问题是所有法学流派共同关注的问题,而学说、判例和法规范是最基本的三类素材。② 因此,对中国规范性文件附带审查制度生成的历史脉络梳理将从这三个方面展开。

一、1989~2000 年:基于法律适用的合法性判断

行政诉讼法是控制行政行为的法。以行政行为切入,研究行政法已经成为一种主流的研究范式,它构成了各种行政法学理论对话的基础性平台。③ 从功能主义的视角观察,行政行为的界定与法院的审判权限有密切的关系,亦决定了法院对待规范性文件的态度。④ 长久以来中国有严格的抽象行政行为与具体行政行为相区分的理念。在这种抽象行政行为与具体行政行为分野的基础上,同时考虑到中国当时行政诉讼法还不完备、行政审

---

① 王必芳:《行政命令的抽象司法审查——以法国法为中心》,《中研院法学期刊》2012 年第 11 期。
② 〔美〕罗斯科·庞德:《法律史解释》,邓正来译,北京,中国法制出版社,2003,第 1-10 页。
③ 王珉灿:《行政法概要》,北京,法律出版社,1983,第 97 页。
④ 比如在法国,国家的职能仅能依据行使职能的机关来区别,因此,所谓的行政行为是指出自行政机关的行为,全体行政行为不区分具体事项,均遵守相同的合法性,受制于相同的合法性审查,故而对具体行政行为与抽象行政行为不进行区分,均受法院的合法性审查。

判庭的承受能力还不足以及"民告官"观念更新等问题，1989年《行政诉讼法》认为行政诉讼受案范围不宜规定过宽，故而第12条规定，"人民法院不受理公民、法人或者其他组织对下列事项提起的诉讼：……（二）行政法规、规章或者行政机关制定、发布的具有普遍约束力的决定、命令……"由此排除了对规范性文件等抽象行政行为的审查。同时，第32条规定，"被告对作出的具体行政行为负有举证责任，应当提供作出该具体行政行为的证据和所依据的规范性文件"，可见规范性文件虽不具有可诉性，但是具有"准证据"的地位，法院事实上可以基于对证据的合法性审查"间接"地对规范性文件进行合法性判断。司法实践中，部分法院对待规范性文件如同对待证据一样进行合法性判断，在对证据审查的同时会对规范性文件进行间接审查，比如在"仇某诉龙岩市人民政府登记案"中，法院认为："本院经对当事人在一审庭审中出示的证据和规范性文件依据进行审查……"① 同时，根据1989年《行政诉讼法》第53条规定，人民法院审理行政案件"参照规章"，举重以明轻，那么对于规范性文件法院亦采用"参照"，这意味着法院可以依职权基于正确适用法律的权力对规范性文件进行选择适用。但实践中法官的态度不是全部都如此积极，部分法官的态度并非明确，甚至出现对其他规范性文件轻视的态度。②

从2000年《最高人民法院关于执行〈中华人民共和国行政诉讼法〉若干问题的解释》（简称《若干解释》，现已失效）舍弃"具体行政行为"概念开始，再到2014年《行政诉讼法》修改正式采用"行政行为"的概念，受案范围形式上实现了从具体行政行为到行政行为的转变，实质上体现了"保护公民权利，扩大受案范围"的司法政策，彰显了"形式性的学说框架"到"实质主义解释框架"的转变。③ 在这样的司法政策背景下，面对实践中大量实际上承担着国家治理功能的规范性文件以及由此引发的纠纷，法院大多将其视为"法律适用"中的重要一环进行处理。2000年《若干解释》第62条第2款规定：人民法院审理行政案件，可以在裁判文书中引用合法有效的规章及其他规范性文件。那么合法有效的规范性文件是否意味着各级人民法院对"其他规范性文件"的有限审查权呢？对此学者们观点不一。大部分学者持有肯定观点，认为该规定承认了（行政）规

---

① 福建省龙岩市中级人民法院（2013）岩行终字第59号行政判决书。
② 王振宇：《行政诉讼制度研究》，北京，中国人民大学出版社，2012，第184页。
③ 陈越峰：《中国行政法（释义）学的本土生成》，《清华法学》2015年第1期。

范性文件具有拘束法院的效力，法院在法律适用的过程中具有对规范性文件"是否合法"的间接判断权，因为法院只有对规范性文件进行了合法性判断，才能得出其"是否合法有效"的结论，从而决定在裁判文书中是否引用。但是亦有学者对《若干解释》第62条自身的"正当性"持有质疑态度，比如有学者认为：《若干解释》旨在对1989年《行政诉讼法》作出全面、系统的解释，第62条第2款规定即是对1989年《行政诉讼法》第53条"参照规章"条款的解释。该规定事实上将法院的审查权扩张至"其他规范性文件"，显然超越了1989年《行政诉讼法》第53条所指的"规章"之文义范围，因为根据法律解释的一般准则，当解释的结果超越了法条文义的涵盖范围时，这种所谓的"解释"即具有了法律续造的性质。因此，《若干解释》第62条第2款除了对1989年《行政诉讼法》第53条"参照规章"的含义作出补充和明确规定以外，还超越法律文本创设了法院关于"其他规范性文件"的司法审查权。①

可以说，在这一时期，法院是否可以在"法律适用层面"对规范性文件进行合法性审查仍有争议，学界主流观点认为，法院可以基于正确适用法律的职责而对规范性文件进行间接的合法性判断，司法实践中法院的态度相对消极。

二、2000～2014年：合法性判断规则的细化

在2000年《若干解释》第62条的基础上，法院不断对适用规则进行细化。2004年《关于审理行政案件适用法律规范问题的座谈会纪要》（简称《座谈会纪要》）首次对规范性文件的法律地位进行了明确，即："人民法院可以在裁判理由中对具体应用解释和其他规范性文件是否合法、有效、合理或适当进行评述。"《座谈会纪要》相较于《若干解释》具有以下进步：一是在规范层面明确规范性文件不是正式的法源，对法院不具有规范意义上的拘束力。二是审查标准的明确化，提出了"合法、有效、合理或适当"的审查标准。三是法院可以在裁判理由中对规范性文件是否合法、有效、合理或适当进行正面评述。2009年最高人民法院根据2000年《立法法》等法律规定，公布的《关于裁判文书引用法律、法规等规范性法律文件的规定》第6条规定："对于本规定第三条、第四条、第五条规定之外的规范性文件，根据审理案件的需要，经审查认定为合法有效的，

---

① 余军、张文：《行政规范性文件司法审查权的实效性考察》，《法学研究》2016年第2期。

可以作为裁判说理的依据。"该规定再次重申了《若干解释》第 62 条第 2 款,法院对行政规范性文件的"间接"审查权。

与此同时,在司法实践中,法院通过多种方式对规范性文件进行合法性判断,主要借由以下两条路径展开:一是将规范性文件这一抽象行政行为转化为具体行政行为进行审查。在"平湖市南市白蚁防治站诉平湖市规划与建设局侵犯企业经营自主权案"中,原告认为通知与答复侵犯了其经营自主权,但是法院对此并未直接进行回应,而是借由对政府根据通知、答复作出的行为进行审查从而对规范性文件作出间接判断。二是借由个案的"选择性适用",即法院在行政诉讼中为了正确适用法律而对规范性文件进行合法性判断。法院对于个案中规范性文件的合法性判断思路大体趋同,主要从内容上进行合法性判断。最为典型的就是指导案例"陈某诉南京市江宁区住房和城乡建设局不履行房屋登记法定职责案",该案中法院对司法部、建设部制定的《关于房产登记管理中加强公证的联合通知》"是否违反上位法"以及"不得设定非法义务,侵害相对人合法权益"等方面进行内容合法的判断。也有部分案件在此基础上进行深度审查,比如在"宜昌促进会案"中,法院从制定主体、内容是否违反法律法规的禁止性规定、内容是否符合目的三个方面进行审查。但是总体而言,在这一阶段法院的消极审查态度明显,① 法院大多未对规范性文件进行合法与否的判断,往往不说明理由直接适用规范性文件,尤其在涉及技术规范与标准、程序性的规定以及政策性规定时表现得最为明显。比如在"盐城市奥康食品有限公司东台分公司诉盐城市东台工商行政管理局食品安全行政处罚案"中,法院直接依据 GB 7718—2004《预包装食品标签通则》认定原告行为违法。

可见,在这一阶段法院对规范性文件的司法审查仍然在"法律适用层面"讨论,多个司法解释只是对合法性判断规则进行细化。同时,司法实践通过个案不断地丰富规范性文件的合法性判断路径,形成涟漪效应,将开放性、灵活性不断地导入具体个案的法律判断中,塑造整个法律共同体对规范性文件司法审查的理解。

三、2014 年至今:附带审查制度的确立与适用解释的细化

2014 年《行政诉讼法》修改确立了规范性文件附带审查制度,第 53

---

① 余军、张文:《行政规范性文件司法审查权的实效性考察》,《法学研究》2016 年第 2 期。

条规定:"公民、法人或者其他组织认为行政行为所依据的国务院部门和地方人民政府及其部门制定的规范性文件不合法,在对行政行为提起诉讼时,可以一并请求对该规范性文件进行审查。""前款规定的规范性文件不含规章。"由此明确了法院可以基于当事人的附带审查请求对规范性文件进行审查,实现了法院对规范性文件具体条款从"隐性审查"到"显性审查"的转变。同时 2014 年《行政诉讼法》第 64 条对规范性文件附带审查的结果处理等问题进行了规定:"人民法院在审理行政案件中,经审查认为本法第五十三条规定的规范性文件不合法的,不作为认定行政行为合法的依据,并向制定机关提出处理建议。"2018 年 2 月 8 日施行的《行诉适用解释》第 145~151 条,则针对规范性文件附带审查制度适用中的相关问题进行了详细的解释,由此形成规范性文件附带审查制度的规范框架。

2014 年《行政诉讼法》确立了规范性文件附带审查制度,具有如下进步意义:一是权力来源的正当化。在 2014 年规范性文件附带审查制度确立之前,最高法院主要依据 2000 年《若干解释》、2004 年《座谈会纪要》等对适用规则作出细化规定,但是从性质而言,《座谈会纪要》并非正式的司法解释,由此导致行政规范性文件司法审查权及其运行规则规范依据属性上的模糊性与效力上的不确定性。[①] 因此 2014 年《行政诉讼法》确立了规范性文件附带审查制度,最高立法机关通过"法律"补足了法院审查规范性文件的正当性。二是增加了当事人的附带审查请求权。2014 年《行政诉讼法》修改之前,法院对规范性文件的审查是"依职权"在法律适用层面的合法性判断,而 2014 年《行政诉讼法》修改则赋予了当事人一并请求规范性文件审查的权力。三是明确了法院裁判理由中的强制评述义务,不仅是对原告请求权的回应,而且有助于尽量避免法院的消极审查态度。[②] 四是完善了规范性文件司法审查的内容。增加了规范性文件部分条款违法的处理程序,一方面,法院对认定违法的规范性文件在本案中不予适用,同时可以向规范性文件制定机关提出处理建议,并可以抄送制定机关的同级人民政府、上一级行政机关、监察机关以及规范性文件的备案机关,以防止制定机关怠于处理;另一方面,在法院系统建立了规范性

[①] 余军、张文:《行政规范性文件司法审查权的实效性考察》,《法学研究》2016 年第 2 期。

[②] 余军教授与张文博士对《最高人民法院公报》刊载的 14 个案例(其中涉及 20 项规范性文件)进行了实证研究,研究表明只有 6 项文件经过审查后决定是否适用,剩下的 14 项文件未经审查即直接适用。可见,在修法之前,法院采用的是消极的审查态度。参见余军、张文:《行政规范性文件司法审查权的实效性考察》,《法学研究》2016 年第 2 期。

文件附带审查结论的上级法院备案机制以及"纠错"机制，防止"同案不同判"。

综上所述，中国规范性文件附带审查制度的生成经历了三个不同阶段，并伴随着法院、学理对该制度的不同理解逐渐发展。需要说明的是，虽然当前已经确立了规范性文件附带审查制度，但是在原告没有提起附带审查请求的案件中，法院依然可以依职权基于适用法律的权力对本案中的规范性文件进行合法性判断，其与规范性文件附带审查制度并行不悖。

第三节 规范性文件附带审查制度的选择动因与制度难题

通过前文梳理可知，经过不同时期的发展，中国确立了规范性文件附带审查制度。规范性文件附带审查制度的选择，本质上是由《行政诉讼法》以"行政行为"为审查对象的审查体系、具体行政行为与抽象行政行为分离的行政法治传统，以及法院的司法属性与两造对立的诉讼构造等所决定的。然而与此同时，中国规范性文件附带审查制度的确立亦给行政诉讼制度体系带来挑战。对中国规范性文件附带审查制度的选择动因以及所暗藏的制度难题的揭示，将有助于从"本土化"的视角对中国规范性文件附带审查制度进行总体把握，亦有助于后文进行针对性的分析。

一、《行政诉讼法》以"行政行为"为审查对象的审查体系

"行政行为"不仅是中国行政法学体系的核心概念，而且是《行政诉讼法》建构的核心与基石。对行政行为概念与内涵界定的不同，决定了行政诉讼体系建构的基础、价值取向以及具体制度设计的不同。

1989年《行政诉讼法》第2条规定：公民、法人或者其他组织认为行政机关及其工作人员的具体行政行为侵犯其合法权益，有权依照该法提起行政诉讼。第5条规定："人民法院审理行政案件，对具体行政行为是否合法进行审查。"第11条规定：除法律法规另有规定外，侵犯相对人人身权和财产权的具体行政行为属于行政诉讼受案范围。由此，1989年《行政诉讼法》是以"具体行政行为"作为审查对象，而建构起来的一套完整的行政诉讼制度体系，即其中的受案范围、诉讼参加人、举证责任、审查标准、判决、执行，乃至行政赔偿等都是与"具体行政行为"相匹配的制度设计，而"具体行政行为"主要是针对"抽象行政行为"而言的。

2000 年《若干解释》为了解决扩大受案范围的问题，适应现代行政管理手段和方式的多样化，将受案范围中的"具体行政行为"改为"行政行为"。根据当时最高法的说明，司法解释中的"行政行为"是指具有国家行政职权的机关、组织及其工作人员的，与行使国家行政权力有关的，对公民、法人或其他组织的权益产生实际影响的行为以及相应的不作为；不仅包括作为，也包括不作为；不仅包括单方行为，也包括双方行为；不仅包括法律行为，而且包括非法律行为。① 《若干解释》虽然事实上扩大了受案范围，但是并没有改变 1989 年《行政诉讼法》的体系框架与相应的适用规则。因为《若干解释》的性质为司法解释，其只是对 1989 年《行政诉讼法》规定所作的解释，并不能超越与改变 1989 年的《行政诉讼法》框架，否则，将构成"司法权僭越立法权"，所以虽然受案范围有所扩大，但从整体诉讼制度体系上来看，仍然还是以"具体行政行为"为核心的审查制度框架。

2014 年《行政诉讼法》修改，正式舍弃了"具体行政行为"的概念，用"行政行为"统领行政诉讼法。② 根据《全国人民代表大会法律委员会关于〈中华人民共和国行政诉讼法修正案（草案）〉修改情况的汇报》可知：在行政诉讼法修改过程中，公布的两次修正案征求意见稿在修法内容上有一个重要变化，即第一稿中保留以"具体行政行为"作为行政诉讼法的基础概念统领全部法条，而第二稿中则改为以"行政行为"作为统率行政诉讼法全部法条的基础概念。1989 年《行政诉讼法》使用"具体行政行为"概念，针对的是"抽象行政行为"，主要考虑是限定可诉范围。审议修改过程中，有些常委委员、地方、专家学者和最高人民法院提出，1989 年《行政诉讼法》第 11 条、第 12 条对可诉范围已作了明确列举，哪些案件应当受理，哪些案件不受理，界限是清楚的，可以根据实践的发展不再从概念上作出区分，建议将"具体行政行为"统一修改为"行政行为"。可见，2014 年《行政诉讼法》中"行政行为"概念的使用，一方面是回应多年来学界对具体行政行为内容不明确的批评，另一方面则是对 2000 年《若干解释》扩大受案范围立法意旨的延续。相较于"具体行政行为"，"行政行为"是一个外延相对开放的概念，将事实行为、双方行

---

① 最高人民法院行政审判庭：《关于执行〈中华人民共和国行政诉讼法〉若干问题的解释释义》，北京，中国城市出版社，2000，第 5 页。

② 需要说明的是，本研究所使用的"行政行为"概念也是《行政诉讼法》意义上的"行政行为"。

为、不作为纳入审查范畴,即除了"抽象行政行为"之外,涵盖了作为与不作为、法律行为与事实行为、单方行为与双方行为。①

因此,2014年《行政诉讼法》是以"行政行为"为核心审查对象的制度体系,即"行为审查"体系,仍然排除了对规范性文件等抽象行政行为的审查;同时,从整体制度体系上来看,2014年《行政诉讼法》虽然进行了相应制度的调整与创新,但是本质上仍延续了1989年《行政诉讼法》以"具体行政行为"为核心的整体审查框架,对于规范性文件等抽象行政行为不可直接适用,故而无法采用抽象审查的方式对规范性文件进行直接审查,只能采用附带审查的方式。

二、具体行政行为与抽象行政行为分离的行政法治传统

无论是学理还是行政诉讼制度体系,中国一直区分具体行政行为与抽象行政行为,规范性文件属于抽象行政行为的范畴,这已经成为中国学理与司法实践的一个基本共识。这样的行政法治传统导致无法将规范性文件直接纳入行政诉讼的受案范围,更适合采用附带审查制度进行审查。

(一)具体行政行为与抽象行政行为的学理区分

学理上,中国一直区分具体行政行为与抽象行政行为。学界总的观点是以是否针对特定的人、特定的事,是否反复适用等对二者进行区分。②事实上,中国对二者的划分与德国类似,建立在"法行为的一般分类"上,区分"一般拘束力的行为"与"特别拘束力的行为"。具体行政行为是针对特定对象作出的具体的、个别的决定,是具有特别拘束力的行为;抽象行政行为是针对不特定对象作出的一般性、抽象性的行为,属于具有"一般拘束力"的行为。规范性文件属于抽象行政行为的范畴,与具体行政行为具有不同的特性。

首先,逻辑结构不同。现代社会的复杂多变需要更为高效、灵活的行政机关去应对,由此使得行政机关的活动具有多样性。"行政过程可以分

---

① 全国人大常委会法制工作委员会行政法室:《中华人民共和国行政诉讼法解读》,北京,中国法制出版社,2014,第5页。
② 比如早在1992年,杨海坤教授即认为具体行政行为是指行政机关针对具体的人和具体的事的行为。参见杨海坤:《行政法与行政诉讼法》,北京,法律出版社,1992,第51页。姜明安教授认为对抽象行政行为和具体行政行为的区分,以相对人是否特定为标准。参见姜明安:《行政法与行政诉讼法》,北京,北京大学出版社、高等教育出版社,2015,第6版,第153页;何海波教授认为学界总的观点是将具体行政行为分解为"特定的人"和"特定的事"。参见何海波:《行政诉讼法》,北京,法律出版社,2021,第153页。

为制定行政规范和作出行政行为两部分"①，即行政过程分为两段：一是位于上游的行政决策阶段，二是位于下游的执行阶段。其中具体行政行为位于下游的执行阶段，是行政机关针对个案作出的行政行为，其逻辑结构是"要件-效果"，即根据法规范预设的行为要件，通过法规范的适用，作出个案的具体行为；而规范性文件等抽象行政行为位于上游的行政决策阶段，没有确定的行政相对人，"实际上是行政机关为实现行政目的而在现有多种方案中作出的一种决策选择"，②即根据所要达到的行政任务与目的，预设达到目的的手段与要件，故而其逻辑结构为"目的-手段"。合法有效的规范性文件是行政机关处理个案作出具体行政行为的依据，具有"法源性"。因此，规范性文件位于具体行政行为的上游，属于行政决策阶段，二者具有不同的逻辑结构。

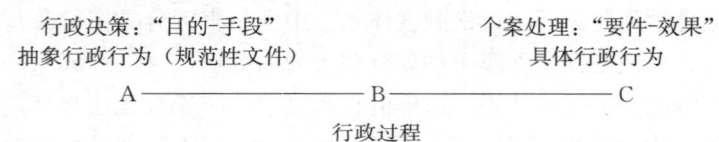

```
行政决策："目的-手段"              个案处理："要件-效果"
抽象行政行为（规范性文件）          具体行政行为
A————————————B————————————C
                   行政过程
```

其次，制度功能不同。具体行政行为兴起于自由法治国时代，其核心功能在于"执行"。由作为立法机关的议会提供行政权行使的合法性依据，行政机关是执行机关，行政机关不得为自己创制行为依据，"依法律行政"是行政机关必须遵守的诫命，行政的核心功能在于执行。而伴随着现代法治国家的兴起，基于议会能力的有限与现代行政事务的纷繁复杂，国家立法机关经常仅仅提供一个框架性的行政权法律依据，由行政机关在此法律框架内细化规则，或者直接授权行政机关自己创制行政权依据，以积极回应现代社会发展的需要，"依法律行政"转化为"依法行政"。③ 由此行政不仅对预设的法律内容进行执行，而且是为了实现公共利益的一种政策创造，具有形成功能。行政机关制定规范性文件等抽象规范本质上是形成立法政策，即"围绕彼此不同乃至相互冲突的利益之间进行均衡、博弈，最

---

① 章剑生：《现代行政法总论》，北京，法律出版社，2014，第30页。
② 比如在怎样解决"城市交通拥堵"的问题上，行政机关可以选择多种方案：（1）拍卖持牌；（2）车牌摇号；（3）车牌尾号限行；（4）拓宽道路；（5）收取拥堵费；等等。行政机关可以借助法学之外的知识，如经济学、公共管理学、行政学、政治学等理论，在充分听取各方意见的基础上研判，选择一种或几种治堵方案，然后通过制定行政规范加以具体化，使之成为行政机关处理个案的依据。参见章剑生：《现代行政法总论》，北京，法律出版社，2014，第197页。
③ 章剑生：《现代行政法总论》，北京，法律出版社，2014，第30页。

终确定利益分配规则的过程",① 因而相较于具体行政行为以执行功能为主,规范性文件等抽象行政行为不仅具有执行功能,还具有形成功能。

再次,影响权利义务的方式不同。规范性文件等抽象行政行为创设一种影响相对人权利义务关系的模式,其是对未来事务进行的管理,针对的对象为不特定的人、不特定的事,具有普遍拘束力,需要借助于行政行为的实施才能转化为效力,并且可以反复适用,故而规范性文件违法,影响的范围广泛。而具体行政行为是针对过去发生事务的管理,仅针对特定的人、特定的事,仅对本次处理有效,直接影响相对人的权利义务关系,具体行政行为违法,仅具有个案危害性。

最后,审查逻辑不同。具体行政行为审查先推定其违法,行政机关举证证明其合法性。虽然规范性文件的审查也需要行政机关证明其合法性,但是基于法的安定性要求,法院先推定规范性文件合法有效,除非规范性文件具有明显错误。经过上位法授权,通过规范制定程序制定的规范性文件具有合法的正当性基础,虽然其具有违法的或然性,但是法的普遍适用性要求其具有权威性,以保障规范秩序的统一、稳定。诚如凯尔森所言,法律规范的效力不能以它的内容与某种道德或政治价值不相容为根据而被怀疑。因而规范性文件应先推定其合法,未经法定程序认定其违法之前推定其有效,具有公定力,为社会所信赖,以维护法规范的权威与法规范秩序的确定性、统一性、有序性。

(二) 具体行政行为与抽象行政行为分离的诉讼制度设计

在行政诉讼制度与司法实践中,同样区分具体行政行为与抽象行政行为。1989年《行政诉讼法》第11条规定,除法律法规另有规定外,侵犯相对人人身权和财产权的具体行政行为属于行政诉讼受案范围;第12条将"行政法规、规章或者行政机关制定、发布的具有普遍约束力的决定、命令"排除出审查范围。由此可见,1989年《行政诉讼法》将"具体行政行为"作为审查对象,排除对抽象行政行为的审查。而2014年《行政诉讼法》修改,删除了"具体"二字,原因是为了满足纠纷解决的现实需要,将事实行为、双方行为、不作为均纳入审查的范畴,但是第13条仍然将"抽象行政行为"排除在受案范围之外,公民不可以直接提起诉讼审查规范性文件等抽象行政行为。所以2014年《行政诉讼法》虽然舍弃了

---

① 蒋红珍:《论比例原则——政府规制工具选择的司法评价》,北京,法律出版社,2010,第15页。

"具体行政行为"的概念,但是本质上依然区分具体行政行为与抽象行政行为,将抽象行政行为排除出审查范围。这从人大法工委的相关表述中可见一斑,其认为,"规范性文件不是针对具体的人作出的,不会直接影响个人的权利,它只有通过行政行为才会产生危害后果"①。

综上,无论是在学理上,还是在行政诉讼制度与司法实践中,中国一直具有区分具体行政行为与抽象行政行为的行政法治传统,对国家机关职能的界定与德国相似,建立在"法行为的一般分类"上,区分"一般拘束力的行为"与"特别拘束力的行为"。中国的"具体行政行为"是具有行政职权的机关、组织作出的,对公民、法人或其他组织权益产生实际影响的"个别决定",是具有"特别拘束力的行为"。而"抽象行政行为"是行政机关制定的具有一般性、非属人性的抽象规范,向立法行为靠拢,类似于实质上的立法行为,属于"一般拘束力的行为"。上述分类类似于大陆法系国家"行政处理决定"与"法规命令"之分。这样的法治传统导致无法将规范性文件等抽象行政行为直接纳入行政诉讼的受案范围,更适合采用附带审查制度进行审查。

三、法院的司法属性与两造对立的诉讼构造

人民代表大会制度是中国的根本政治制度,行政机关与司法机关都由人民代表大会产生,二者分属不同的权力系统,处于同等法律地位。其中行政机关是国家权力机关的执行机关,法院是国家的审判机关,二者各司其职,同时,法院实行分庭制,行政审判庭主要审查行政行为的合法性,对行政机关进行监督。概言之,中国法院与行政机关分属于不同的权力系统,法院具有"司法属性","经由法院对行政行为的合法性审查形成行政诉讼对行政权的监督"②。解决行政争议,保护公民、法人和其他组织的合法权益,监督行政机关依法行使职权是中国法院的核心职能。故而区别于设立在行政系统内部、具有一定行政属性的法国行政法院可以对行政机关行为进行较为广泛与深入的审查,中国法院的司法属性使得法院需要严格遵守与行政机关之间权力的边界,并非行政机关作出的所有行为法院均可以审查。

---

① 全国人大常委会法制工作委员会行政法室:《中华人民共和国行政诉讼法解读》,北京,中国法制出版社,2014,第145页。

② 张婷:《行政诉讼附带审查的宪法命题及其展开》,《法学论坛》2018年第3期。

从诉讼构造来看，中国行政诉讼脱胎于民事诉讼，① 行政诉讼制度建立在行政机关与相对人之间二元对立关系的基础上，旨在发动对立两造之程序，请求人必须权益受到损害才能提起行政诉讼，裁判的效力亦仅能拘束诉讼的当事人。然而，一方面，规范性文件是针对不特定的对象作出的，不会直接影响个人的权利，需要转化为具体的行政行为才会对公民的权利产生影响，这便意味着诉讼请求人难以证明其权利受到规范性文件的损害，因而无法直接对规范性文件提起行政诉讼；另一方面，行政诉讼的判决原则上仅能对本案当事人产生拘束力，而规范性文件针对不特定对象，具有"对世性"，如果确认其违法或者无效，将影响到本造诉讼之外的其他人，这与行政诉讼对立的"两造诉讼结构"亦是不相容的。正如弗罗蒙（Fromont）教授所言，由于德国行政诉讼是以主观方式来构思的，且其行政法是建立在行政当局以及其决定之对象间的二元关系上的，因此，对于承认命令的直接诉讼，有其固有的困难。② 中国亦是如此，两造对立的诉讼构造必然促使中国选择对规范性文件进行附带审查的方式。

四、制度难题：规范审查与行为审查的逻辑嵌合

结合前述分析，正是由于《行政诉讼法》以"行政行为"为审查对象的审查体系排除了对规范性文件的直接审查，具体行政行为与抽象行政行为分离的行政法治传统导致无法将规范性文件直接纳入受案范围，两造对立的诉讼构造使得请求人必须在权利受到直接侵害时才能提起行政诉讼，以及中国法院虽然监督行政机关，但是依然要遵守与行政机关之间的界限等，中国对规范性文件的司法审查选择了附带审查制度。然而，规范性文件附带审查制度的确立亦给中国的行政诉讼制度体系带来挑战，隐藏着制度难题。

详言之，2014年《行政诉讼法》是以"行政行为"为核心审查对象的诉讼制度体系，即"行为审查"体系，而规范性文件区别于行政行为，类似于"实质意义上"的立法行为，具有"法源性"，合法有效的规范性

---

① 中国的行政诉讼制度与民事诉讼制度具有亲密的关系。1989年《行政诉讼法》制定之前，行政诉讼的相关制度规定在当时的《民事诉讼法》中；2014年《行政诉讼法》修改，第101条仍规定："人民法院审理行政案件，关于期间、送达、财产保全、开庭审理、调解、中止诉讼、终结诉讼、简易程序、执行等，以及人民检察院对行政案件受理、审理、裁判、执行的监督，本法没有规定的，适用《中华人民共和国民事诉讼法》的相关规定。"

② 王必芳：《行政命令的抽象司法审查——以法国法为中心》，《中研院法学期刊》2012年第11期。

文件是行政行为的依据，对规范性文件的附带审查本质上属于"规范审查"。因此，《行政诉讼法》中规范性文件附带审查制度的确立，事实上将规范性文件的审查"嵌入"了以行政行为为核心审查对象建立起来的"行为审查"体系中，即"规范审查"嵌入"行为审查"体系。这就隐藏了一个制度难题：法院在附带审查规范性文件时，既有的"行为审查"逻辑如何向"规范审查"逻辑调试，如何在《行政诉讼法》的制度体系中，建立起契合规范性文件属性的"规范审查"制度。

具体表现为在"附带审查制度"下，原告需要依附于行政行为才能对规范性文件提起审查请求，那么法院应当如何判断规范性文件是行政行为的依据，如何对原告的诉讼请求进行审查；在审查过程中，法院如何判断规范性文件的合法性。对此在《行诉适用解释》第148条颁布之前，学界就出现是套用2014年《行政诉讼法》第70条行政行为的审查标准，还是参照2015年《立法法》第96条、《中华人民共和国各级人民代表大会常务委员会监督法》第30条的规范性文件备案审查标准的争论；在结果处理阶段，法院认定规范性文件违法后，根据《行政诉讼法》的规定，法院不可宣告规范性文件违法，仅可以在个案中不予适用。那么如果法院之间认定结果不同该如何处理，如何促使行政机关废止违法的规范性文件，等等，以上问题均有待进行针对性的研究。

第四节 规范性文件附带审查制度的审查理念

行政诉讼（司法审查）的特殊之处在于诉讼程序的设计和诉讼过程的运作无不关涉到行政权与司法权的关系，如何协调二者的关系是各国行政诉讼（司法审查）皆面临的问题。① 规范性文件附带审查制度的本质是司法权对行政权的监督，但是在监督行政权的基础上，又要尊重行政机关的规范制定权，以建构效率政府的规范基础，更要兼顾中国长期行政法治实践中司法权与行政权之间所形成的良性互动关系。因此，协调好司法权与行政权的关系是规范性文件附带审查制度所应秉持的核心理念，该理念对规范性文件附带审查制度的运行与发展具有引领作用。

---

① 杨伟东：《行政行为司法审查强度研究——行政审判权纵向范围分析》，北京，中国人民大学出版社，2003，第5页。

一、司法权监督行政权

"国家权力应当分立并相互制约,这是现代政治与法律科学中一条基本规律。"[1] 行政诉讼是法院通过诉讼程序监督行政权行使的一种制度,重在监督行政机关依法行政,防止行政权的滥用,保障人民权利,这是司法权与行政权关系的"核心面向",也是规范性文件附带审查制度存在的基础。

首先,司法权监督行政权是权力分工制衡的内在要求。权力的集中会导致权力的腐败,于是将国家权力划分为不同类型并交由不同机关行使,通过权力之间的相互监督防止权力滥用就成为各国的共同选择。行政机构拥有必要但危险的权力,为限制行政权的侵略性与扩张性,借由作为立法机关代理人的"法院"对行政权进行监督被认为是控制行政权的有效方式。尤其法院具有解释法律方面的专长,解释法律、适用法律等方面的问题是司法审查的重要领域,其中自然包括对行政机关制定规范的审查。比如:美国强调行政行为所涉及的"法律"问题应受法院完全或独立的司法审查,法院在司法审查中对"法律"问题具有主导作用和独立判断能力,通过区分立法性规则与非立法性规则对法院具有的不同拘束力来实现对行政规则的监督。在大陆法系,"依法行政原则要求行政受立法约束,同时处于行政法院的控制之下,行政法院应当在其主管权限之内审查行政机关遵守法律的情况"[2]。无论是法国还是德国,对行政机关制定的行政规范均可以进行审查。在中国,基于《行政诉讼法》及相关法律的授权,法院同样获得了对行政权进行监督的权力,比如《行政诉讼法》规定了法院监督行政机关的范围、审查标准、裁判方式等。虽然在受案范围中排除了对抽象行政行为的审查,但是采用附带审查方式对规范性文件进行"间接"审查,由此实现对行政权的多方面监督。

其次,司法权监督行政权是保障公民权利救济的重要方式。2004 年《宪法》修改,增加了"尊重和保障人权"条款,根据"有权利即有救济"的古老训诫,为公民提供权利救济途径是实现公民权利的应有之义。行政机关基于国家权力对社会进行管理,公民处于弱势地位。"行政诉讼的确

---

[1] 章剑生:《现代行政法基本理论》(下卷),北京,法律出版社,2014,第 2 版,第 765 页。
[2] 〔德〕哈特穆特·毛雷尔:《行政法学总论》,高家伟译,北京,法律出版社,2000,第 103 页。

立与存在,意味着行政机关作出的行政行为并非具有最终的效力,无论该行为的对与错,合法与违法,只要它不是法律规范的由行政机关终局决断的行为,就存在当事人因对之不满而诉诸法院的可能性。"① 司法通过与行政形成"对峙",成为公民权利救济的最后一道屏障。此外,行政诉讼制度可以为公民提供伸张正义、发泄对行政不满的途径,由此使得法院成为"民主的分会场",有助于公众意见的表达。

最后,司法权监督行政权存在三种模式。通过对世界各国以及行政诉讼法发展进程的考察,发现司法权对行政权的监督存在三种模式:实体主义控权模式、程序主义控权模式与过程主义控权模式。实体主义控权模式主要审查规范性文件是否符合实体法的规定。程序主义控权模式借由法律规定的行政机关制定规范性文件的步骤、方式等来审查规范性文件的合法性。过程主义控权模式则借由程序审查实体,即审查行政机关在制定规范性文件的过程中是否充分斟酌、讨论了相关立法意见,是否考量了相关因素,是否考量了不相关因素,是否对规范性文件所采取的措施能造成的影响进行了审慎的评估。

综上所述,司法权对行政权的监督是规范性文件附带审查制度所应秉持的首要理念,这种监督可以通过实体监督、程序监督与过程监督三种控权模式来实现。不同控权模式代表了法院不同的审查思维、审查深度以及法院的角色定位,这三种控权模式在规范性文件的附带审查中需要综合运用,从而实现法院对规范性文件的全面监督。

二、司法权对行政权的适度尊让

虽然法院有权对行政机关进行监督,行政机关受到法律的拘束,但并不是要将行政僵化为机械的法律适用过程,剥夺行政机关的创造性与主动性。基于现代国家日益复杂的行政任务以及行政权的特点,司法权对行政权的监督需要保持一定的限度,法院在审查规范性文件的同时,应当适度尊让。

其一,确保行政权的效率性与裁量性。行政机关需要受到法律的拘束,但亦享有在法律框架内的自主空间,这是由行政权的效率性与裁量性所决定的。伴随着现代国家与社会的发展,行政权必须高效运转才能满足

---

① 杨伟东:《行政行为司法审查强度研究——行政审判权纵向范围分析》,北京,中国人民大学出版社,2003,第16页。

现代行政任务的需要,一个没有效率的行政权也可能失去它的合法性。尤其当前正处于社会转型期,"各种行为规则的脆弱性使得国家要强化它的行政治理功能,将行政权的影响尽可能扩大到社会各个领域,达成有效率地控制社会秩序的行政任务"[1]。如果司法权过度介入行政权,无疑将损害行政权的效率性。同时,社会生活的迅速多变以及专业领域、风险领域的增多,立法者无法对所有的社会事务作出事无巨细的规定,"于是,立法者一改过去所信奉的严格规则主义,转而以裁量主义为立法指导思想,使其所制定法律规范多具有了模糊性的特征,希望以法规范的模糊性解决法规范的滞后性"[2]。这便赋予了行政机关一定的裁量空间,允许行政机关根据具体情况作出适当的决定。而法律本身亦不具有唯一正确答案,同样需要执法者在适用过程中根据实践予以具体化与个案情境化。因此在司法权对行政权进行监督的前提下,保持适度的尊让有助于确保行政权的效率性与裁量性,满足社会发展之需要。

其二,权力分工的内在要求。权力的分工、制约是国家良性发展的基础,中国亦是如此,行政权与司法权分别由行政机关与司法机关行使,二者性质、职能有别,不能相互替代。行政是面向未来的,其主要职责是积极主动地执行法律和政策,快速应对社会出现的新情况与新问题,具有积极塑造社会的力量。司法是面向过去的,侧重于针对已经发生的纠纷作出裁判,奉行"不告不理"的原则。这不仅反映了社会分工和专业的需要,而且反映了一种要求,即不同的价值应体现在不同机构的程序中,体现在代表不同利益的分离部门中。如果司法权在行政诉讼中介入程度过深,最终的决定权主要属于法院,将会冲击到行政与司法职能合理的分工。[3] 如此将会导致权力制约机制的土崩瓦解,形成新的权力集中。

其三,机关能力的制约。尽管权力分工的初衷是在国家权力的分配机制上避免暴政,但是权力分工的一个重要基点在于不同的部门具有行使不同职能的特长与优势,当该部门在其职权范围内行使其权力时,就具有得到尊重与不被任意干扰的权力。[4] 行政机关与司法机关各自的权力属性与分工意味着二者"机关能力"的不同。在涉及社会政策考虑与行政整体性

---

[1] 章剑生:《现代行政法总论》,北京,法律出版社,2014,第28页。
[2] 章剑生:《现代行政法基本理论》(下卷),北京,法律出版社,2014,第2版,第759页。
[3] 刘恒:《行政救济制度研究》,北京,法律出版社,1998,第191~192页。
[4] 杨伟东:《行政行为司法审查强度研究——行政审判权纵向范围分析》,北京,中国人民大学出版社,2003,第40~41页。

问题上，行政机关基于行政经验与专业性具有优势；而在法律问题上，司法机关则更具有权威性。由于不少法律规范中包含技术性、政策性、裁量性问题，大量技术性标准、裁量基准等亦会通过规范性文件表现出来，行政机关的经验、知识、技能等无疑具有一定优势，非司法机关可以并有能力完全介入。所以，基于机关能力的不同，法院应当给予行政机关适度的尊让。诚如美国联邦宪法法院多次所阐述的"功能最适"理念：权力分工的目的在于确保国家的决定必须尽可能正确，亦即该决定必须由一个就其组织、功能与决定程序上的特性而言，具备最佳决定条件与能力的国家机关来做成。①

因此，为确保行政权的效率性与裁量性，符合权力分工的内在要求，尊重司法权与行政权各自的机关能力，司法权在监督行政权的基础上应保持适度的尊让。尤其在法院附带审查规范性文件的过程中，部分规范性文件涉及技术性、政策性、裁量性等规定，法院应当予以适度尊让。

三、本土视阈下司法权与行政权的互动

对司法权与行政权关系的认知，不仅存在于规范主义的"本体论"层面，而且需要考量中国特殊的历史背景、政治体制，需要在司法运行实践的基础上进行综合考量。长久以来，中国司法实践中，司法机关与行政机关之间形成了良性互动关系，即法院和行政机关围绕行政案件的审判，在履行各自职责的过程中，通过行政诉讼内外的沟通、协调等交互活动，形成司法权与行政权相互支持、相互促进的关系。② 这种府院互动关系呈现出"个案处理型"与"法治促进型"。前者是人民法院与行政机关围绕具体个案妥善处理展开的互动，包括协调化解、出庭应诉和司法建议等机制；后者是人民法院与行政机关围绕促进依法行政进行的互动，包括审判白皮书、府院联席会议和能力助推提升等机制。③ 上述互动机制成为中国司法权与行政权关系的第三种面向，对中国的法治实践产生深远影响，与中国政治体制的特殊性、社会发展的多阶段性等密切相关，具有深厚的法理基础。

一是人大体制中司法权与行政权的合作关系。区别于西方的权力分立

---

① 周乐军：《行政规范性文件的生成形态及其类型化》，《法学论坛》2019年第3期。
② 章志远：《中国行政诉讼中的府院互动》，《法学研究》2020年第3期。
③ 章志远：《中国行政诉讼中的府院互动》，《法学研究》2020年第3期。

模式，中国实行人大领导下的一府一委两院体制，司法机关与行政机关都由人大产生，二者之间的关系属于分工合作关系，这种分工合作关系为二者的互动提供了良好的制度基础。

二是回应社会治理的需要。作为国家治理体系的一部分，法院需要对社会予以回应。尤其当前中国正处于社会转型期，矛盾纠纷多发，法院的核心职能即在于解决纠纷，为了从"源头"解决纠纷，真正实现案结事了，法院需要与行政机关沟通、协作，以回应社会治理的需要。诚如江必新法官所言："行政机关与人民法院虽然职责分工不同，但在执行国家法律和维护社会稳定等方面的目标是一致的，加强行政执法与行政审判的良性互动，不仅可以从源头上减少和化解行政争议，还可以统一执法和司法尺度，共同推进法治社会的建立。"①

三是提升司法的制度竞争力与营造良好的司法环境。借鉴经济学的视角，某一制度的存在及其实际控制领域仅仅取决于该项制度的生命力，取决于制度优势的对比。② 在整个政治制度体系内也是如此，司法功能能否发挥而不被替代，以及功能发挥的强弱，都取决于司法的制度竞争力。作为"后发外生型"国家，中国没有社会自治的传统，无法依靠市民社会的力量形成强有力的组织机构推进国家的发展。"中国特殊的国情决定了在相当长的时期内，法治中国建设必须以执政党和政府强力推行和大力促进的方式展开"③，由此中国便形成了以行政为主导的"政府推进型"模式，行政机关在整个社会的运行以及促进国家发展过程中发挥着核心作用，法院处于相对弱势的地位。在法院人财物由省级统管的改革措施全面落实之前，法院依然要获取地方财政的支持。因此，法院需要不断地提升自身的制度竞争力以彰显自身在国家治理体系中的重要地位。在审判的基础上通过司法建议、审判白皮书等方式与行政机关进行积极沟通互动，在监督行政机关的同时成为法治政府的"建设者"，推动整体法治进程，无疑有助于提升法院自身的制度竞争力。而行政诉讼制度的健康发展同样需要良好的司法环境予以支持，尤其是行政机关的支持，在法院不断提升自身制度竞争力的同时，亦有助于反向促进自身职能的履行。

因此，司法权与行政权的互动是本土视阈下司法权与行政权关系的另

---

① 江必新：《大力推进行政审判体系和审判能力现代化》，《人民法院报》2017年5月10日，第5版。
② 李厚廷：《制度竞争的制度变革动力效应》，《兰州学刊》2006年第8期。
③ 姚建宗：《法治中国建设的一种实践思路阐释》，《当代世界与社会主义》2014年第5期。

外一种面向,是法院回应社会治理需要、提升司法制度竞争力、营造良好司法环境等综合因素的考量,契合中国的行政法治实践。这一面向在规范性文件附带审查制度中同样发挥着引领作用,在规范性文件的审查过程中法院听取规范性文件制定机关的意见,以及经审查如果法院认定规范性文件违法可以向规范性文件的制定机关发送司法建议,等等,均是上述理念的体现。同时需要注意的是,司法权监督行政权是司法权与行政权关系的核心面向,司法权与行政权的互动必须在尊重司法规律、恪守司法权与行政权职能边界的基础上展开。

第五节 规范性文件附带审查制度的功能

规范性文件附带审查制度的功能定位对理解该制度具有重要作用,亦对该制度未来的发展具有重要影响。规范性文件附带审查制度的功能包含两个维度:一是规范性文件附带审查制度自身所承载的功能;二是规范性文件附带审查制度如何与其他制度一同完成公法制度所应承担的社会任务,这主要关涉的是"规范性文件附带审查制度在行政诉讼制度体系中的功能定位"。对上述两个功能维度的揭示不仅决定着该制度的运行,而且决定着该制度未来的发展高度。

一、直接功能:保障公民权利与维护法秩序统一

从规范性文件附带审查制度本身来看,该制度兼具保障公民权利,以及维护法秩序统一的功能。

(一)保障公民权利

保障公民权利的理论根源在于"个人自由主义",强调个人免受国家行政的侵害,当受到侵害时,国家有义务提供救济。德国行政诉讼制度是主观公权利救济的典型代表,德国《基本法》第19条规定:任何人之权利若受公权力之侵害者,得向法院请求救济。若未设有特别的管辖法院时,得向普通法院请求救济。规范性文件附带审查制度的首要功能即在于对个案中公民权利的保障。

具体而言:首先,根据《行政诉讼法》受案范围的规定,中国排除了对抽象行政行为的司法审查,但是考量到"在实践中不少规范性文件是行政行为的依据和源头,要纠正违法和不当的行政行为,有必要正本清源,

从源头开始审查和纠正。一些地方、部门乱发文件、乱收费、乱集资，以权谋私等侵犯公民利益的问题严重，公民的合法权利无法得到保障。允许由法院对规范性文件进行附带审查，是社会进步的标志"①。可见，从立法目的上来看，正是基于违法规范性文件通过行政行为的转化侵犯了个案中的公民权利，为实现对公民权利的保障，回应公民权利保护的需求，才通过"附带审查"的"替代方式"将规范性文件间接地纳入司法监督的范围。其次，规范性文件是一种影响相对人权利义务关系的模式，与行政行为不同的是，行政规范性文件提供的是一种一般性、普遍性、可反复适用的有一定强制拘束力的行为规范，其属性和特征决定它一旦存在合法性问题，将牵涉侵犯更多人的权益。② 因此，规范性文件违法影响的范围更广，将成为侵害相对人权利的根源，对规范性文件进行附带审查可以说是从根本上对公民权利进行的保障。最后，从现实情况来看，虽然当前社会主义法律体系、法治国家、法治政府已经初步建成，但是不得不承认，"依法行政"依然是一个需要持续努力的目标，规范性文件侵权的现象仍旧大量存在，强化对规范性文件的审查以维护公民权利，依然是面对当下行政法治实践的客观选择。

（二）维护法秩序统一

规范性文件是整体法秩序的一环，是行政机关非常重要的行为类型。规范性文件附带审查制度有助于维护法制统一、监督行政机关依法行政、提升行政机关自我规制的动力，以维护法秩序的统一。

其一，维护法制统一。凯尔森曾言，法律秩序并非由并立于同一层面的各种规范组成的一个体系，而是由多等级叠置而成的一种阶梯结构，或者说是一个法律的金字塔，每个等级又由不同的规范组成。③ 这集中体现了规范主义理论的核心思想，即法律体系中的规范是"一种下级规范对上级规范的服从关系"，从而形成一个秩序统一的整体。中国素来强调法律的统一性或法制的统一，宪法、法律、法规、规章、规范性文件构成一个层级分明、上下协调的规范体系。《宪法》第5条第2款规定，"国家维护社会主义法制的统一和尊严"，《立法法》第5条规定，"立法应当符合宪法的规定、原则和精神，依照法定的权限和程序，从国家整体利益出发，

---

① 全国人大常委会法制工作委员会行政法室：《中华人民共和国行政诉讼法解读》，北京，中国法制出版社，2014，第145页。
② 周汉华：《规范性文件在〈行政诉讼法〉修改中的定位》，《法学》2014年第8期。
③ 汪太贤：《法律秩序研究》，《西南民族学院学报（哲学社会科学版）》1998年第6期。

维护社会主义法制的统一、尊严、权威",国务院早在《全面推进依法行政实施纲要》(国发〔2004〕10号)中就提出"必须维护宪法权威,确保法制统一和政令畅通"的基本原则和基本要求等,"法制统一"一直是中国的一个基本法治原则。"西方国家的规范之诉是针对行政立法行为及自治团体的自治章程进行合法性审查的诉讼,是保障公法秩序的最重要类型,行政诉讼/司法审查制度除了纠偏具体行政行为之外,对于违反法律或宪法的行政立法行为,更应当承担起维持公法秩序统一性的作用。"① 这也是部分国家与学者将规范审查之诉称为"客观之诉"的原因。中国的规范性文件附带审查制度通过将违法的规范性文件排除在法律体系之外,以维护中国特色社会主义法律规范体系,同样彰显了维护法制统一的功能。

其二,监督行政机关依法行政,弥补既有规范性文件监督方式的不足。从本质而言,规范性文件是行政机关重要的一种行为类型,是依法行政的重要领域。长久以来,规范性文件的法治化已经成为制约中国行政法治建设的突出难题,在规范性文件附带审查制度建立之前,中国虽然存在对规范性文件进行的人大的立法监督与行政系统的内部监督等监督方式,但是一直存在立法监督备而不审、行政自我监督动力不足等难题,同时二者脱离个案的抽象式审查方式往往难以发现规范性文件的违法问题,导致监督效果有限。而规范性文件附带审查制度恰恰能够弥补二者的不足:规范性文件的制定是一种面向未来的多元利益决策过程,② 规范性文件所存在的问题大多会在实施后才能显现,故而相较于立法监督与行政监督的抽象审查方式,规范性文件附带审查制度以"个案"为载体,根据当事人的附带申请行为能够精准瞄定到规范性文件的具体争议条款与事项,更容易发现规范性文件的违法之处,从而成为一种"违法发现机制",以弥补规范性文件备案审查、定期清理等行政自制模式存在的聚焦不足与解决议题过于宽泛的困境。③ 以此监督行政机关依法制定规范性文件,促使行政机关依法行政。

其三,提升行政机关自我规制的动力,倒逼行政机关自觉清理违法规范性文件,遵守公法法则。行政机关采用的是科层制的组织结构方式,为

---

① 薛刚凌等:《法治国家与行政诉讼——中国行政诉讼制度基本问题研究》,北京,人民出版社,2015,第63页。
② 比如通过摇号限制私家车出行可以缓解道路拥堵,就是属于对未来状态的预测决定,只是一种可能的因果预测。
③ 卢超:《规范性文件附带审查的司法困境及其枢纽功能》,《比较法研究》2020年第3期。

保障下级服从上级，上级行政机关往往通过问责、考核等方式监督下级行政机关。为了避免规范性文件被法院认定为违法后影响绩效考核，规范性文件附带审查制度迫使行政机关尽可能地制定合法的规范性文件以防止被法院负面评价，"倒逼"了行政机关自觉提升自我规制的动力。比如2014年《行政诉讼法》修改后，全国各地"自觉"地掀起了规范性文件清理的热潮，吉林省四平市人民政府发布《四平市人民政府关于开展规范性文件清理工作的通知》（四政函〔2015〕12号），决定对市政府及其部门制定发布的规范性文件进行全面清理。北京市通州区人民政府法制办会同区政府办对本区2014年12月31日前以区政府和区政府办名义制发的现行有效的行政规范性文件进行了清理，共清理行政规范性文件120件，其中拟保留93件（含拟修改16件），拟废止27件。所以，规范性文件附带审查制度有助于弥补既有规范性文件监督方式的不足，监督规范性文件，倒逼行政机关自觉遵守公法法则，以实现对特定行政领域的监督与制约，维护法秩序统一。

二、间接功能：拓展《行政诉讼法》审查体系与行政诉讼制度

规范性文件附带审查制度作为中国行政诉讼制度体系中的一项新制度，对其功能的理解不能仅局限于制度本身，还应放置于整个行政诉讼制度体系中进行观察。

（一）拓展《行政诉讼法》审查体系

在传统行政法学体系中，行政行为是如同"阿基米德支点"一样的核心性概念，而且可以认为行政诉讼就是围绕着这个基本的概念构筑起来的。[1] 借由行政行为的理论化、定型化、体系化，简化司法审查的过程，从而"为法院审查该行政行为提供衡量的依据和标准"。[2] 2014年《行政诉讼法》修改，在受案范围中使用了"行政行为"的概念，依然排除了"行政法规、规章或者行政机关制定、发布的具有普遍约束力的决定、命令"，但是通过"附带审查"的方式对规范性文件相关条款进行"间接"审查，事实上是对《行政诉讼法》审查体系的拓展。

首先，审查对象的拓展。2014年《行政诉讼法》以行政行为为核心审查对象，通过前文的论述可知，行政行为位于下游的执行阶段，规范性

---

[1] 余凌云：《行政诉讼法是行政法发展的一个分水岭吗？》，《清华法学》2009年第1期。
[2] 余凌云：《行政法讲义》，北京，清华大学出版社，2010，第27页。

文件位于上游的行政决策阶段，采用附带审查的方式对规范性文件进行审查，不仅是审查对象的不同，而且是审查对象性质的不同，从而"事实上"拓展了审查对象的范围。对此有学者指出，作为一项新的诉讼制度，对规范性文件一并作合法性审查或许将为今后的宪法诉讼积累经验。① 同时行政行为的合法性审查是在"规范-行为"之间往复流转的过程，但是规范性文件的合法性审查是在"规范-规范"之间审查的过程，本质上是在借由下位法不得与上位法相抵触的审查，实现法秩序的统一，拓展了行政诉讼制度的审查方式。

其次，行政诉讼类型的拓展。完整的行政诉讼制度，既应当有对公民、法人或其他组织合法权益的救济，也应当有对国家、公共利益的保护，这在理论上表现为行政诉讼是主观诉讼和客观诉讼的统一体。建立以保护国家和公共利益为宗旨的客观诉讼制度，是改进、发展和完善中国行政诉讼制度的一个基本方向。② 虽然当前对中国行政诉讼制度是主观诉讼还是客观诉讼存有争议，③ 但是主流观点认为中国行政诉讼制度是以主观诉讼为主的诉讼类型，只有实体法所保护的个别化利益受到侵害的公民、法人或其他组织才能请求司法权的介入，其以保护个人的权利和利益为目的。而规范性文件的附带审查是典型的客观诉讼类型，以维护客观的法秩序为目的，具有维护法制统一的公益功能。规范性文件附带审查制度的建立事实上破除了中国行政诉讼制度以主观诉讼为主，割裂了公民、法人或其他组织个人利益与社会公共利益关系的弊端，使得公民以更加广泛、直接的方式参与到保障法制统一的公共利益中，实现对公共权力更加全面的监督，由此拓展了中国行政诉讼制度的客观诉讼类型。

最后，行政诉讼结构的拓展。行政诉讼属于"两造对立"的诉讼结构，其以请求人的主观权利受损为受理条件，主要涉及的是一个进行主观法律保护的程序，判决仅拘束双方当事人。而规范性文件的审查针对不特定多数人，涉及的是一种客观对抗程序。虽然中国法院不可直接宣布其无

---

① 章剑生：《论行政诉讼中规范性文件的合法性审查》，《福建行政学院学报》2016年第3期。
② 于安：《行政诉讼的公益诉讼和客观诉讼问题》，《法学》2001年第5期。
③ 对于中国的诉讼功能及类型定位的认知不一致，比如于安、杨建顺等认为，中国现行行政诉讼制度是一种主观诉讼，梁凤云、邓刚宏等则将其定性为客观诉讼，参见于安：《发展导向的〈行政诉讼法〉修订问题》，《华东政法大学学报》2012年第2期；杨建顺：《〈行政诉讼法〉的修改与行政公益诉讼》，《法律适用》2012年第11期；梁凤云：《不断迈向类型化的行政诉讼判决》，《中国法律评论》2014年第4期；邓刚宏：《论我国行政诉讼功能模式及其理论价值》，《中国法学》2009年第5期。

效,仅具有个案效力,但是作为公权力的代表,法院的判断会向外传递讯息从而影响诉讼当事人乃至规范性文件潜在影响者的规范认知,从而产生溢出效应。同时,法院通过司法建议等制度实现与规范性文件行政监督、立法监督制度的衔接,会"间接"地实现废止违法规范性文件的目的,这便导致法院的合法性审查结果不仅在本案"当事人之间"发生拘束力,而且对"所有人"发生"事实上"的拘束力。所以规范性文件附带审查制度亦拓展了行政诉讼制度"两造对立"的诉讼结构,促使行政诉讼制度更加多元化地发展。

(二)拓展行政诉讼制度

其一,有助于提升行政诉讼制度解决行政争议、监督行政机关的功能。2014年《行政诉讼法》修改,行政诉讼制度的立法目的出现了改变,表现为以下两个方面:一是增加了"解决行政争议"的诉讼目的。二是从"维护和监督行政机关依法行使行政职权"转变为"监督行政机关依法行使职权",删去了"维护"二字,彰显了法院对行政机关"谦抑"的"松绑"。区别于行政行为,规范性文件具有法源的属性,部分行政行为违法的根源在于规范性文件。规范性文件附带审查制度的建立意味着行政诉讼制度从对"行为"的监督扩展到"行为依据"的监督,从对下游"执行活动"的监督扩展到上游"行政决策"的监督,充分彰显了规范性文件附带审查制度在"解决行政争议"与"监督行政机关依法行使职权"方面蕴含的巨大潜能。同时,美国学者达玛什卡基于理想类型的勾勒,推演出司法的两大基本功能,即纠纷解决和政策实施,① 并认为任何一个国家的司法制度都是两种功能的综合体,只是两者的权重不同而呈现出更加侧重于某种功能。② 基于中国学者的长期观察,大多认为当下中国的司法制度更加侧重于"政策实施",法院的中心任务被定位为执行国家在各个时期的政治与政策纲领,而"纠纷解决"则是其附随的功能。③ 由于实践中部分行政行为违法、产生纠纷的根源在于规范性文件违法,所以规范性文件附带审查制度的建立无疑有助于法院从源头解决纠纷,提升法院纠纷解决能力,彰显了法院进行"制度功能"转型的努力。

---

① 〔美〕米尔伊安·R.达玛什卡:《司法和国家权力的多种面孔:比较视野中的法律程序》,郑戈译,北京,中国政法大学出版社,2015,修订版,第92~116页。
② 〔美〕米尔伊安·R.达玛什卡:《司法和国家权力的多种面孔:比较视野中的法律程序》,郑戈译,北京,中国政法大学出版社,2015,修订版,第24页。
③ 余军、张文:《行政规范性文件司法审查权的实效性考察》,《法学研究》2016年第2期。

其二，促使中国行政机关与法院之间功能的均衡化。"有关法院在政府中的作用的基本的而且似乎棘手的理论问题，是许多行政法问题的核心——而且肯定也是对行政进行司法审查的核心。"[①] 行政诉讼制度是法院对行政机关的监督，核心是"司法权与行政权"之间的关系。从规范层面而言，法院与行政机关处于平等的法律地位，但是"政府推进型"发展模式使得行政机关具有事实上的优势地位。然而基于规范性文件位于行政决策上游的特殊性，规范性文件附带审查制度有助于促进二者功能的均衡化。

一方面，促进法院间接参与到行政决策中。规范性文件是行政机关对国家地方特定时期治理任务的回应，本质上是多元利益主体之间的博弈过程，关涉衡量多元利益、分配有限资源与协调复杂制度的整体安排，具有政策表达功能，科学、合法的规范性文件的制定需要多元主体的参与。因此对规范性文件进行附带审查事实上"间接"地建立起一条法院进行"决策参与"的路径：通过对规范性文件进行合法性审查，如果规范性文件合法，则会对行政决策具有"补强"功能；如果规范性文件违法，不予适用，则会间接地矫正违法的行政决策。而法院的判断结果将会成为新的决策参考信息进入行政机关下一个行政决策过程，成为下一个行政决策的重要考量因素。所以规范性文件附带审查制度使得法院不仅具有纠纷解决功能，而且能够"间接"地参与到行政机关的行政决策中，成为公共政策制定的参与者。

另一方面，促进法院与行政机关之间的良性互动。从实践来看，随着规范性文件附带审查制度的持续深入，为避免自身制定的规范性文件被否定评价，提高规范性文件的合法性与正当性，行政机关往往通过事前主动征求司法机关意见等方式与法院进行积极沟通。比如浙江省政府（依法行政）工作领导小组、浙江省高级人民法院、浙江省人民政府法制办公室联合制定了《关于建立健全行政规范性文件合法性审查"府院衔接"工作机制的指导意见》，其中规定政府法制机构与法院之间建立征求意见、信息共享、异议审查衔接、司法建议反馈落实、研讨会商和业务培训交流机制，同时规定在行政规范性文件合法性审查过程中，对涉及合法性标准、法律适用、政策实施等疑难问题，或者其他不同意见，各级法院、政府法

[①] 〔意〕奈尔肯、〔英〕菲斯特：《法律移植与法律文化》，高鸿钧等译，北京，清华大学出版社，2006，第16页。

制机构可以通过会商解决。上海市法治政府建设工作领导小组办公室会同市高级人民法院、市检察院制定了《行政规范性文件审查衔接工作机制的意见》，其中规定行政机关和法院、检察院之间可以就特定的规范性文件相互听取对方的意见，进一步畅通行政机关与司法机关沟通的途径；行政机关和法院、检察院之间通过召开会议，探讨共性问题、通报审查情况，进一步丰富了行政机关与司法机关沟通的内容；等等。同时，《行政诉讼法》第 64 条规定，经审查认为规范性文件不合法的，"不作为认定行政行为合法的依据，并向制定机关提出处理建议"，由此规定了"司法建议制度"，不仅有助于法院审查职能的履行，而且有助于促使规范性文件制定机关修改完善相关条款，促进法院与行政机关之间的沟通交流。伴随着规范性文件附带审查制度的持续深入，行政机关与法院之间的互动将日益频繁，有助于二者形成良性的合作互动关系。

综上，规范性文件附带审查制度不仅有助于提升行政诉讼制度的"监督功能"与"纠纷解决功能"，从而促使法院从"政策实施型"法院向"纠纷解决型"法院的转型；而且有助于整个公法体系的发展，提升法院的地位与制度竞争力，促使行政权与司法权的日益均衡发展与良性互动。

第二章　规范性文件附带审查制度的构造与审查难题

在对规范性文件附带审查制度有了整体把握的基础上，以规范为基础廓清规范性文件附带审查制度的构造是对该制度进行具体剖析，并将该制度运行到司法实践的关键。规范性文件附带审查制度在规范文本上，规定在《行政诉讼法》第 53 条、第 64 条以及 2018 年《行诉适用解释》第 145 条至 151 条，主要由规范性文件附带审查的启动要件、审查标准、结果处理三个部分构成。本章将从规范层面，以上述条款为基础，对规范性文件附带审查制度的构造进行分析，并运用案例分析等方法梳理该制度在司法运用中的审查难题，为后文分析奠定基础。

第一节　规范性文件附带审查制度的构造

规范性文件附带审查制度主要规定在《行政诉讼法》第 53 条、第 64 条以及《行诉适用解释》第 145 条至 151 条等 9 个条款中，由此构造出规范性文件附带审查制度体系。以上述 9 个条款为基础，规范性文件附带审查制度主要由三个部分构成：一是规范性文件附带审查的启动要件，即法院能否启动对规范性文件的附带审查；二是规范性文件附带审查的审查标准，即法院如何判断规范性文件的合法性；三是规范性文件附带审查的结果处理，即法院进行合法性审查后如何处理规范性文件（见表 2-1）。上述三个构成部分内容复杂，因此后文将分章进行阐述，在此仅进行概括分析。

表 2-1 规范性文件附带审查制度的构成

【启动要件】 法院能否启动对规范性文件的附带审查	《行政诉讼法》： 第53条 公民、法人或者其他组织认为行政行为所依据的国务院部门和地方人民政府及其部门制定的规范性文件不合法，在对行政行为提起诉讼时，可以一并请求对该规范性文件进行审查。 前款规定的规范性文件不含规章。 《行诉适用解释》： 第145条 公民、法人或者其他组织在对行政行为提起诉讼时一并请求对所依据的规范性文件审查的，由行政行为案件管辖法院一并审查。 第146条 公民、法人或者其他组织请求人民法院一并审查行政诉讼法第五十三条规定的规范性文件，应当在第一审开庭审理前提出；有正当理由的，也可以在法庭调查中提出。
【审查标准】 法院如何判断规范性文件的合法性	《行诉适用解释》： 第147条 人民法院在对规范性文件审查过程中，发现规范性文件可能不合法的，应当听取规范性文件制定机关的意见。 制定机关申请出庭陈述意见的，人民法院应当准许。 行政机关未陈述意见或者未提供相关证明材料的，不能阻止人民法院对规范性文件进行审查。 第148条 人民法院对规范性文件进行一并审查时，可以从规范性文件制定机关是否超越权限或者违反法定程序、作出行政行为所依据的条款以及相关条款等方面进行。 有下列情形之一的，属于行政诉讼法第六十四条规定的"规范性文件不合法"： （一）超越制定机关的法定职权或者超越法律、法规、规章的授权范围的； （二）与法律、法规、规章等上位法的规定相抵触的； （三）没有法律、法规、规章依据，违法增加公民、法人和其他组织义务或者减损公民、法人和其他组织合法权益的； （四）未履行法定批准程序、公开发布程序，严重违反制定程序的； （五）其他违反法律、法规以及规章规定的情形。
【结果处理】 法院进行合法性审查后如何处理规范性文件	《行政诉讼法》： 第64条 人民法院在审理行政案件中，经审查认为本法第五十三条规定的规范性文件不合法的，不作为认定行政行为合法的依据，并向制定机关提出处理建议。 《行诉适用解释》： 第149条 人民法院经审查认为行政行为所依据的规范性文件合法的，应当作为认定行政行为合法的依据；经审查认为规范性文件不合法的，不作为人民法院认定行政行为合法的依据，并在裁判理由中予以阐明。作出生效裁判的人民法院应当向规范性文件的制定机关提出处理建议，并可以抄送制定机关的同级人民政府、上一级行政机关、监察机关以及规范性文件的备案机关。 规范性文件不合法的，人民法院可以在裁判生效之日起三个月内，向规范性文件制定机关提出修改或者废止该规范性文件的司法建议。

续表

【结果处理】 法院进行合法性审查后如何处理规范性文件	规范性文件由多个部门联合制定的,人民法院可以向该规范性文件的主办机关或者共同上一级行政机关发送司法建议。 接收司法建议的行政机关应当在收到司法建议之日起六十日内予以书面答复。情况紧急的,人民法院可以建议制定机关或者其上一级行政机关立即停止执行该规范性文件。 第 150 条 人民法院认为规范性文件不合法的,应当在裁判生效后报送上一级人民法院进行备案。涉及国务院部门、省级行政机关制定的规范性文件,司法建议还应当分别层报最高人民法院、高级人民法院备案。 第 151 条 各级人民法院院长对本院已经发生法律效力的判决、裁定,发现规范性文件合法性认定错误,认为需要再审的,应当提交审判委员会讨论。 最高人民法院对地方各级人民法院已经发生法律效力的判决、裁定,上级人民法院对下级人民法院已经发生法律效力的判决、裁定,发现规范性文件合法性认定错误的,有权提审或者指令下级人民法院再审。

一、规范性文件附带审查的启动要件

规范性文件附带审查的启动要件是公民、法人或其他组织提出规范性文件的审查请求后,法院在进行规范性文件的实质性审查之前必须要满足的一些条件,[①] 其决定着法院是否会开启对规范性文件合法性的实质判断。中国对规范性文件附带审查的启动要件规定在《行政诉讼法》第 53 条,《行诉适用解释》第 145 条、第 146 条,其核心解决的问题是"满足何种条件,法院才能启动对规范性文件的附带审查"。

结合规范性文件附带审查模式的特点以及中国的规范条文,可以具体细化为以下三个维度:

首先,"依据"要件的判断。区别于规范性文件的抽象审查,中国采用"附带审查方式",即不可单独对规范性文件提起审查,需要借助于个案中行政行为的审查一并提出规范性文件的附带审查请求,不可单独提起诉讼。这种"附带性"最为核心的体现即在于对"依据"的识别,"依据"搭建起行政行为与规范性文件之间的桥梁,只有行政行为所依据的规范性文件才能被提起附带审查。在"依据"要件的判断中,需要解决两个核心问题:一是"依据"的判断标准。根据行政机关在行政决定书中的载明,庭审中答辩的意思表示,规范性文件是否影响公民、法人或其他组织的合

[①] 陈运生:《规范性文件附带审查的启动要件——基于 1738 份裁判文书样本的实证考察》,《法学》2019 年第 11 期。

法权益，规范性文件与行政行为的法律关系的一致性等判断规范性文件是否为行政行为的"依据"。二是"依据"的范围。行政行为的作出包含职权取得、程序选择、事实认定、法律解释、结果处理等诸多方面与环节，行政行为所依据的规范性文件无论是仅限定为结果处理的"依据"，还是上述所有环节的"依据"都可以附带审查，需要明确。

其次，对"国务院部门和地方人民政府及其部门制定的规范性文件"进行识别。这是法院对附带审查对象的识别，核心在于明晰"规范性文件"的界定标准。在此基础上，需要限定可审查的规范性文件的制定主体，即"国务院部门和地方人民政府及其部门"。何谓国务院部门，国务院部门制定经国务院批准的文件、党政联合制定的文件是否属于审查的范围，均有待厘清。

最后，其他程序要求。根据《行诉适用解释》第68条①的规定，规范性文件附带审查为一项"诉讼请求"，那么就需要满足请求主体适格、请求内容明确、在法定的时间内提出审查请求等其他程序要求。具体而言：一是请求主体，即谁有权请求法院对规范性文件进行附带审查。二是请求内容，"不告不理"是诉讼法的基本原则，法院是对原告的诉讼请求进行回应的，因此原告应当清晰地表达自身的诉讼请求内容。在规范性文件附带审查中，则要明确所要审查的规范性文件条款，这便涉及诉讼请求的内容应当明确到何种程度，以及原告是否可以变更诉讼请求。三是请求时间，即原告需要在法定的期限内提出审查请求，原则上应在开庭前，如有正当理由，可以在法庭调查中提出审查请求，即需要对"开庭前""正当理由"等予以明确。

二、规范性文件附带审查的审查标准

"审查标准"指行政行为诉讼至法院以后，法院应当怎样对其进行审查，或者说，法院应当根据什么样的准则对行政行为作出最终评价，是行政诉讼的核心问题。② "审查标准"这一概念最早是由学者在介绍美国的司法审查制度时引入的，③ 而后在罗豪才教授主编的《中国司法审查制

---

① 《行诉适用解释》第68条规定，"行政诉讼法第四十九条第三项规定的'有具体的诉讼请求'是指：……（七）请求一并审查规章以下规范性文件"。

② 刘东亮：《行政诉讼程序的改革与完善——行政行为司法审查标准问题研究》，北京，中国法制出版社，2010，第1页。

③ 姜明安：《外国行政法教程》，北京，法律出版社，1993，第308页。

度》一书中使用，并在中国行政法学体系上明确确立，为中国学者所接受。审查对象不同，相应的审查标准也有所差异。规范性文件附带审查的审查标准是指，法院启动对规范性文件的附带审查后，如何判断规范性文件的合法性。

根据《行政诉讼法》第 64 条规定，"人民法院在审理行政案件中，经审查认为本法第五十三条规定的规范性文件不合法的，不作为认定行政行为合法的依据，并向制定机关提出处理建议"，可见中国对规范性文件采取"合法性审查标准"。"合法性审查标准"包含以下双重维度：

一是合法性审查标准的内涵，核心解决的是法院对规范性文件进行审查的要求。虽然规范条文指出要对规范性文件的"合法性"进行审查，但是"合法性"包含最广义、广义与狭义三个维度。最广义的合法性审查采用合法与合宪的"一元论"，包含合宪性审查。广义的合法性审查则采用实质合法性的观点，排除合宪性审查，但包含形式合法与实质合法双重维度，既要审查合法性，又要审查合理性。狭义的合法性审查则采用合法性与合理性二分、合法性仅指形式合法性的观点，只审查合法性，不审查合理性。因此，规范性文件合法性审查标准的第一个维度就是要在《行政诉讼法》的制度框架内，明晰对规范性文件进行审查的要求。

二是合法性审查要件。在合法性审查标准的内涵确定以后，具体应当从哪些方面展开规范性文件的合法性审查，就涉及规范性文件合法性审查的要件，这是对规范性文件合法性审查标准内涵的进一步廓清。《行诉适用解释》第 148 条规定，可以"从规范性文件制定机关是否超越权限或者违反法定程序、作出行政行为所依据的条款以及相关条款等方面进行"，而后列举了五项规范性文件不合法的情形予以细化。事实上，审查要件的确定不仅是一个重要的理论范畴，还是一个实践范畴。"既需要相当的确定性以便学理讨论和实务操作，又需要适度的开放性以容纳未来的发展。"[①] 因此应当以规范为基础，结合学理以及中国的司法实践偏好，划分规范性文件合法性审查的要件，并对各个审查要件的具体审查路径展开分析。

三、规范性文件附带审查的结果处理

经过合法性判断，法院会对规范性文件合法与否给出结论，那么该结

[①] 何海波：《行政行为的合法要件——兼议行政行为司法审查根据的重构》，《中国法学》2009 年第 4 期。

论的性质如何、是否具有普遍性的效力，如果法院认定规范性文件违法应该如何处理，不同法院的审查结论应如何衔接，等等，均是规范性文件附带审查的结果处理部分所要解决的核心问题，即"法院进行合法性审查后如何处理规范性文件"。

《行政诉讼法》第 64 条以及《行诉适用解释》第 149～151 条大致从三个维度对规范性文件附带审查的相关结果处理问题进行规定。

一是规范性文件的效力范围。《行政诉讼法》第 64 条、《行诉适用解释》第 149 条规定了规范性文件合法/不合法的处理方式，即如果认定规范性文件合法的，应当作为认定行政行为合法的依据；如果认定规范性文件不合法的，不作为人民法院认定行政行为合法的依据，并在裁判理由中予以阐明。由于规范性文件附带审查不是独立的诉，仅是一个诉讼请求，法院仅需要在"裁判理由"部分对其合法性予以阐明，而不得在"判决主文"部分对其进行评价。法院对规范性文件的合法性判断结果是仅具有个案效力，还是具有普遍的既判力则需要予以辨析。

二是法院审查结果的拓展机制。由于法院不得直接撤销违法的规范性文件，于是为了避免违法的规范性文件继续存在于法秩序之中，《行诉适用解释》第 149 条与第 150 条规定了法院向规范性文件制定机关提出修改或废止违法规范性文件的司法建议，以及法院系统内部的备案程序，以期望借由司法建议促使制定机关自行撤销、修改违法的规范性文件。由于司法建议自身不具有强制力，如何让司法建议发挥预期功能是拓展规范性文件附带审查结论效力的关键。

三是规范性文件附带审查的监督机制。由于规范性文件涉及面广，如果法院认定错误将带来不可估量的影响，因此同样需要对法院的规范性文件附带审查进行监督。《行诉适用解释》第 151 条规定了规范性文件合法性认定错误的再审程序，即法院院长、上级法院、最高人民法院均具有对规范性文件审查错误的再审权限，具体的再审情形与再审流程等均有待细化。

第二节　规范性文件附带审查制度的审查难题

以《行政诉讼法》第 53 条、第 64 条以及《行诉适用解释》第 145 条至 151 条为基础，规范性文件附带审查制度主要由启动要件、审查标准、结果处理三个部分构成。通过司法实践中案例的梳理，分析该制度在司法运用中存在的审查难题，对这些审查难题进行梳理将有助于后文分章展开针对性的规范分析。

一、启动要件内涵不清

"不告不理"的诉讼原则给法院框定了一个消极、被动的中立形象。也就是说，在开启法院诉讼程序时，需要有人（原告）向法院提出一个诉讼请求。但法院不是一个如同超市那样可以自由进出的场所，因为法院可以用来支持诉讼程序运转的资源是有限的。① 《行政诉讼法》第53条是判断规范性文件"能否附带审查"的核心条款，《行诉适用解释》第68条、第145条、第146条属于补充性规定。规范性文件附带审查的启动要件可以划分为规范性文件的识别要件、依据要件、其他程序要件，基于司法实践的考察，规范性文件附带审查的启动要件内涵不清，在司法实践中存在以下争议：

（一）规范性文件的识别分歧

根据《行政诉讼法》第53条的规定，原告只能请求附带审查"行政行为所依据的国务院部门和地方人民政府及其部门制定的规范性文件"，所以法院首先需要识别被审查的是否是适格的规范性文件，只有适格的规范性文件才有可能进入审查程序。从司法实践来看对规范性文件的认定仍存有分歧。

1. 规范性文件与行政立法的区分标准存在争议

规范性文件首先区别于行政规章、行政法规等行政立法，法院只能对规范性文件进行审查。由于具有规章制定权的行政机关亦可以制定规范性文件，所以司法实践中经常出现混淆的是具有规章制定权的行政机关所制定的规范性文件与其所制定的规章之间的识别问题。比如：在"郭某诉宜宾市社会保险局工伤保险待遇支付案"中，一审法院与二审法院对川府发〔2003〕42号《四川省人民政府关于贯彻〈工伤保险条例〉的实施意见》是规章还是规范性文件的定性完全不同。一审法院认为，该实施意见是由省人民政府制定的规章，人民法院不能进行审查。二审法院虽然没有对该实施意见的性质直接回应，但是对该实施意见进行了附带审查，事实上认

---

① 章剑生：《论行政诉讼中规范性文件的合法性审查》，《福建行政学院学报》2016年第3期。

为该实施意见为规范性文件。① 在"辉县市城西机动车检测有限公司与新乡市环境保护局环保处罚纠纷上诉案"中，原告请求对《环境监测数据弄虚作假行为判定及处理办法》（环发〔2015〕175号）进行附带审查，法院认为《环境监测数据弄虚作假行为判定及处理办法》系环保部制定发布的，属于部门规章，因此排除审查。原告不服，认为根据《规章制定程序条例》第27条、第29条规定，部门规章应当经部务会议决定，报请部门首长签署命令予以发布，该判定处理办法显然不符合《规章制定程序条例》的规定，其应当属于规范性文件。②

2. 规范性文件与行政行为的区分标准不清

区别于行政行为，规范性文件具有不确定性、反复适用性以及外部性等特征，然而上述判断标准在司法实践中却产生争议。

一是不确定性、反复适用性争议。实践中存在着一种特殊的文件，该文件在一定期限或者地域范围内可以反复适用，但是，其适用对象和适用范围却可以确定，如何对该类文件予以定性在实践中产生争议。比如在"潘某与三亚市天涯区人民政府、三亚市人民政府行政复议案"中，原告请求审查天府〔2017〕117号《三亚市天涯区人民政府关于印发三亚湾"阳光海岸"片区棚户区改造征收补偿安置方案的通知》的合法性，一审法院将征收补偿安置方案定性为规范性文件，二审法院则认为征收补偿安置方案针对的是征收范围内的被征收人及其他利害关系人，而非不特定的人，因此不属于规范性文件。③ 再如在"刘某与内江市市中区卫生和计划生育局卫生行政管理案"中，刘某提出申请，要求对其医师资格予以评审认定（类别为口腔科），市中区卫生和计划生育局收到申请审核表后，初步审查认为其不符合四川省卫生和计划生育委员会《关于做好医师资格遗留问题有关工作的通知》（川卫办发〔2014〕301号文件）要求，以告知书通知刘某，并将申请审核表退给刘某。刘某不服提起行政诉讼，并要求对川卫办发〔2014〕301号文件进行附带审查。法院认为，川卫办发〔2014〕301号文件系为解决医师资格历史遗留问题而开展的一次性的医师资格认定补办和省医师资格考试工作，不具有反复适用性，不属于规范性文件，原审法院认定川卫办发〔2014〕301号文件不

---

① 四川省宜宾市中级人民法院（2017）川15行终18号行政判决书。
② 河南省新乡市中级人民法院（2019）豫07行终58号行政判决书。
③ 海南省高级人民法院（2018）琼行终794号行政裁定书。

属于规范性文件并无不当,本院对川卫办发〔2014〕301号文件的合法性不予审查。① 上述两个案件中的特殊文件是否可以认定为"规范性文件"有待明晰。

二是外部性争议。规范性文件应当对外适用,虽然行政机关基于工作需要会在行政系统内部产生大量文件,但当行政机关将其对外公布或适用其对外作出行政行为时,则会发生"效力外化"。比如下级行政机关会通过请示的方式对工作中出现的疑难问题向上级请示,上级机关对此往往通过复函等形式进行答复或指示,由此成为下级机关作出行政行为的依据。虽然"答复"形成于行政系统内部,但是当其成为行政行为的作出依据时则"效力外化"为影响公民权利的规范性文件。然而在司法实践中,法院对上级复函、会议纪要、裁量基准等文件大多基于其"内部性"采取排除审查的态度,而不区分是否"效力外化"。比如在"江苏盐阜公路运输集团有限公司诉盐城市大丰区农业委员会、盐城市林业局行政处罚案"中,盐阜公路运输集团有限公司不服盐城市大丰区农业委员会作出的处罚决定书及盐城市林业局作出的行政复议决定书,提起行政诉讼同时要求附带审查苏农便〔2000〕20号复函。法院认为,苏农便〔2000〕20号复函"系原江苏省农林厅针对东台市林牧渔业局《关于在非法运输野生动物案件中如何确定省重点保护野生动物及其产品价值标准的请示》所作的内部函复,并非其按照法定职权和规定程序制定的具有普遍约束力的文件",属于行政机关内部使用的非正式公文文种,原告的一并审查请求不能成立。② 苏农便〔2000〕20号复函虽然最初是江苏省农林厅针对下级机关东台市林牧渔业局的请示作出的内部复函,但是在后续执法过程中,不仅适用于林牧渔业局,还适用于林业领域等所有相关领域,因此事实上具有外部性、反复适用性、不确定性等规范性特征,对此如何认定存有争议。

3. 部门联合发文的性质难以认定

在中国实践中存在大量党政联合发文、行政机关与司法机关等非行政机关联合发文的情形,特别在党政协同模式下的党政合并设立或合署办公改革的背景下,行政机关的传统边界愈发模糊,带有双重属性以及联合发文性质的规范性文件类型将更加普遍。③ 学界主流观点基于对公民权益的

---

① 四川省内江市中级人民法院(2017)川10行终17号行政判决书。
② 江苏省盐城市中级人民法院(2016)苏09行初19号行政判决书。
③ 王春业:《论附带审查中行政规范性文件的司法识别》,《法治现代化研究》2019年第2期。

保护，为了防止行政机关可能通过党政联合发文等途径来逃逸对附带审查的控制，认为对联合制定的规范性文件应当予以审查。① 但是在司法实践中，法院大多基于制定主体不属于审查范围排除审查。比如在"刘某与汉源县公安局治安行政处罚案"中，被附带审查的规范性文件为《关于依法处理违法上访行为的意见》（川公发〔2010〕126 号），该规范性文件是由四川省高级人民法院、四川省人民检察院、四川省公安厅、四川省司法厅联合制定的，法院排除审查。② 而在党政联合发文或者制定机关接受党政机关双重领导的规范性文件中，法院的不予审查态度更为明显。在"徐某诉长沙市望城区人民政府信息公开案"中，法院认为："地方机构编制委员会的办事机构也是隶属于地方党委、政府双重领导。长沙市机构编制委员会作出的长编委发〔2008〕9 号文件，不属于长沙市人民政府及其职能部门制作的规范性文件，法院不能依照行政诉讼法第五十三条的规定对其一并进行合法性审查。"③ 在"叶某与防城港市防城区退役军人事务局等行政复议案"中，原告请求附带审查《关于解决部分退役士兵社会保险问题的意见》，法院认为："《关于解决部分退役士兵社会保险问题的意见》是中共中央办公厅、国务院办公厅联合印发的党内规范性文件，不属于行政诉讼法第五十三条规定可以进行合法性审查的规范性文件。"④

不可否认，对上述联合制定的规范性文件是否应当进行审查确实存在一定的模糊性，但是党政联合发文具有双重属性，与单纯的党务文件不同。这便意味着不能仅仅基于其制定主体中有党组织而排除审查，而是要借助于文件内容是否属于单纯的党内事务、是否涉及行政职责等进行判断；同时，发文机关、发文字号并不能决定党政联合发文的性质，根据《党政机关公文处理工作条例》第 9 条的规定，"联合行文时，发文机关标志可以并用联合发文机关名称，也可以单独用主办机关名称"，至于具体该如何选择并无明确规定，法官仅基于发文机关标志而认定其不属于行政规范性文件，显然缺乏法律依据。"一旦将这类规范性文件排除在请求客体范围之外，行政机关就可能会通过这个途径制定、发布可以作为行使行政职权依据的规范性文件，从而架空《行政诉讼法》第 53 条的规定。"⑤

---

① 卢超：《规范性文件附带审查的司法困境及其枢纽功能》，《比较法研究》2020 年第 3 期。
② 四川省雅安市中级人民法院（2016）川 18 行终 19 号行政判决书。
③ 湖南省高级人民法院（2017）湘行终 1322 号行政判决书。
④ 广西壮族自治区防城港市防城区人民法院（2020）桂 0603 行初 13 号行政判决书。
⑤ 章剑生：《论行政诉讼中规范性文件的合法性审查》，《福建行政学院学报》2016 年第 3 期。

因此，对于行政机关与非行政机关联合制定的规范性文件是否属于法院的审查范围尚待厘清，需要在个案中予以判断。

4. 国务院部门制定规范性文件的相关争议

在规范性文件制定主体的位阶限定上，法院仅能审查"国务院部门和地方人民政府及其部门"制定的规范性文件，不能审查规章。然而实践中国务院部门制定的规范性文件错综复杂，对其性质认定存有分歧，主要表现为以下两种类型：

一是国务院办公厅、国务院原法制办等办事机构发布的文件的性质。实践中，法院大多根据《国务院行政机构设置和编制管理条例》第6条的规定，认为国务院办公厅、国务院原法制办并非国务院组成部门，因此其发布的文件不属于国务院部门发布的规范性文件。

二是由国务院部门制定、经国务院批准发布的文件的性质。理论上，"批准"有两种理解：一种是将批准看作一种立法行为，因此批准机关可以对报批的规范性文件进行修改；另一种是将批准等同于审查行为，因此批准机关只能"批准"或"不批准"，不能对其进行修改或其他处理。① 司法实践中，法院往往将"国务院批准"直接等同于"国务院制定"，从而排除司法审查，比如在"广州柏赛罗药业有限公司诉国家食品药品监督管理总局案"中，原告请求附带审查《化学药品注册分类改革工作方案》（简称注册改革方案），法院认为："注册改革方案虽系被告作为国务院药品监督管理部门制定的具有普遍约束力的规范性文件，但由于其已经国务院批准，其效力不低于部门规章，不属于行政复议法及行政诉讼法规定的附带审查范围。"② 本案中，国务院部门制定、经国务院批准发布的文件的性质应该如何认定有待厘清。

(二)"依据"的认定标准不一

基于中国采用了附带审查方式，法院对规范性文件进行审查的前提在于规范性文件是行政行为的"依据"，因此判断"依据"成立与否是进行审查的必要环节。然而，由于中国当前法律规范对"依据"的实质内涵及其相应判断标准规定的缺位，实践中规范性文件存在形态的各异性、数量与内容的繁杂性，以及行政机关行政执法过程不规范等，增添了法院判断

---

① 陈运生：《规范性文件附带审查的启动要件——基于1738份裁判文书样本的实证考察》，《法学》2019年第11期。

② 北京市第一中级人民法院（2016）京01行初548号行政判决书。

的难度。从理论与实践中来看,对于"依据"的判断标准不统一,存有如下分歧:

一是显性依据与隐性依据的分歧。"显性依据"是指行政机关在行政决定书中直接援引、告知的规范性文件;"隐性依据"是指被告未在决定书中载明,但在答辩或者法庭调查等诉讼过程中出示的规范性文件。从司法实践的状况来看,法院往往将其限缩为"显性依据",对被告在答辩或法庭调查过程中出示的规范性文件排除审查。比如:在"王某诉汉源县公安局治安行政处罚案"中,汉源县公安局在处罚决定书中没有援引四川省高级人民法院、四川省人民检察院、四川省公安厅、四川省司法厅制定的《关于依法处理违法上访行为的意见》,但是在庭审中被告却提出该规范性文件是行政处罚的依据,于是原告提出对该规范性文件进行附带审查。二审法院在判决中指出,该文件并未在行政处罚告知书中予以援引适用,庭审中汉源县公安局已说明该文件只是作为参考意见,故王某对规范性文件审查的请求与法律规定不符。① 在"张某诉合肥市企业养老保险管理中心案"中,原告请求附带审查《安徽省人民政府关于完善企业职工基本养老保险制度的决定》与《关于企业职工退休时执行〈安徽省计划生育条例〉有关退休待遇问题的通知》,法院认为,《关于企业职工退休时执行〈安徽省计划生育条例〉有关退休待遇问题的通知》尚未在行政决定书中载明,被告仅在答辩状中提出,故不是作出行政决定的依据,法院不予审查。② 然而,如果以"显性依据"作为判断标准,则意味着只要规范性文件不在行政决定书中被直接援引,法院则不会审查。由此导致实践中已经出现行政机关为了逃避附带审查,在行政决定书中故意隐藏所依据的规范性文件的现象。因此仅以"显性依据"作为判断标准,排除"隐性依据"的做法是否妥当,值得商榷。

二是是否限定为行政行为结果作出的依据。行政行为的作出包括事实认定、法律适用、结果作出等多个环节,然而实践中法院往往将其限缩为只有对行为结果的作出具有直接影响的才属于"依据",排除事实依据、程序依据等。比如:在"李某与海宁市人力资源和社会保障局行政纠纷案"中,原告请求对嘉户改办〔2008〕2号《关于实施户籍管理制度改革的若干补充意见》等三个规范性文件进行审查,法院认为,海宁市人社局

---

① 四川省雅安市中级人民法院(2016)川18行终6号行政判决书。
② 安徽省合肥市蜀山区人民法院(2015)蜀行初字第00033号行政判决书。

虽然将嘉户改办〔2008〕2号等三个规范性文件作为依据提交,但是作出不予办理被征地农民基本生活保障的行政行为的直接依据是《海宁市被征地农民基本生活保障实施细则》(海政发〔2004〕51号),由此驳回原告的诉讼请求。① 但是根据庭审事实,海宁市人社局对李某作出不予办理被征地农民基本生活保障的行政行为的主要理由为李某不是村经济合作社社员,而嘉户改办〔2008〕2号正是认定李某是否具有村经济合作社社员资格的直接依据,对该案事实认定具有决定性的作用,而法院却将其排除在"依据"的范围之外。在"刘某诉青岛市李沧区人民政府信息公开案"中,原告请求对政府信息公开作出的"格式依据"《青岛市政府信息依申请公开工作办法(试行)》进行附带审查。一审法院认为,该规范性文件仅是被告作出05号告知书的格式依据,不属于审查的范围。② 然而二审法院则认为,对于上诉人提出的一并审查《青岛市政府信息依申请公开工作办法(试行)》的主张,因被上诉人依据该文件以非本机关政府信息告知书的形式作出答复,而该答复形式正当与否同样会影响被诉行政行为的合法性,故其主张符合一并审查的规定,予以准许。③ 行政行为的作出包含多个环节,任何一个环节对最终行为的作出均具有影响,如果将"依据"只限缩为行政行为的"结果依据",是否妥当,有待明晰。

(三) 其他争议性的程序要件

除了上述两个争议性的要件外,在请求主体、请求时间、请求内容等程序要件方面同样存有争议。

一是在请求主体方面,根据《行政诉讼法》第53条的规定,公民、法人或其他组织在对行政行为提起诉讼时,可以一并请求对行政行为所依据的规范性文件进行审查,毋庸置疑"原告"具有提出规范性文件附带审查的主体资格。那么,第三人是否具有提出附带审查的资格?

二是在请求时间方面,根据《行政诉讼法》第53条规定,公民应当"在对行政行为提起诉讼时"提出附带审查的请求;《行诉适用解释》第146条将请求的时间点延长至一审开庭前,如果有"正当理由",也可以在"法庭调查"中提出。然而司法实践中,法院基于大量诉讼请求未在法定期限内提出,而予以驳回,主要表现为两种情形:第一,法院对原告在

---

① 浙江省嘉兴市中级人民法院(2015)浙嘉行终字第68号行政判决书。
② 山东省青岛市中级人民法院(2016)鲁02行初234号行政裁定书。
③ 山东省高级人民法院(2017)鲁行终891号行政判决书。

一审开庭中提出的审查请求,直接基于"无正当理由"而排除审查,但是何谓"无正当理由"法院往往没有进行任何说理。比如在"孙某与北京朝阳区人民政府案"中,原告在"法庭调查"中发现《北京市旧城区改建房屋征收实施意见》第4条第8项对被告朝阳区政府作出的1号征收决定和征收方案有直接的影响,因此提出对其进行附带审查,但法院仍然认为原告的一并审查请求没有正当理由而不予审查。① 第二,基于二审时、再审时提出审查请求,法院不予审查。比如在"双流双隆出租汽车有限公司、成都市双流区交通运输局交通运输行政管理案"中,二审法院认为:关于上诉人双隆公司二审过程中提出要求本院对被上诉人双流区交通运输局作出的通告合法性进行审查的请求,系其在二审上诉过程中提出的新的请求,根据《行政诉讼法》第87条的规定,不属于二审审查的范围,本院不予审查。②

三是在请求内容方面,是否需要原告明确附带审查规范性文件的具体条款有待明晰。由于中国采用附带审查方式,公民、法人或者其他组织不可以直接对规范性文件提出审查请求,只能在对行政行为提起诉讼时一并提出对规范性文件的附带审查请求。同时,由于法院审查规范性文件是服务于个案纠纷的解决的,所以为了防止脱离个案变成对整体规范性文件的审查,法院只能围绕个案中行政行为所依据的具体条款进行实体审查。然而由于当事人法律素养不高,部分当事人在提出附带审查请求时没有指明具体审查条款,那么法院该如何处理?实践中法院大多直接以诉讼请求不明确排除审查。比如在"铅山县葛仙山乡项源村四组与铅山县人民政府资源行政管理案"中,原告请求对《林木和林地权属登记管理办法》《江西省林业产权制度改革确权发证操作规范》进行审查,法院基于原告未明确所要审查的被诉行政行为所依据的条款,不符合审查请求而不予审查。③

但是从规范条文上来看,《行政诉讼法》第53条仅规定,公民、法人或者其他组织可以一并请求对规范性文件进行审查,《行诉适用解释》第68条亦规定,请求一并审查规章以下规范性文件的,应当提供明确的文件名称或者审查对象,所以事实上相关法律规范均没有明确要求请求人必

---

① 北京市第四中级人民法院(2018)京04行初141号行政判决书。
② 四川省成都市中级人民法院(2018)川01行终1124号行政判决书。
③ 江西省高级人民法院(2017)赣行终145号行政判决书。

须指明具体的条款。而为了保障当事人在诉讼过程中的主体地位，确保当事人实质程序参与权的实现，法律规定了法官的"释明义务"，即"在当事人的主张不明确、不完全或不充分的情况下，通过提示、发问等方式促使当事人完善主张"①，不仅有助于为当事人诉讼权的行使提供便利，而且有助于保障当事人程序上的实质平等，尤其在当前对当事人程序权利立法保障不足，以及当事人自己诉讼普遍化的情况下，法官的释明义务更为重要。早在 2015 年《最高人民法院关于适用〈中华人民共和国行政诉讼法〉若干问题的解释》（现已失效）第 2 条第 2 款就指出，当事人未能正确表达诉讼请求的，人民法院应当予以释明。法官亦完全有能力根据案情释明所需附带审查的具体条款。所以，法院不考虑具体情形不履行释明义务，直接以诉讼请求不明确排除司法审查的做法有待商榷。

以上是规范性文件附带审查的启动要件中非常具有争议性的程序问题，除了上述程序问题外，仍有其他问题有待厘清，比如部分法院基于规范性文件已经在其他案件中审理过而不予附带审查、被诉行政行为应予撤销由此对规范性文件不予审查等，因此解决当前法院附带审查规范性文件启动要件中的审查难题，任重而道远。

二、合法性审查标准错综混乱

《行政诉讼法》第 64 条规定："人民法院在审理行政案件中，经审查认为本法第五十三条规定的规范性文件不合法的，不作为认定行政行为合法的依据，并向制定机关提出处理建议。"《行诉适用解释》第 148 条第 2 款规定：有下列情形之一的，属于《行政诉讼法》第 64 条规定的"规范性文件不合法"……可见，中国对规范性文件采取"合法性审查标准"。对此理论与司法实践存在的争议焦点包括两个：一是对规范性文件合法性审查标准的内涵理解存有分歧，二是规范性文件合法性审查的具体审查要件包含哪些以及各审查要件如何展开存在争议。下面将结合司法实践进行阐述。

（一）规范性文件合法性审查标准的内涵不清

1. 规范文本的摇摆不定

2000 年公布的《若干解释》第 62 条第 2 款规定："人民法院审理行政案件，可以在裁判文书中引用合法有效的规章及其他规范性文件。" 2004

---

① 唐力：《司法公正实现之程序机制——以当事人诉讼权保障为侧重》，《现代法学》2015 年第 4 期。

年最高人民法院制定的《座谈会纪要》中提及的是："人民法院可以在裁判理由中对具体应用解释和其他规范性文件是否合法、有效、合理或适当进行评述。"2009年最高人民法院公布的《关于裁判文书引用法律、法规等规范性法律文件的规定》第6条指出："根据审理案件的需要，经审查认定为合法有效的，可以作为裁判说理的依据。"而2014年《行政诉讼法》第64条则规定："人民法院在审理行政案件中，经审查认为本法第五十三条规定的规范性文件不合法的，不作为认定行政行为合法的依据，并向制定机关提出处理建议。"可见，法院对规范性文件的审查经历了"合法有效""合法、有效、合理或适当""合法有效""合法"这样的四个阶段。立法者或司法者飘忽不定的表述，反映了中国制度设计主体在司法权与行政权的博弈中一直处于"摇摆不定"的状态，以及对合法、合理二者理解的不同认知。那么第53条、第64条中的"不合法"内涵到底是什么，仍有待厘清。

2. 学理的三重争论

"合法性"一直存在着形式合法与实质合法两个维度，其在司法审查中表现为"合法性审查"与"合理性审查"的争论；而合法之"法"是否包含"宪法"在学理层面亦有所争论。由此可见，"合法性"审查的内涵包含最广义、广义与狭义三个维度，而这一争论在规范性文件的"合法性审查"中同样存在。

最广义的合法性审查。该观点采用的是合法与合宪"一元论"，将违法作为一个上位概念，认为违反宪法亦是违法。尤其在规范性文件的审查中，宪法作为法规范秩序的一环，自然应该纳入规范性文件合法性判断的范畴。比如有学者认为："规范性文件的司法审查：……不与上位法相抵触，上位法不仅包括法律，还应该包括万法之母法——宪法。"[1] 也有学者采取"二元论"，认为合法性审查与合宪性审查应当分开，规范性文件的合法性审查不包含合宪性审查。有学者从域外的经验来进行对比分析，认为："在众多欧洲大陆国家，对法律的合宪性审查只能交由宪法法院等特定机构来行使，普通法院无权直接否定某项立法并宣告其违宪。所以，普通法院如果要否定一项立法的效力，必须把问题提交给宪法法院来裁决。这一程序上的特殊性导致对一个行为合法性的认定与某项立法合宪性

---

[1] 朱淼：《论对规范性文件的司法审查——以新行政诉讼法的修改为视角》，《南海学刊》2015年第4期。

的认定有所区分。这是违法与违宪二元论的实践基础。"①

广义的合法性审查。该观点认为规范性文件的"合法性"审查应采用"实质合法"的观点,认为包含形式合法与实质合法双重维度,既要审查合法性,又要审查合理性。但是,对于合法性与合理性的关系依然存在两种讨论。一是合法-合理二分说,该观点认为,"规范性文件具有普遍约束力、涉及不特定多数人的合法权益,其制定程序及其内容更应当合法、合理,如果其内容明显不当、显然不合理,法院应当有权进行审查。当然,由于规范性文件常常涉及政策问题,合理性审查只是例外,合法性审查是原则"②。二是实质合法性观点。一方面从法理学的角度,认为合法性包含形式合法与实质合法双重维度,那么对规范性文件的合法性审查自然包含着实质合法性审查的内涵。另一方面基于体系解释的视角,认为:"《行政诉讼法》第七十条对撤销判决的修改中,增加了'明显不当'为可撤销的情形,事实上将审查范围从只限于行政行为的合法性审查,适度扩大到了合理性审查。行政诉讼法引入了规范性文件附带审查制度,那么对于规范性文件的审查自然也是此种含义。"③

狭义的合法性审查。该观点采用合法性与合理性二分、合法性仅指形式合法性的观点,认为只能对规范性文件的合法性进行审查,不涉及规范性文件合理性的审查。比如杨士林教授认为:"人民法院对规范性文件的审查,仅针对合法性问题,不涉及合理性问题的审查。因为规范性文件的内容是否合理,是否适当,很多情况下法院不掌握技术、资源,不掌握信息,不了解行政经验,无法审查合理性问题。合理性交由行政机关判断,更符合事物的性质。"④

由此可见,学界对规范性文件"合法性审查"的内涵范畴存在最广义、广义、狭义三种理解,究竟采取何种理解仍有待明晰。

3. 司法实践的错综混乱

《行政诉讼法》第64条规定,人民法院在审理行政案件中,经审查认为本法第53条规定的规范性文件"不合法"的,不作为认定行政行为合

---

① 何海波:《实质法治:寻求行政判决的合法性》,北京,法律出版社,2009,第182页。
② 马得华:《我国行政诉讼规范性文件附带审查的模式与效力难题》,《政治与法律》2017年第8期。
③ 于洋:《论行政规范性文件的复合审查标准——基于规范性文件的逻辑结构展开》,《内蒙古社会科学(汉文版)》2017年第6期。
④ 杨士林:《试论行政诉讼中规范性文件合法性审查的限度》,《法学论坛》2015年第5期。

法的依据，并向制定机关提出处理建议。原告提出附带审查请求后，法院作为有权机关对"合法性"的理解决定了对规范性文件的判断标准。根据案例的梳理，法院的表述如下：

序号	合法性	有效性	合理性	审查结果	典型案例
1	√	○	√	合法	（2020）冀0791行初10号
2	√	○	○	合法	（2019）闽0583行初346号
3	√	√	√	合法	（2020）粤08行终151号
4	×	○	○	违法	（2015）孙行初字第4号

注：√表示肯定评价，○表示没有涉及，×表示否定评价。

通过梳理，可以发现以下几点：

首先，法院对"合法性"的理解不一致，总体上包含合法、合理、有效三个维度。这里需要对"有效"与"合法""合理"的关系进行简单的说明。合法、合理是指规范性文件是否符合法秩序，而有效具有双重含义：一是指事实意义上的规范性文件在生效期以内，没有被废止等。二是规范性文件合法所产生的拘束力。如果规范性文件事实上已经被废止、不在生效期内，则无须法院再进行合法性审查。而第二种含义则关乎规范性文件合法后所自然具有的拘束力问题。所以无论"有效"采取上述何种含义均不属于法院在合法性审查环节所要解决的问题，法院核心还是在于判断规范性文件是否合法。

其次，在所采集的样本数据中，并没有出现法院依据"宪法"对规范性文件进行合法性审查的案例，可见，法院认为对规范性文件的合法性审查不包含"宪法"，以及法院的谨慎态度。

最后，在法院的"合法性"审查实践中，形式合法性审查是最为重要的维度，对是否审查"合理性"法院做法不一，具有随机性。总体而言，法院对规范性文件的"合理性"进行审查的态度非常谨慎，仅有少数法院明确审查合理性，并且"均"作为认可规范性文件合法的补强理由与辅助论证，最终均认可了规范性文件的合法性。比如在"谢某不服泰州市财政局退休待遇案"中，法院认为：就其内容在裁量权行使上，经审查并无违反法律、行政法规与部门规章之强制性规定以及法律原则或行政习惯之情形。虽谢某认为认定标准存在不公正与歧视，但这些标准在客观上并无不公，谢某亦未提供规范制定者主观上存在恶意裁量的线索，故上述文件亦不存在应予消极评价的不合理之处。①

4. 小结：规范性文件"合法性"审查标准的内涵是什么

通过"规范、学理、实践"三个维度的考察，可以发现：虽然《行政诉讼法》规定了对规范性文件进行"合法性审查"，但是"合法性"的内涵并没有明确，规范文本经历了"合法有效""合法、有效、合理或适当""合法有效""合法"这样的四个阶段；在学理上，则存在着"最广义""广义""狭义"三个不同范畴的理解；司法实践就更为错综复杂，法院对合法性的理解趋于谨慎，一般局限在"狭义"的范畴，很少审查规范性文件的合理性。法院往往基于权力结构、自身的地位与能力、司法权与行政权的关系等因素，采取相对谨慎的立场，法院内部的做法亦不统一。这充分反映了规范性文件合法性审查标准之"合法性"内涵犹如"普洛透斯之脸"，让人困惑不已。具体而言，主要围绕以下"两个焦点"产生分歧：第一，是否包括"合宪性"审查？第二，是否包括"合理性"审查？

（二）规范性文件合法性审查标准的要件不统一

规范性文件合法性审查标准存在的第二个问题是：法院应当从哪些方面对规范性文件进行合法性审查，即规范性文件的合法性审查要件。这不仅是一个重要的理论范畴，还是一个实践范畴。在2018年《行诉适用解释》第148条颁布之前，学界对这一问题多有争论，2018年《行诉适用解释》第148条颁布之后，虽然争论有所缓解，但是司法实践依然错综混乱，并且《行诉适用解释》第148条本身也并非没有讨论的空间。因此，对这一争议的完整呈现并非没有意义。

1. 学理争论

规范性文件的合法性审查要件究竟包含哪些，在2018年《行诉适用解释》第148条制定之前，学界存在两种分析路径：趋于立法行为的合法性审查要件与趋于行政行为的合法性审查要件。"趋于立法行为的合法性审查要件"是指将规范性文件类比为立法行为进行具体审查要件的划分。"趋于行政行为的合法性审查要件"是指将规范性文件类比为行政行为进行具体审查要件的划分。"趋于立法行为的合法性审查要件"大多参照"对法规、规章进行立法监督"的标准来划分审查要件，比如余军教授等认为："实际上2007年施行的各级人民代表大会常务委员会监督法第30

---

① 江苏省泰州市中级人民法院（2015）泰中行终字第00096号行政判决书。

条规定的规范性文件备案审查标准,已经为此提供了可参照的整体框架。"① 故而可以从以下几个维度展开:第一,超越法定权限,限制或者剥夺公民、法人和其他组织的合法权利,或者增加公民、法人和其他组织的义务的;第二,同法律、法规规定相抵触的;第三,有其他不适当的情形等。这样可以兼顾"维护法秩序、控制权力"与"以权利保障为目的"的双重维度。吴宇龙法官同样认为应当:"参照立法法第九十六条的规定,行政诉讼中对规范性文件的审查亦应包含以下内容:(一)是否超越权限;(二)下位法是否违反上位法规定;(三)同一层级规范性文件之间对同一事项的规定是否一致;(四)是否适当;(五)是否违背法定程序。"②"趋于行政行为的合法性审查要件"对规范性文件与行政行为不进行详尽的区分,认为行政行为的合法性审查要件为"主体、事实、依据(法律)、程序"四个要件,集中体现在《行政诉讼法》第70条第2款,那么规范性文件的审查可以借助于这个路径,当然可能在部分合法性审查要件的具体审查内容上稍有异于传统行政行为。

2018年《行诉适用解释》第148条颁布之后,学界对于规范性文件合法性审查要件的争议有所缓解,学界大多以第148条为核心对规范性文件的合法性审查要件进行分析。主流观点对规范性文件的主体要件以及内容要件大多没有异议,争议主要集中于是否应对规范性文件的程序要件进行审查。其中主体要件审查是指审查制定主体是否超越职权,即规范性文件所针对的事项是否属于该制定主体的主管范围,以及是否在法定权限范围内,是否超越事务管辖权、超越地域管辖权、超越级别管辖权、超越法律规定的职权等。③ 亦有部分学者将权限要件单独列出称为"职权"要件,④ 但实质上都是对主体是否适格进行审查。内容要件审查核心在于"法律"部分的审查,即审查规范性文件是否与上位法相抵触,同时可能涉及制定目的是否正当,是否符合法律的基本原则,等等。至于程序要件,是否进行审查存在争议。部分学者基于具体条款的合法性需要以整体

---

① 余军、张文:《行政规范性文件司法审查权的实效性考察》,《法学研究》2016年第2期。
② 吴宇龙:《论规范性文件审查的相对独立性》,《人民司法》2016年第10期。
③ 章剑生:《论行政诉讼中规范性文件的合法性审查》,《福建行政学院学报》2016年第3期。
④ 徐肖东:《行政诉讼规范性文件附带审查的认知及其实现机制》,《行政法学研究》2016年第6期。

规范性文件的程序合法性为基础，认为应当对规范性文件进行程序审查。① 而部分学者则基于可能存在脱离了个案案情，成为相对抽象、全面的规范审查模式，并遭遇来自民主性、合宪性的拷问以及实践可操作性差的角度，认为不宜进行程序审查。② 还有学者认为："只要规范性文件的内容合法，审查规范性文件的制定程序就没有实质意义；同理，规范性文件的内容不合法，审查规范性文件的制定程序也没有意义。"③ 亦有学者从法院的机构能力视角进行分析，认为法院缺乏足够的机构能力来对规范性文件制定程序与职权进行审查判断，制定程序的审查与超越职权的审查将会超出具体条款范畴而会影响到规范性文件的整体效力，并且将给法院带来较大的沟通协调成本，消耗巨大的司法资源，应当仅适用不抵触标准。④

2. 司法实践的错综混乱

美国大法官霍姆斯曾言："法律的生命不在于逻辑，而在于经验。"法官们的司法实践不仅可以展示制度运行的真实图景，而且可以反映法官的审查偏好，形成"本土化"的经验。通过中国的裁判文书网进行搜索，截至2022年1月1日，对依据2014年《行政诉讼法》第53条、第64条予以裁判的案件进行检索，可以发现法院对规范性文件的合法性进行审查主要集中于以下四个要件：主体、职权、内容、程序。根据审查要件的多少，又可以划分为"套餐式"与"单点式"。

"套餐式"是指法院对四个要件全部进行审查，最为典型的就是"安徽华源医药股份有限公司诉国家工商行政管理总局商标局商标行政纠纷案"，在该案中法院认为，对于《新增服务商标的通知》第4条关于过渡期的规定是否合法应当着重从下述四个方面进行审查：（1）商标局是否是

---

① 比如章剑生教授认为，不对规范性文件的程序合法性进行审查，第一，其限缩了2014年《行政诉讼法》第53条、第64条中的"不合法"内容，即限于实体不合法，但限缩理由陈述不充分；第二，其隔断了程序违法可能对实体内容产生的影响，有违反2014年《行政诉讼法》第70条第3项法律之嫌。坚持对规范性文件执行、发布程序的合法性审查，既必要也可行。参见章剑生：《论行政诉讼中规范性文件的合法性审查》，《福建行政学院学报》2016年第3期。

② 前者如夏雨认为，"将制定程序纳入审查的风险在于有可能将诉讼中的规范性文件审查由对所涉条款的法律适用等具体审查跳跃至对于规范性文件的全面审查"，进而发展至脱离了个案案情的相对抽象、全面的规范性审查模式，并遭遇来自民主性、合宪性的拷问。参见夏雨：《行政诉讼中规范性文件附带审查结论的效力研究》，《浙江学刊》2016年第5期。后者如王红卫等认为规范性文件制定程序在各地发展不一，对规范性文件进行程序审查可操作性差，因此不宜进行审查。参见王红卫、廖希飞：《行政诉讼中规范性文件附带审查制度研究》，《行政法学研究》2015年第6期。

③ 杨士林：《试论行政诉讼中规范性文件合法性审查的限度》，《法学论坛》2015年第5期。

④ 卢超：《规范性文件附带审查的司法困境及其枢纽功能》，《比较法研究》2020年第3期。

制定《新增服务商标的通知》第 4 条关于过渡期的规定的合法主体；（2）商标局制定《新增服务商标的通知》第 4 条关于过渡期的规定是否超越法定权限；（3）《新增服务商标的通知》第 4 条关于过渡期的规定在内容上是否合法；（4）《新增服务商标的通知》第 4 条关于过渡期的规定在制定时是否履行了法定程序或者遵循了正当程序的要求。①

然而，司法实践中的大部分案件，法院并没有对四个要件全部进行审查，仅对其中的一个要件或两个要件进行审查，即"单点式"。通过整理发现，半数以上的案件集中在主体（职权）要件、内容要件中的不得与上位法相抵触两个方面进行审查。比如在"胡某与北京市昌平区住房和城乡建设委员会案"中，法院对规范性文件的内容进行合法性审查，认为《〈北京市集体土地房屋拆迁管理办法〉实施意见》关于拆迁人应当在期限届满 15 日前申请延期的规定与《行政许可法》（2003 年）关于被许可人应当在该行政许可有效期届满 30 日前向作出行政许可决定的行政机关提出申请的规定不一致，该实施意见的上述规定没有法律依据，不能作为证明《拆迁期限延期批复》合法的依据，即该实施意见缩短了原告申请行政许可延期的期限。程序要件是实践中法官运用比例极低的审查要件，在此仅有一个案件比较特殊，即"刘某不服孙吴县物价监督管理局行政收费案"，在该案中法院仅仅基于孙价发〔2014〕46 号《关于海峰热电供热价格批复》中的第四项程序违法不予适用，并未对其他要件进行审查。②

同时，即使是对同一要件的审查，具体应该如何展开也同样存在分歧。最为典型的就是在内容要件审查中，涉及"上位法规定不明确"的规范性文件审查，大部分法院对此束手无措，往往采取消极的态度直接运用"不与上位法相抵触"认定规范性文件合法。仅有部分法院从授权目的、上位法的原则精神、是否侵害原告权利的角度进行审查。③而法院的审查

---

① 北京知识产权法院（2015）京知行初字第 177 号行政判决书。
② 黑龙江省孙吴县人民法院（2015）孙行初字第 4 号行政判决书。
③ 比如在"黄某、李某等与中山火炬高技术产业开发区管理委员会行政判决书案"中，法院首先从目的合法角度，认为："火炬管委会制定上述文件设置'四好居民'的评比奖励，是为了进一步提高辖区内居民的文明素质和文明程度，以加快社区的建设步伐，该奖励有别于国家社会保障。"其次从法律原则角度认为："文件规定符合参评条件的居民需以家庭为单位参评，因该参评方式对辖区内的任一符合参评条件的居民均适用，故该规定并不违反公平和人人平等的法律原则。"再次认为"该评比方式促进家庭成员之间的监督，有利于辖区的整体发展"的效果，最后"至于涉信访和征地问题，因否定参评资格的居民系不同意依法征地或违反规定进行信访之居民，故该规定并未违反上位法的规定"。参见广东省中山市中级人民法院（2016）粤 20 行终 122 号行政判决书。

方法与审查深度也不相同，比如在"文某、田某与长沙市望城区国土资源局行政征收案"中，涉及对经验型不确定法律概念"一户"的理解，法院采用了形式合法的审查方式；而在"陶某与青岛市社会保险事业局退休待遇审核案"中，同样涉及对经验型不确定法律概念"出生时间"的认定，但是法院却采用了实质合法的审查方式。基于中国法院只能在具体个案中对规范性文件合法与否作出判断以决定是否适用，仅具有个案效力，所以审查要件与具体审查方法的不同必将导致司法实践的分歧与混乱。

3. 尚待检视的《行诉适用解释》第148条的要件划分

为了贯彻落实新《行政诉讼法》，针对新法中的新制度、新条款的择要式、配套式规定，正确适用新《行政诉讼法》，统一法律适用，2018年2月8日《行诉适用解释》施行，并在第148条中对规范性文件的合法性审查要件进行了规定：

人民法院对规范性文件进行一并审查时，可以从规范性文件制定机关是否超越权限或者违反法定程序、作出行政行为所依据的条款以及相关条款等方面进行。

有下列情形之一的，属于行政诉讼法第六十四条规定的"规范性文件不合法"：

（一）超越制定机关的法定职权或者超越法律、法规、规章的授权范围的；

（二）与法律、法规、规章等上位法的规定相抵触的；

（三）没有法律、法规、规章依据，违法增加公民、法人和其他组织义务或者减损公民、法人和其他组织合法权益的；

（四）未履行法定批准程序、公开发布程序，严重违反制定程序的；

（五）其他违反法律、法规以及规章规定的情形。

法条由法律概念或用语所组成，法律规定由法条所组成。法条与法条之间并非不相关联地并列在一起，它们一直取向于一定的价值，"针对某种生活类型被做成各种组合，而后才成为能达成一定规范功能的法律规定"。① 第148条的第1款与第2款亦是如此，观察上述条文：第148条第1款属于"概括列举条款"，可以划分为两段。前半段是规范性文件审查要件的列举，即"规范性文件制定机关是否超越权限或者违反法定程序、作出行政行为所依据的条款以及相关条款"，可以分别对应于主体要件、

---

① 黄茂荣：《法律方法与现代民法》，北京，中国政法大学出版社，2001，第107页。

程序要件、依据要件；后半段用"等"字煞尾，由此划定了规范性文件的审查要件。但是"等"字该如何解释？除了上述三个列举的要件外，是否还包含其他要件？第 2 款则针对第一款审查要件的解释，列举了各个审查要件的不合法情形，但是是否全面？各个审查要件是否还包括其他不合法情形？由此可见，虽然《行诉适用解释》第 148 条对规范性文件的合法性审查要件进行了规定，但是该条款无论是第 1 款还是第 2 款都面临着继续讨论的空间。

4. 小结：规范性文件合法性审查要件如何展开

综上，对于规范性文件的合法性审查要件包含哪些，无论在学理上还是司法实践中都难以统一，错综混乱，存在以下争议：一是规范性文件的合法性审查应包含哪些审查要件；二是在确定了审查要件之后，每个审查要件具体应当如何展开；三是《行诉适用解释》第 148 条的列举是否全面。这些问题都有待深入研究。

三、结果处理机制尚待明晰

当法院对规范性文件进行合法性判断后，则需要作出审查结果并进行相关处理。《行政诉讼法》第 64 条规定："人民法院在审理行政案件中，经审查认为本法第五十三条规定的规范性文件不合法的，不作为认定行政行为合法的依据，并向制定机关提出处理建议。"根据该规范条文，结合司法实践，在规范性文件附带审查结果的处理机制方面，存在如下难题：

（一）规范性文件附带审查效力的三重争论

自 2014 年《行政诉讼法》修法开始，对于法院附带审查规范性文件的效力一直存有争论并延续至今，从立法过程以及后续的讨论来看，存在以下三种争论：

一是规范性文件丧失效力说。该说认为如果法院对规范性文件只有评价权而没有裁判权，则审查权的内容难以得到实现，将使得评价结论因缺乏相应的法律效力或执行的强制力，难以达到对规范性文件的监督效果。为此应赋予法院对于不合法的规范性文件宣告无效的权力与撤销的权力。在立法过程中，亦有学者指出，2014 年《行政诉讼法》既然已经对规范性文件作出了特别对待，那么在审查结果的效力上一定也将有别于对规章审查结果的效力，而规章的审查结果已然具有不予适用的效果，那么规范性文件在附带审查模式下，应当比不予适用更进一步，直接实现规范性文件法效力丧失的后果。①

二是普遍效力说。该说认为法院对规范性文件审查得出的合法性判断在实务中应具有普遍遵守的效力，如果规范性文件被认定为违法，则应普遍不予适用。采用该观点的学者是基于解决违法规范性文件在实践中仍然存在的现实难题的视角认为，如果一个规范性文件的违法性判断不能得到普遍的适用，必须通过制定机关的纠正或消灭来实现，那么很可能会出现一个不合法的依据仍然在行政领域中发生效力的情况，除非那些受其影响的行政相对人发动一个法律程序，否则，不合法的依据实际上还是"合法"地存在着。②

三是个案效力说。该学说相较于前两种观点最为保守，但支持的学者却相对较多。该说认为法院对规范性文件的合法性判断仅具有个案效力，如果认定规范性文件违法，仅具有在本案中不予适用的效力，而不能直接宣布规范性文件无效，或者撤销规范性文件。持有该主张的学者认为《行政诉讼法》并没有将规范性文件纳入受案范围，没有纳入受案范围就意味着对规范性文件的审查不是一个独立的诉讼，而仅仅是一个诉讼请求。仍然不能通过行政诉讼消灭其法律效力，解除其对公民法院或者其他组织的法律拘束力。③ 亦有学者认为，根据中国相关制度安排，中国将撤销违法规范性文件的权力交由立法机关和行政机关行使，并没有赋予法院相关权力，故而如果赋予法院审查结果普遍效力将与中国的制度设计不符。

由此可见，学理上对规范性文件附带审查效力存有争议，如何认定规范性文件附带审查的效力仍需要回归《行政诉讼法》与相关规范体系予以综合考量，以回应学界争议。

（二）司法建议的效果不佳

根据《行政诉讼法》的规定，法院如果认定规范性文件违法，不能直接宣布或撤销违法的规范性文件，仅能在个案中不予适用，而后向规范性文件的制定机关提出司法建议。因此，被建议机关的答复或反馈将决定司法建议价值的实现与否，以及违法的规范性文件是否会存在于法秩序当中。由于法院的司法建议和行政机关对司法建议的答复并不向社会公开，因此只能通过查找被法院认定为不合法的规范性文件当前的效力状态以及

---

① 夏雨：《行政诉讼中规范性文件附带审查结论的效力研究》，《浙江学刊》2016年第5期。
② 章剑生：《现代行政法基本理论》（下卷），北京，法律出版社，2014，第2版，第845页。
③ 应松年：《〈中华人民共和国行政诉讼法〉修改条文释义与点评》，北京，人民法院出版社，2015，第168页。

是否被再次提出附带审查来反向推导司法建议的效果。

在目前为数不多的认定规范性文件违法的案例中,仅有极少数的违法规范性文件现已失效,大部分的违法规范性文件没有被清理,仍然现行有效,或者至少在一段时间中继续有效。比如在"张某与德州市经济技术开发区人社局不履行法定职责案"中,法院认定《德州市居民基本医疗保险办法》(德政发〔2014〕13号)违法,德州市陵城区人民法院于2016年10月19日作出〔2016〕陵建字第1号司法建议书送达德州市人民政府,然而在《德州市人民政府关于公布政府规章和规范性文件清理结果的通知》中,德政发〔2014〕13号规范性文件没有被清理,该规范性文件现行依然有效。① 再如《最高人民法院公报》2014年刊发"陈某案"后,直到2016年司法部才正式废止被法院认定为非法的联合通知。在未被废止的两年内,该联合通知依然具有法律效力,下级行政机关仍然要适用违法的联合通知。②

此外,部分规范性文件在被法院认定违法后,由于没有及时清理,出现再次被提起附带审查的情况。比如在"徐某与山东省五莲县社会医疗保险事业处不予报销医疗费用案"中,2015年原告向法院提起行政诉讼请求附带审查《2014年五莲县新型农村合作医疗管理工作实施办法》(〔2014〕2号)第5条第2款"参合农民到市外就医,必须到政府举办的公立医疗机构"的规定,法院经审查后认为,该款规定对行政相对人的权利作出了限缩性规定,不符合上位法规范性文件的相关规定,不能作为认定涉案行政行为合法的依据。③ 然而在"刘某与五莲县社会医疗保险事业处卫生行政管理案"中,刘某再次对《2014年五莲县新型农村合作医疗管理工作实施办法》(〔2014〕2号)提出附带审查请求,这意味着制定机关并未对该违法规范性文件进行清理。④

可见,法院的司法建议效果不佳,实践中存在被法院认定为违法的规范性文件依然存在于法秩序中,并存在被再次提起附带审查的情况。这无疑会影响法院的权威,进而导致法院对规范性文件的审查也没有很高的积

---

① 山东省德州市陵城区人民法院(2016)鲁1403行初18号行政判决书。
② 马得华:《我国行政诉讼规范性文件附带审查的模式与效力难题》,《政治与法律》2017年第8期。
③ 山东省日照市中级人民法院(2016)鲁11行终9号行政判决书。
④ 山东省日照市中级人民法院(2017)鲁11行终99号行政判决书。

极性。①

（三）规范性文件效力认定的冲突与监督难题

法院对违法的规范性文件仅能"个案不予适用"，没有彻底消灭违法规范性文件的效力，由此导致违法的规范性文件可能依然存在法律秩序中，甚至部分规范性文件被再次提起附带审查的情况，比如前文的"徐某案"与"刘某案"，这就可能衍生不同法院对同一规范性文件效力认定冲突的问题。如此不仅影响了司法权威，而且更为关键的是，法院代表着国家的公权力，法院的认定结果将影响着诉讼当事人以及公众对规范性文件潜在影响的规范认知。不同法院认定结果的冲突，可能会引发法律制度处于极度的不确定之中，影响法秩序的安定性，尤其是涉及征地拆迁、社保政策的规范性文件，法院的差异化评价，甚至可能衍化成为社会冲突的导火索。②

同时，由于规范性文件本质上创设了一种行为方式，相较于行政行为而言涉及面广，如果法院认定规范性文件错误将在一定范围内产生不可预期的影响。而根据司法实践的考察，实践中亦存在部分法院规避附带审查规范性文件的现象，部分法院对原告的附带审查请求不予回应，存在遗漏原告附带审查请求的问题，如何监督法院附带审查规范性文件至关重要。

因此，如何化解上述可能发生的规范性文件效力认定冲突，建立健全监督机制，是确保该制度运行，以及理论与实践亟须解决的难题。

---

① 王全泽：《行政诉讼规范性文件一并审查制度实证分析与完善》，https://mp.weixin.qq.com/s/bKOWLdGSKvV5ZhvVqg5x-A，最后访问 2022 年 8 月 14 日。

② 卢超：《规范性文件附带审查的司法困境及其枢纽功能》，《比较法研究》2020 年第 3 期。

第三章 启动要件：附带审查方式下的三要件厘清

规范性文件附带审查的启动要件发挥着"门槛"的筛选功能。当前对规范性文件的司法审查存在抽象审查与附带审查两种审查方式，不同审查方式的启动要件在类型与形态上具有较大的差异。首先，中国采用"附带审查方式"，需要借助于个案中行政行为的审查一并提出规范性文件的审查请求，因此启动要件的关键即在于对"依据"的识别，规范性文件只有是行政行为的"依据"，才能请求附带审查，这是附带审查方式的核心体现。其次，附带审查的对象为"国务院部门和地方人民政府及其部门制定的规范性文件"，符合上述制定主体要求的规范性文件才能附带审查。最后，还应符合启动审查的其他程序要求。因此，在附带审查方式下，规范性文件的启动要件主要包含规范性文件的识别要件、依据要件、其他程序要件三个部分，三者为并列关系，以下将结合前文阐述的司法实践中存在的问题，逐一进行分析。

第一节 规范性文件的识别与制定主体限制

准确地界定与识别"规范性文件"，是规范性文件附带审查的前提与基础。虽然中国各地政府规章与程序规定大部分对此进行了界定，[①] 但是由于规范性文件自身的繁多复杂，以及基于《行政诉讼法》第53条的规定，可以进行附带审查的规范性文件限定为"国务院部门和地方人民政府及其部门制定的规范性文件"，所以核心在于从规范性文件的性质、规范

---

① 比如《湖南省行政程序规定》《兰州市行政程序规定》《海口市规范性文件制定与备案管理办法》等均对"规范性文件"进行了界定。

性文件的制定主体两个维度进行限定。

一、规范性文件的识别

(一) 以"对象的不特定性"为核心区别于具体行政行为

在中国的行政法学体系中,规范性文件属于抽象行政行为的范畴,其首先是相对于具体行政行为而存在的。作为中国行政法学的经典分类,"具体-抽象"的二元划分经由立法程序完成从法学概念到法律概念的蜕变,① 成为行政法学研究与行政实务中最为重要的分类之一。规范层面上,最高人民法院先后通过三次司法解释界定具体行政行为与抽象行政行为。1989年《行政诉讼法》实施后发布的《最高人民法院关于贯彻执行〈中华人民共和国行政诉讼法〉若干问题的意见(试行)》第1条规定,"具体行政行为"是指国家行政机关针对特定的公民、法人或其他组织,就特定的具体事项,作出的有关公民、法人或其他组织权利义务的单方行为。2000年《若干解释》第3条对1989年《行政诉讼法》第12条规定的"具有普遍约束力的决定、命令"进行解释,是指"行政机关针对不特定对象发布的能反复适用的行政规范性文件",这一规定与解释延续至2014年《行政诉讼法》及2018年《行诉适用解释》。由此,规范层面上区分具体、抽象行政行为的关键在于"特定性"。而学理层面上,关于具体、抽象行政行为区分标准的研究可谓汗牛充栋,对二者的区分标准呈多元化样态,比如反复适用性、适用对象的不特定性、面向未来性、行为效果的间接性等。总体而言,主流观点认为,二者区分的标准不在于外在表现形式,同时在上述判断标准中最为核心的是"适用对象的不特定性",② 因为适用对象的"不特定性"才决定了规范性文件具有反复适用性、面向未来性等。

司法实践中普遍存在的争议是部分文件在一定期限或地域范围内可以反复适用,但是适用的对象是可以确定的,是否应当认定为规范性文件进行附带审查。事实上,上述文件属于"假象"抽象行政行为,虽然可以反

---

① 陈越峰:《中国行政法(释义)学的本土生成——以"行政行为"概念为中心的考察》,《清华法学》2015年第1期。

② 如早在1992年,杨海坤教授即认为具体行政行为是指行政机关针对具体的人和具体的事所作的行为。参见杨海坤:《行政法与行政诉讼法》,北京,法律出版社,1992,第51页。姜明安教授认为对抽象行政行为和具体行政行为的区分,以相对人是否特定为标准。参见姜明安:《行政法与行政诉讼法》,北京,北京大学出版社、高等教育出版社,2015,第6版,第153页。何海波教授认为学界总的观点是将具体行政行为分解为"特定的人"和"特定的事"。参见何海波:《行政诉讼法》,北京,法律出版社,2022,第153页。

复适用，但基于其适用对象的特定性被称为"一般处分"，而非规范性文件，应当排除出附带审查范围。根据德国《行政程序法》第 35 条规定："一般处分系对由一般性特征而确定其范围之人所为，或有关物之公法性质以及其共同使用之处分。"故而，一般处分不是规范性文件，应排除审查。具体而言，包括以下两点：

一是排除对人的一般处分。对人的一般处分是指："行政机关单方决定或措施之相对人虽非特定，而依一般性特征可得确定其范围。"① 比如在"俞某、新昌县七星街道办事处行政确认案"中，原告请求对新政办发〔2015〕110 号《新昌县五都村整村搬迁补偿安置方案》进行附带审查，法院认为：《新昌县五都村整村搬迁补偿安置方案》的主要内容为五都村整村搬迁被搬迁人房屋认定以及补偿安置方式、标准等事项，仅针对五都村整村搬迁范围内房屋、人员，适用对象具有特定性，不具有普遍约束力，也只是对该区域内的搬迁补偿提出的实施意见，亦不具有反复适用性，故而不属于规范性文件。② 再如在"刘某与内江市市中区卫生和计划生育局卫生行政管理案"中，法院认为：川卫办发〔2014〕301 号文件虽涉及全省范围，人数较多，但系为解决医师资格历史遗留问题开展的一次性的医师资格认定补办和省医师资格考试工作，不具有反复适用性，不属于规范性文件，故原告提出对川卫办发〔2014〕301 号文件的合法性进行审查缺乏法律依据，不予审查。③ 事实上，川卫办发〔2014〕301 号文件仅适用于"2014 年"之前取得医师资格的医生。

二是排除对物的一般处分。对物的一般处分是指设定、变更或废止物的公法性质的行政行为，这类行为规制的是物的公法性质，可以说是以物为相对人的行政决定。④ 这类行政行为对物进行规制是以人的权利义务为根据的，因此其效力必然及人，但这属于"间接的人事法律效果"，⑤ 并非规范性文件。比如在"邱某与中山市城乡规划局城乡规划许可案"中，原告请求对《五桂山龙石片区控规》（中府办函〔2013〕252 号）进行附带审查，法院认为，控制性详细规划制约县级以上人民政府出让每一块特

---

① 刘莘：《一般行政处分之探究》，载《公法研究》，第 7 辑，杭州，浙江大学出版社，2009，第 14 页。
② 浙江省新昌县人民法院（2019）浙 0624 行初 20 号行政判决书。
③ 四川省内江市中级人民法院（2017）川 10 行终 17 号行政判决书。
④ 陈敏：《行政法总论》，台北，新学林出版股份有限公司，2011，第 328 页。
⑤ 〔德〕哈尔穆特·毛雷尔：《行政法总论》，高家伟译，北京，法律出版社，2000，第 214 页。

定、具体土地，对行政相对人而言，控制性详细规划显然会影响到涉及特定土地的行政许可等具体权益，控制性详细规划调整的是特定、具体的空间对象，进而在一定程度上对特定行政相对人产生影响。① 再如在"王某与贵州省人民政府案"中，原告请求附带审查《省人民政府关于都匀经济开发区调整区位和扩区的批复》《省人民政府关于第四届中国绿化博览会绿博园总体规划的批复》，法院认为，原告要求合法性审查的两个批复均系被告作出的具体行政行为，并非能广泛、重复使用的规范性文件。② 事实上，这两个文件都属于对特定物的规定，前者针对的是都匀经济开发区，后者针对的是第四届中国绿化博览会绿博园，③ 而非规范性文件。

概言之，规范性文件与具体行政行为的区分不在于外在表现形式，而在于内容上的反复适用性、适用对象的不特定性、面向未来性、行为效果的间接性等，其中最为关键的则在于"适用对象的不特定性"，同时应排除对一般处分的附带审查。

（二）以外部标准排除内部文件

规范性文件需要对外发生效力，然而实践中行政机关经常以"通知""批复""纪要""复函"等内部公文形式形成文件，由于其不对外发布，大多不具有外部效力，因此不属于规范性文件。实践中法院也大多以其不发生外部效力、不具有外部性为由排除审查。比如在"李某诉辽宁省人民政府履行法定职责案"中，原告请求附带审查辽司〔2009〕124号文件，法院认为：辽司〔2009〕124号文件系辽宁省司法厅针对鞍山市司法局报送的注销请示所作的批复，该批复不属于规范性文件。④

但是需要注意的是，部分内部文件虽然只适用于行政系统内部，但是当行政机关直接将内部文件付诸实施并对行政相对人权利义务产生实际影响时，则会"效力外化"，从而具备了规范性文件的属性，法院应当审查。比如"复函"是上级机关答复下级机关的请示事项时使用的公文，虽然具有内部性，但是当其外化成为行政行为依据时，则具有了规范性文件的属性，法院应当审查。在"康某与北京市朝阳区高碑店乡人民政府土地权属争议案"中，原告请求对《国土资源部办公厅关于土地登记发证后提出的争议能否按权属争议处理问题的复函》（国土资厅函〔2007〕60号）进行

---

① 广东省中山市中级人民法院（2016）粤20行终254号行政判决书。
② 贵州省贵阳市中级人民法院（2019）黔01行初259号行政判决书。
③ 周乐军：《规范性文件可予以审查的识别》，《贵阳市委党校学报》2021年第4期。
④ 辽宁省沈阳市中级人民法院（2015）沈中行初字第667号行政判决书。

附带审查，法院认为：60 号复函是当时国土资源部办公厅针对土地登记发证后提出的争议能否按权属争议处理问题所作的具有普遍适用性的解释，属于被告作出被诉行为所依据的规范性文件。同时从制定主体、制定权限、内容上不与上位法相抵触、符合上位法立法目的等方面认定该复函合法。① 事实上，认可了"效力外化"的复函的规范性文件属性。

在此尤其要注意"裁量基准"的性质。"裁量基准"是指行政机关基于自我规制，制定的一种内部适用的规则化执法基准。由于其原则上在行政系统内部适用，所以法院大多不予审查。但是需要注意的是，实践中许多政府会将裁量基准在部门网站对外公布以彰显法治政府建设之成效，以及适用裁量基准作出行政行为。对于"对外公布"的裁量基准或者在行政决定书中载明依据其作出行政行为，由于公民会对其产生信赖，其对外适用会直接影响公民、法人或其他组织的合法权益，因此应当属于规范性文件，法院可以附带审查。

（三）以程序标准区别于行政规章

规范性文件的效力位阶低于行政立法是学界的基本共识，然而由于具有行政规章制定权的国务院部门、地方人民政府同样可以制定规范性文件，所以无法简单地借由制定主体来区分所制定的文件是行政规章还是规范性文件，于是规范性文件与行政规章的区分标准就成为难题。比如在"郭某诉宜宾市社会保险局工伤保险待遇支付案"中，原告请求对《四川省人民政府关于贯彻〈工伤保险条例〉的实施意见》（川府发〔2003〕42号）进行附带审查。一审法院认为该实施意见是由省政府制定的规章，法院不能进行审查。而二审法院虽没有明确表明态度，但是对《四川省人民政府关于贯彻〈工伤保险条例〉的实施意见》进行了合法性审查，事实上认可了其属于规范性文件。② 当前理论与实务对规范性文件与行政规章大致有两种区分标准：一是实质区分标准，即以是否创设权利义务来区分行政立法与行政规范性文件，核心观点认为行政立法可以对权利义务进行创设，规范性文件只能对权利义务进行具体化。比如有学者认为规范性文件不得创设新的权利义务，③ 如果没有法律、法规和规章的依据，规范性文件不得有减损公民、法人和其他组织法定权利，增加其法定义务的规

---

① 北京市朝阳区人民政府（2020）京 0105 行初 568 号行政判决书。
② 四川省宜宾市中级人民法院（2017）川 15 行终 18 号行政判决书。
③ 刘莘：《行政立法研究》，北京，法律出版社，2003，第 40 页。

定。① 二是程序区分标准，即根据《立法法》（2015 年）所确立的制度框架，认为行政机关制定的规则，只要没有遵循《立法法》（2015 年）规定的行政法规和规章的制定程序，都应当认定为规范性文件，而不用管该规范性文件规定了什么内容。②

对此，本研究赞同第二种"程序区分标准"。一方面，创设权利义务与对权利义务的具体化难以划分出较为清晰的界限，比如："当规范性文件对上位法中的不确定概念进行具体化时，上位法的规定往往不能构成实质性的约束，通常反而是具体化的规范性文件赋予了法律规范实质含义。"③ 同时从实际产生的法律后果来看，对权利义务的具体化而造成的影响与创设权利义务所造成的影响或许没有本质区别。而正是由于二者难以划分出明确的界限，所以 2015 年美国联邦最高法院改变了以往的实体区分标准，采用程序区分标准，即根据《联邦行政程序法》，只要没有经过立法程序规则的就是非立法性规则。反观中国的相关规范，行政规章的制定程序较为严格，根据 2017 年修订的《规章制定程序条例》的规定，规章的制定应当经过立项、起草、审查、决定和公布程序，尤其在公布环节，需要报请本部门首长或者省长、自治区主席、市长、自治州州长签署"命令"予以公布，即行政规章往往采用"国务院部门令"或"地方政府令"的形式予以发布；而规范性文件的制定程序相对灵活，没有统一的规定，规范性文件的发布没有上述严格的形式要求。因此采用程序性标准对二者进行区分具有可行性。另一方面，对规范性文件的识别是法院启动规范性文件附带审查的初始环节，采用程序性的判断标准可操作性强，有助于提高诉讼效率。因为对于文件是创设权利义务抑或是对权利义务的具体化，往往需要结合上下位法进行综合判断，如果在规范性文件附带审查的启动阶段就让法院进行实体权利义务的判断，无疑将增加法院的负担，更加适合在规范性文件的合法性审查阶段进行判断。同时，为了将尽可能多的规范性文件纳入附带审查范围以实现监督规范性文件、从源头解决纠纷、保障公民权利的目的，法院在启动环节应当采取宽松的审查态度。

概言之，对规范性文件与行政规章的区分应当采取程序区分标准，如果文件严格按照《规章制定程序条例》制定，采用"国务院部门令""地

---

① 章剑生：《论行政诉讼中规范性文件的合法性审查》，《福建行政学院学报》2016 年第 3 期。
② 王留一：《论行政立法与行政规范性文件的区分标准》，《政治与法律》2018 年第 6 期。
③ 王留一：《论行政立法与行政规范性文件的区分标准》，《政治与法律》2018 年第 6 期。

方政府令"的形式发布，则属于行政规章，否则就属于规范性文件。不可否认，从制定程序上对二者进行区分确实存在行政机关为了逃避立法程序而选择制定规范性文件的问题，但是这并不意味着对其无法进行监督。规范性文件与行政立法的权限不同，比如《行政处罚法》《行政强制法》《行政许可法》等中均规定了有些内容规范性文件不可制定，所以如果行政机关采用规范性文件的形式则需要遵循相关制定权限的限制，否则将会在后续的合法性审查中面临被法院认定为超越职权的违法风险。

二、制定主体的机构性质限制

《行政诉讼法》第53条规定，公民、法人或者其他组织只能对"国务院部门和地方人民政府及其部门"制定的规范性文件进行审查，由此限定了审查对象——规范性文件的制定主体范围。那么何谓"国务院部门""地方人民政府及其部门"？除了上述两类主体外，法律法规规章授权组织是否也包含在内？比较具有争议的"党政部门联合"制定的规范性文件是否可以审查？上述问题均有待厘清。

（一）国务院部门

国务院部门的范畴一直存在争议。学界与司法实务界存在三种观点。一是根据《宪法》和《国务院组织法》的有关规定，国务院行政机构包括办公厅、组成部门、直属机构、办事机构四类。二是根据《国务院行政机构设置和编制管理条例》第6条第1款规定，国务院行政机构根据职能分为国务院办公厅、国务院组成部门、国务院直属机构、国务院办事机构、国务院组成部门管理的国家行政机构和国务院议事协调机构。三是根据国家机构改革的实务，除了上述国务院部门之外，事实上在《国务院行政机构设置和编制管理条例》颁布后新增了两类机构：2003年国务院机构改革中成立的国务院国有资产监督管理委员会等"直属特设机构"，《国务院关于部委管理的国家局设置的通知》（国发〔2008〕12号）、《国务院关于议事协调机构设置的通知》（国发〔2008〕13号）等增设的"部委管理的国家局""国务院议事协调机构"。基于现代行政任务的发展，国家的机构设置处于不断变动之中，中国的组织法相对滞后，所以本研究赞同第三种观点，即在《国务院行政机构设置和编制管理条例》的基础上，结合行政组织改革实践予以动态调整。

除了上述国务院部门之外，司法实践中存在争议的是"经国务院批准"的国务院部门制定的规范性文件是否属于附带审查的范围。虽然从法律效力上看，行政机关批准行为既有可能以批准为生效要件，也可能不以经过批准为生效要件，也就是说，批准有程序性的和实质性的，① 但是主流观点认为："对于行为者的认定，一般根据行为者的名义。"② "处分厅之处分，虽为本于上级官厅之指挥而为之者，亦仍以该处分厅为被告，不以指挥之上级厅为被告也。"③ 如此的好处是便于识别，不必为寻找和确定实际决定者而费心，增加诉讼便利，减少诉讼阻力，同时有助于避免上下级行政机关相互推诿导致公民无法维护合法权益，行政机关内部责任的承担与分配则由行政机关自身解决，④ 故而最高人民法院在司法解释中采取了"文书具名原则"，即经上级行政机关批准的行政行为，以"在对外发生法律效力的文书上署名的机关为被告"。推而广之，为维护行政诉讼制度体系的统一性，对于"经国务院批准"的国务院部门制定的规范性文件应当以对外发布的生效文件署名机关为判断标准。如果以国务院文件的形式发布，则不予附带审查；如果以国务院部门文件的形式发布，则应当属于附带审查的范围。

（二）地方人民政府及其部门

根据《地方各级人民代表大会和地方各级人民政府组织法》及相关规定，地方人民政府及其部门的范畴如下：一是地方人民政府，即省、市、县（区）、乡（镇）四级人民政府。二是地方政府的部门。地方政府的部门是为了有效管理行政事务而设置的行政机关，依据《地方各级人民政府机构设置和编制管理条例》第9条规定："地方各级人民政府行政机构的设立、撤销、合并或者变更规格、名称，由本级人民政府提出方案，经上一级人民政府机构编制管理机关审核后，报上一级人民政府批准；其中，县级以上地方各级人民政府行政机构的设立、撤销或者合并，还应当依法报本级人民代表大会常务委员会备案。"《地方各级人民代表大会和地方各级人民政府组织法》第64条第1款规定：地方各级人民政府根据工作需要和精干的原则，设立必要的工作部门。在实践中，地方政府部门主要表现为厅、局、委等。除此之外，还包括某些特殊的地方政府部门，如地方

---

① 朱应平：《行政机关批准行为的法律性质研究》，《政府法制研究》，2017年合订本，2017年。

② 马怀德：《行政诉讼原理》，北京，法律出版社，2003，第239页。

③ 〔日〕美浓部达吉：《行政裁判法》，邓定人译，北京，中国政法大学出版社，2005，第129页。

④ 最高人民法院行政审判庭：《最高人民法院行政诉讼法司法解释理解与适用（上）》，北京，人民法院出版社，2018，第130～131页。

政府的直属机构、地方政府的派出机关。地方政府的直属机构是政府直接领导下主办各项专门业务的机构，具有独立的职权和专门的职责，可以在主管事项的范围内，对外发布命令和指示，如国有资产监督管理委员会。① 地方政府的派出机关包括行政公署、区公所、街道办事处。上述地方人民政府及其部门制定的规范性文件均属于法院附带审查的范围。

（三）法律法规规章授权组织

对于法律法规规章授权组织制定的规范性文件是否属于法院附带审查的范围，学界与实务界大多不存在争议。根据《行政诉讼法》第2条第2款规定，"前款所称行政行为，包括法律、法规、规章授权的组织作出的行政行为"，由此明确了法律、法规、规章授权组织与行政机关同等的法律地位。比如在"潘某与广东海洋大学学位授予案"中，原告请求附带审查广东海洋大学《学籍管理规定》第74条第2项、第4项，法院认为，根据《中华人民共和国学位条例暂行实施办法》第25条规定："学位授予单位可根据本暂行实施办法，制定本单位授予学位的工作细则。"因此，广东海洋大学制定的《学籍管理规定》和《学士学位授予规定》是学校根据法律、法规的授权制定的规范性文件，潘某请求对该规范性文件的相关条文进行合法性审查，符合法律规定。② 需要说明的是，2014年《行政诉讼法》修改，将授权依据从法律、法规扩大到规章。因此，基于体系解释，规章授权组织制定的规范性文件，也属于法院附带审查的范围。

（四）联合制定机关

实践中，存在着大量机关联合制定的规范性文件，这类机关联合制定的规范性文件可以采用区分的方式进行识别，存在两种情况：一是前述三类主体联合制定的文件，自然属于适格的规范性文件。比如在"陆某与湖北省公安厅行政管理案"中，所涉及的附带审查文件《关于进一步深化户籍管理制度改革的意见》（鄂政办发〔2003〕86号）是由省公安厅、省人事厅、省劳动和社会保障厅共同制定并经湖北省人民政府审查同意颁布的规范性文件，法院予以附带审查。③ 二是前述三类主体与非行政主体联合制定的文件，在实践中存在争议。主要表现为中国实践中存在的大量党政

---

① 《企业国有资产监督管理暂行条例》第6条第1款规定："国务院，省、自治区、直辖市人民政府，设区的市、自治州级人民政府，分别设立国有资产监督管理机构。国有资产监督管理机构根据授权，依法履行出资人职责，依法对企业国有资产进行监督管理。"

② 广东省湛江市中级人民法院（2020）粤08行终151号行政判决书。

③ 湖北省黄石市中级人民法院（2018）鄂02行终79号行政判决书。

联合发文的情形。如在"常某孝、常某江与贺兰县习岗镇人民政府房屋强制拆除案"中,《关于印发贺兰县深入推进"大棚房"问题专项清理整治行动方案的通知》(贺党办发〔2019〕2号)是由中共贺兰县委办公室和贺兰县人民政府办公室联合印发的。① 又如在"胡某与庆元县人民政府行政确认案"中,原告要求附带审查的规范性文件《庆元县地质灾害避让搬迁安置实施意见》是由庆元县委员会办公室、庆元县人民政府办公室联合制定发布的。② 尤其在当前党政协同模式下,上述情形更为普遍。学界对此存有争议,存在肯定论、否定论、区分论三种观点:肯定论学者认为,为维护宪法、法律的尊严,一切违反宪法、法律的行为都必须予以追究和纠正,党委的行为也必须在宪法、法律的范围之内,党政联合发布的规范性文件自然应受到法院的审查。③ 同时党政联合发文中,始终存在着行政性质的因素,"一旦将这类规范性文件排除在请求客体范围之外,行政机关就可能会通过这个途径制定、发布可以作为行使职权依据的规范性文件,从而架空《行政诉讼法》第53条的规定"④。否定论者则认为党政联合发布的规范性文件中往往涉及党委的决策,并始终体现了党委的意志,基于政治现实,法院拒绝审查此类文件也许是更为合适的选择。⑤ 区分论学者则认为上述两种观点均有失偏颇,应全面考量联合发文是否涉及行政管理事项,是否对公民、法人或其他组织的合法权益产生了实际影响,是否具有普遍拘束力等要素,将对公民、法人或者其他组织合法权益产生实际影响的具有普遍拘束力的联合发文纳入附带审查的范围。

本研究赞同第三种观点,不应局限于发文机关、发文字号的形式,而是根据党政联合发文的内容是否涉及"行政管理事务"进行区分判断。一方面,根据《党政机关公文处理工作条例》第9条的规定,"联合行文时,发文机关标志可以并用联合发文机关名称,也可以单独用主办机关名称",至于具体该如何选择并无明确规定,所以法官无法仅基于发文机关、发文字号进行形式认定。另一方面,诚如部分学者所言,完全否定法院对党政联合发布的规范性文件的审查性,十分容易出现对行政机关进行监督的空

---

① 银川铁路运输法院人民法院(2019)宁8601行初648号行政判决书。
② 浙江省高级人民法院(2019)浙行终788号行政判决书。
③ 卢鸿福:《对党政联合发文能不能进行审查?》,《检察日报》2014年11月24日,第6版。
④ 章剑生:《论行政诉讼中规范性文件的合法性审查》,《福建行政学院学报》2016年第3期。
⑤ 贾圣真:《行政诉讼规范性文件审查的现状与问题——以"中国裁判文书网"案例为素材》,《行政法论丛》2017年第1期。

白。行政机关完全可能借助党委这一避风港，规避司法机关的审查。相反，完全承认党政联合发布的规范性文件的可审查性，也十分容易出现审查机关干预党委意志的风险，这将完全超越中国宪法、法律当前赋予司法机关的审查权限。① 因此，不局限于文件的形式，从党政联合发文的"内容"予以区分判断，较为科学。根据文件涉及事务的性质，如果属于党内事务等非行政管理事务，法院则不予附带审查，如果文件的内容涉及行政管理事务，则应当予以审查。事实上，司法实践中对党政部门制定的涉及行政管理事务的文件进行合法性判断的案件早已有之，法院事实上具备审查的能力，如在"欧某与佛山市南海区狮山镇人民政府行政处理决定纠纷案"中，法院经审查后认为："上诉人还主张根据中共佛山市南海区委员会南发〔2008〕11号文件第四条第（三）项的规定，被上诉人属于非婚生育的子女，不应具备农村集体经济组织成员资格。经查，由于《广东省人口与计划生育条例》第四十八条对违反计划生育的人员在农村股份合作制分红及其他福利待遇的享受方面的限制已经作出了规定，南发〔2008〕11号文对被上诉人权益的限制超出了《广东省人口与计划生育条例》的规定，与上位法相冲突，该规范性文件在本案中不应适用。"② 因此，对党政机关联合制定的规范性文件是否可以进行附带审查不应一概而论，而应根据文件所涉及的事项是否属于行政管理事项进行区分判断。

第二节 依据要件的判断

基于中国采用"附带审查"方式，因而规范性文件必须是行政行为的"依据"才能进行审查。"依据"如同法院调控附带审查"流量"的阀门，过分拓展会破坏司法权和行政权之间的平衡，过分限缩会架空附带审查乃至其名存实亡。③ 那么行政行为与规范性文件之间具有何种关联性才能认定为依据？依据的判断基准是什么？上述问题的厘清是启动附带审查的关键。

---

① 周乐军：《规范性文件可予以审查的识别》，《贵阳市委党校学报》2021年第4期。
② 广东省佛山市中级人民法院（2014）佛中法行终字第168号行政判决书。
③ 李成：《行政规范性文件附带审查进路的司法建构》，《法学家》2018年第2期。

一、依据的形式判断标准

根据依法行政原则的基本要求，行政机关作出行政行为应当具有合法的证据和依据，同时基于正当程序原则之理由说明义务，行政机关应当将作出行政行为的法律规范依据在行政决定书中明确"载明"，并通过法定的方式向相对人公开，并予以告知、送达。这种行政机关在作出行政行为时向行政相对人"明示"的规范性文件，即为"显性依据"。如在"徐某与山东省五莲县社会医疗保险事业处不予报销医疗费用案"中，原告徐某申请五莲县社会医疗保险事业处办理新农合医疗费用报销，被告五莲县社会医疗保险事业处在行政决定书中明确载明，"依据五莲县卫生局、五莲县财政局莲卫字〔2014〕2号《2014年五莲县新型农村合作医疗管理工作实施办法》第五条第二款'参合农民到市外就医，必须到政府举办的公立医疗机构'的规定"，认为徐某提供的报销材料以及就诊的医疗机构不符合规定，决定不予报销。①

然而，实践中行政机关可能遗漏或者故意隐瞒其所适用的规范性文件，不一定均会在行政决定书中明确载明，但是可能在答辩或庭审应诉的过程中，提出其作出被诉行政行为所依据的规范性文件以证明其行为的合法性。这种在作出行政行为时没有明示，但是在诉讼过程中出现的规范性文件，即为"隐性依据"。比如：在"陈某与儋州市农业农村局行政纠纷案"中，儋州市农业农村局并未作出书面决定书，而是口头拒绝了原告陈某发放油补的请求，在庭审中，儋州市农业农村局才确认其判断陈某不符合油补发放条件的主要依据为《油补暂行办法》及琼海渔办〔2014〕46号文、琼海渔办〔2014〕291号文、琼海渔办〔2014〕227号文、儋府办〔2015〕12号文、儋府办〔2015〕13号文、儋府办〔2016〕167号文。②在"王某诉汉源县公安局治安行政处罚案"中，汉源县公安局在处罚决定书中并未载明，而是在"举证时"才将《关于公安机关处置信访活动中违法犯罪行为适用法律的指导意见》《关于依法处理违法上访行为的意见》作为证据提交。③为了避免行政机关为逃避规范性文件被附带审查，在行政决定书中故意隐藏所依据的规范性文件，对于"隐性依据"法院同样应

---

① 山东省日照市中级人民法院（2016）鲁11行终9号行政判决书。
② 海南省高级人民法院（2019）琼行终80号行政判决书。
③ 四川省雅安市中级人民法院（2016）川18行终74号行政判决书。

当进行审查。

由此,法院可以根据行政机关的意思表示判断规范性文件是否是行政行为的依据,包含"显性依据"与"隐性依据"两种。

二、依据的实质判断标准

形式判断标准虽然具有程序简单、便于操作的优点,但是其局限性亦极为明显。一是行政机关为了规避规范性文件被司法审查,故意不予以援引,或者在庭审中明确拒绝承认,这便会导致许多应该被附带审查的规范性文件因行政机关有意漏引或否认,而被排除审查范围。二是行政机关为了避免漏引,或者让被诉行为获得更多的规范依据,以增强行政行为的合法性或合理性的说服力而故意援引的,则会使许多本来不属于行政行为依据的规范性文件被纳入审查范围之内,导致司法审查的扩大化。[1] 因此,简单地以形式判断标准来识别"依据",虽然简便易行,但是仍存在不准确之处,在此基础上还应借助于实质判断标准进一步判断。而"实质判断标准"是根据规范性文件内容与行政行为内容之间的关联度来进行判断的,具体可以从以下维度进行判断:

(一)是否影响公民、法人或其他组织的权利义务

规范性文件经由行政机关作出行政行为而适用,作为行政行为依据的规范性文件必然居于对行政行为的内容或者法律效果产生创制或生成影响的地位。[2] 如果规范性文件不具备形成公法上利害关系的能力,即不包含任何对公民、法人或其他组织权利义务产生影响的内容,则意味着虽然行政机关援引了该规范性文件,但是由于规范性文件的内容不影响公民、法人或其他组织的权利义务,依据其作出的行为不可能成为被诉对象,规范性文件与行政行为之间不会产生关联性。由此,则应当排除不包含对公民、法人或其他组织权利义务产生影响内容的规范性文件。结合规范性文件的形式,主要排除以下情形:

一是排除文件汇编。"文件汇编"是行政机关为了便于执法、查找规范,将相关法律条文汇总一起而形成的规范材料。由于其只是对既有法律条文的统合,故而没有创设新的权利义务关系,实践中大多排除审查。比

---

[1] 周乐军、周佑勇:《规范性文件作为行政行为"依据"的识别基准——以〈行政诉讼法〉第53条为中心》,《江苏社会科学》2019年第4期。

[2] 〔奥〕凯尔森:《纯粹法理论》,张书友译,北京,中国法制出版社,2008,第81页。

如在"张某与武汉市卫生和计划生育委员会计划生育行政管理案"中，原告张某起诉时要求法院对被告武汉市卫生和计划生育委员会制作的《武汉市卫生计生委信访事项法定办理途径指引》、《武汉市卫生计生委分类处理信访投诉请求法定途径清单》及《行政处罚途径清单》进行合法性审查，法院则认为：上述文件系被告市卫计委为方便当事人进行信访或投诉，将有关法律法规的相关条款归纳整理后的汇总性文件，其内容均为相关法律法规的条款内容，并未创设新的内容，因此不属于规范性文件的范畴，亦不属于法院进行规范性文件审查的范畴。①

二是排除指导性规范性文件。指导性规范性文件是指不为相对人创设权利义务，只是具有引导、建议功能的文件。由于其不创设权利义务，不影响公民权利义务，因而对行政行为不会产生法律上的影响力，实践中大多予以排除审查。如在"汪某与安徽省人民政府行政复议案"中，原告请求附带审查《关于认定被征地农民"知道"征收土地决定有关问题的意见》，法院认为：该意见只是印发给省级人民政府法制机构的内部指导意见，并不具有约束和规范公民、法人或者其他组织行为的内容，不属于《行政诉讼法》第53条规定的规范性文件，故而不予审查并无不当。②

三是其他对公民、法人或其他组织的权利义务不产生影响的文件。除了上述两种情形外，其他对公民、法人或其他组织的权利义务不产生影响的文件同样应当排除审查，对此需要在个案中予以判断。比如在"都某与无锡市滨湖区人力资源和社会保障局行政监督案"中，法院认为：原告都某要求附带审查的通知，系1991年之时无锡市劳动局为简化当时劳动合同制工人招收录用手续的工作流程而作出的文件，下发对象为市劳动局所辖的区劳动局、直属单位等，该文件目的系解决当时招收录用劳动制工人手续烦琐、办事环节多、工作效率低的问题，更好地为企业服务，为基层服务，因此该文件不属于涉及公民、法人或其他组织权利义务，并具有普遍约束力的规范性文件，亦不属于《行政诉讼法》所规定的一并审查的规范性文件，故不予审查。③

（二）法律关系的一致性

既然行政机关依据规范性文件作出行政决定，那么，行政行为形成的

---

① 湖北省武汉市江岸区人民法院（2016）鄂0102行初55号行政判决书。
② 安徽省高级人民法院（2021）皖行终112号行政判决书。
③ 江苏省无锡市中级人民法院（2019）苏02行终19号行政判决书。

权利义务关系必然为规范性文件所包含,① 这便意味着规范性文件与行政行为具有"法律关系的一致性"。法律关系是指以法律规范为基础形成的、以法律权利与法律义务为内容的社会关系,包含主体、客体、权利义务、主客体之间的关系等要素。② "法律关系的一致性"主要表现为规范性文件与行政行为属于同一法律关系,或者二者在法律关系构成要素上一致。

一是规范性文件与行政行为是否属于同一法律关系,如果规范性文件与行政行为调整的法律关系不同,则不是"依据"。比如在最高人民法院发布的典型案例"毛某、祝某诉浙江省江山市贺村镇人民政府行政强制及行政赔偿案"中,两原告因不服被告对其养猪场建筑实施的强制拆除行为,向法院提起行政诉讼,并申请对江山市人民政府制定的《关于深入推进生猪养殖污染整治和规范管理的通知》(江政办发〔2014〕29号)进行附带审查。法院认为,本案的审查对象为"被告对原告生猪养殖场建筑的强制拆除行为",即行政强制行为,而原告要求附带审查的规范性文件第3条第3款为"生猪补助数量按照每2平方米实际拆除栏舍或设施占地面积计算1头猪的标准确认;逾期拆除的,扣减20%的补助款,逾期3个月以上未主动拆除的,依法给予强制拆除,并且不得享受补助",所涉及的对象是"因限制生猪养殖、禁止养殖等引发的补偿问题",即补偿关系,由此法院基于规范性文件与被诉行政行为之间不存在"关联性",拒绝原告提出的附带审查请求。再如在"张某与威宁彝族回族苗族自治县房屋征收案"中,原告请求对安置补偿行为进行审查,并对《威宁自治县中心城区国有土地上房屋征收与补偿安置办法(试行)》第34条进行附带审查,法院认为,该办法第34条规定的是出现纠纷的解决办法,并未涉及征收的安置补偿问题,对安置补偿问题该办法另有条款规定,故而驳回原告的审查请求。③

二是法律关系构成要素相同,即主体相同、客体相同、主客体关系相同等,上述任何构成要素存在差异,均无法形成"依据"。比如在政府信息公开诉讼中,原告在对政府信息公开行为提起诉讼的同时,往往申请对公开的规范性文件进行附带审查,无疑颠倒了主客体关系。如在"袁某北、袁某元与于都县人民政府信息公开案"中,原告袁某北、袁某元向于都县人民

---

① 周乐军、周佑勇:《规范性文件作为行政行为"依据"的识别基准——以〈行政诉讼法〉第53条为中心》,《江苏社会科学》2019年第4期。
② 张文显:《法理学》,北京,高等教育出版社、北京大学出版社,2018,第152~159页。
③ 贵州省高级人民法院(2020)黔行终1080号行政判决书。

政府申请公开于府办字（2012）188号文件与于府办字（2012）94号《关于进一步加强县城规划区个人危旧房改建规划管理的通知》，于都县政府未按照原告申请予以答复。原告袁某北、袁某元遂向法院提起行政诉讼要求确认被告未履行政府信息公开行为违法，并附带审查于府办字（2012）188号文件与于府办字（2012）94号文件。① 显然，于府办字（2012）188号文件与于府办字（2012）94号文件是原告申请政府信息公开行为的客体，而非被告不履行政府信息公开行为的依据。

三是排除行政机关适用法律错误。行政机关既然是依据规范性文件作出行为的，那么意味着行政行为属于规范性文件的法律概念、构成要件的涵摄范围之内。② 如果行政机关主观上认为其将规范性文件作为行政行为的依据，但是客观上却超越了规范性文件的涵摄范围，此种情形往往是由于行政机关对规范性文件的适用范围、本质含义等理解错误，看似适用了规范性文件但是事实上行政行为的作出并未真正地依据规范性文件，此种情形属于"适用法律错误"，并不需要对错误适用的规范性文件进行附带审查。比如在"冼某与中山市海洋与渔业局行政登记及赔偿案"中，冼某就粤中渔95号船舶向市海洋渔业局申请所有权、国籍登记。市海洋渔业局依据粤府办〔1990〕76号《关于加强沿海摩托艇管理的通知》的规定，"生产用的摩托艇一律限定在40匹马力以内"，认为冼某申请所涉渔业船舶总功率已超出限定范围，不符合审批条件，遂不予批准登记。冼某不服提起行政复议，复议维持后提起行政诉讼，并请求附带审查76号文件。③ 本案中原告冼某申请的是"渔业船舶"登记，而市海洋渔业局却依据"摩托艇"登记的管理文件76号文作出行政行为，完全超出了76号文件的适用范围，本质上是行政机关错误地将适用于"摩托艇"的登记管理规定适用于"渔业船舶"，属于市海洋渔业局错误地适用了规范性文件，76号文件事实上不应成为市海洋渔业局作出不予批准登记的依据，法院无须对错误适用的规范性文件进行附带审查。

三、依据的范围

在明晰了"依据"的识别标准后，就涉及依据的范围。是否只有作为

---

① 江西省赣州市中级人民法院（2015）赣中行初字第79号行政判决书。
② 李成：《行政规范性文件附带审查进路的司法建构》，《法学家》2018年第2期。
③ 广东省中山市中级人民法院（2016）粤20行终39号行政判决书。

行政行为"结果"依据的规范性文件，法院才能进行附带审查，对行政行为的事实认定、法律解释、程序选择等其他环节所依据的规范性文件是否可以附带审查，上述问题有待厘清，司法实践亦存有分歧。比如在"刘某诉青岛市李沧区人民政府信息公开案"中，原告请求对政府信息公开作出的"格式依据"《青岛市政府信息依申请公开工作办法（试行）》进行审查。一审法院认为，《青岛市政府信息依申请公开工作办法（试行）》仅是被告作出 05 号告知书的格式依据，不予审查。而二审法院则认为，对于上诉人提出的一并审查《青岛市政府信息依申请公开工作办法（试行）》的主张，因被上诉人依据该文件以非本机关政府信息告知书的形式作出答复，而该答复形式正当与否同样会影响被诉行政行为的合法性，故其主张符合一并审查的规定，予以准许。① 再如，在"王某诉汉源县公安局治安行政处罚案"中，法院认为，作为汉源县公安局作出处罚"参考意见"的规范性文件不是依据，不予审查。② 而在"洋马发动机（山东）有限公司与青岛市质监局行政管理案"中，被告称《青岛市裁量基准》只是按照山东省规范行政处罚的要求，对本案裁量权使用情况进行分析说理，法院却认为，《青岛市裁量基准》是被告作出本案行政处罚行为所依据的规范性文件，予以审查。③

事实上，产生上述问题的根源在于对"依据"的不同理解。诚如何海波教授所言："依据"在《行政诉讼法》中多次出现，但是含义不同。如果以"依据"法律法规、"参照"规章的含义来理解，所有的规范性文件都不能作为行政行为的依据。因此应当在规范性文件附带审查的情境中理解"依据"的含义，即行政诉讼主要是关于行政行为合法性的论证，包括规范性文件在内的各种法律渊源都是合法性论证的材料。据此，凡是与被诉行政行为具有合理联系，对论证被诉行政行为的合法性起到支持作用的规范性文件的相关条款，都属于其"依据"。④ 结合过程论的视角，行政行为的作出是具有行政职权的主体，对既有法律规范作出解释，将案件事实涵摄到法律规范之中，遵循法定程序作出处理结果的过程，包含职权取得、程序选择、事实认定、法律解释、结果处理等多个环节。在法治原则的支配下，行政行为的各个方面和环节均需要接受法的支配，而这里的

---

① 山东省高级人民法院（2017）鲁行终 891 号行政判决书。
② 四川省雅安市中级人民法院（2016）川 18 行终 93 号行政判决书。
③ 山东省青岛市中级人民法院（2016）鲁 02 行终 804 号行政判决书。
④ 何海波：《论法院对规范性文件的附带审查》，《中国法学》2021 年第 3 期。

"法"在很多时候是以规范性文件的面目出现的。行政行为在任何方面或环节如果依据了不合法的规范性文件,对行政行为本身的合法性都会产生直接影响。① 因此,无论行政行为作出的哪个环节,只要是依据规范性文件作出的均应属于附带审查的范围。这一观点亦得到司法实践的认可,在"全某与大冶市人民政府、大冶市东岳路街道办事处行政征收案"中,法院明确指出:"依据《中华人民共和国行政诉讼法》第五十三条的规定,提请附带审查的规范性文件必须是被诉行政行为内容的直接依据,可以是全部依据,即执行规范性文件的具体内容而作出被诉行政行为,也可以是部分依据,即对作出行政行为有实体或程序上的影响。"② 下面将结合行政行为的各个环节作出分析:

一是职权依据。由于组织法的缺失,行政机构的设置和行政职权的获得主要依靠"三定方案"等规范性文件,同时,行政机关的地域管辖、级别管辖等具体职权划分亦大量借助于规范性文件进行细化,因此规范性文件往往成为行政机关职权的重要依据。对于作为行政行为职权依据的规范性文件应当进行审查,否则将无法确保行政行为作出主体的合法性。比如在"大连新钢液压管件有限公司与大连金州新区城管执法局限期拆除案"中,大连金州新区城管执法局的职权来源是大金编发〔2011〕55号文件,原告在对大连金州新区城管执法局的限期拆除行为不服提起诉讼的同时,请求对上述规范性文件进行附带审查。③

二是事实认定依据。行政行为的作出需要以合法证据证明的案件事实作为支撑,而部分案件事实需要依据规范性文件予以认定。比如在"李某与海宁市人力资源和社会保障局行政纠纷案"中,海宁市人社局经审查认为李某不符合办理被征地农民基本生活保障的条件,遂对李某作出不予办理被征地农民基本生活保障的决定,李某不服提起行政诉讼,并请求对嘉户改办〔2008〕2号《关于实施户籍管理制度改革的若干补充意见》等三个规范性文件进行附带审查。④ 该案中,海宁市人社局对李某作出不予办理被征地农民基本生活保障的行政行为的关键在于,李某不属于村经济合作社社员、不属于村经济合作社在册农业人员这一"事实",而是否属于村经济合作社社员以及村经济合作社在册农业人员的直接判断依据是嘉户

---

① 陈良刚:《规范性文件一并审查的范围、标准与强度》,《法律适用》2017年第16期。
② 湖北省黄石市中级人民法院(2015)鄂黄石中行初字第00042号行政判决书。
③ 辽宁省大连市中级人民法院(2015)大行终字第301号行政判决书。
④ 浙江省嘉兴市中级人民法院(2015)浙嘉行终字第68号行政判决书。

改办〔2008〕2号，该规范性文件对行政行为的作出具有事实上的决定性作用，故而法院应当对其进行附带审查。①

三是法律适用的依据。法律条文由大量的不确定法律概念构成，行政机关经常通过制定解释性规范性文件对法律条文中的不确定法律概念进行解释，这些解释性文件大多成为行政机关法律适用的依据。比如在"张某不服江油市公安局治安处罚、江油市人民政府行政复议案"中，涉及对《关于以钱财为媒介尚未发生性行为或者发生性行为尚未给付钱财如何定性问题的批复》（公复字〔2003〕5号）进行附带审查，该文件事实上是对"卖淫嫖娼"的解释。② 在"王某与天津市滨海新区人力资源和社会保障局社会保障案"中，原告请求附带审查《关于未经批准使用的人员从事临时工作的时间能否认定为连续工龄问题的复函》（津劳办〔2004〕223号），该复函的内容是对于"临时工"工龄问题如何确定的解释。③ 法院对作为行政行为法律适用依据的规范性文件应当进行审查。

四是行政程序的依据。行政行为的作出不仅应当行为结果合法，而且应当程序合法。行政程序包括行政行为作出的方式、手段、顺序、时限、步骤方法等，行政机关经常通过规范性文件对法律规范规定的行政程序作出细化以及补充性规定，从而成为行政行为作出的程序依据。比如在"王某不服北京市东城区人民政府房屋征收案"中，原告请求撤销行政征收行为，同时请求对第450号《旧城区改建实施意见》第3条第4、5项，第4条第4、8、9、11项进行附带审查，法院认为，《旧城区改建实施意见》规定了旧城区改建的行政程序，东城区人民政府亦根据该意见的有关规定开展征收工作，应当认定该规范性文件是作出被诉征收行为的依据之一，并对上述条款的合法性进行了审查。④

五是结果的依据。基于行政处理事务的复杂多样，行政机关通常被赋予行政裁量权以灵活应对行政事务，于是为了限制行政裁量的恣意，行政机关就制定了裁量基准文件对法律规范所规定的处理幅度作出细化，这些裁量基准文件经常是行政机关作出行为处理结果的依据或者重要参考。然

---

① 再如"广州南沙振戎仓储有限公司与广州市生态环境局案"中，原告请求对环办执法函〔2017〕1624号文件进行司法审查，法院认为该函并非被告作出诉争《行政处罚决定书》所直接依据的规范性文件，而驳回原告诉讼请求，但是事实上该文件是认定本案违法事实的主要依据，参见广州铁路运输法院（2019）粤7101行初991号行政判决书。
② 四川省绵阳市涪城区人民法院（2015）涪行初字第115号行政判决书。
③ 天津市滨海新区人民法院（2020）津0116行初249号行政判决书。
④ 北京市第四中级人民法院（2017）京04行初796号行政判决书。

而部分观点认为，裁量基准制定的目的在于统一行政系统内部的法律适用，本质上是对上位法规范的具体化或者解释，"对该行政执法机关有拘束力的是该行政法律规范本身"，① 而非裁量基准，所以部分案件中行政机关称其只是将裁量基准作为行政行为的"参考"，法院则排除了对该裁量基准的审查。比如前述"王某诉汉源县公安局治安行政处罚案"中，法院认为，汉源县公安局举证时向法院提交的《关于公安机关处置信访活动中违法犯罪行为适用法律的指导意见》《关于依法处理违法上访行为的意见》只是汉源县公安局作出处罚的"参考意见"，不是依据。② 然而一方面，实践中存在空白构成要件，通过裁量基准作出细化往往就相当于创设新的决定基准。"许多以解释基准、裁量基准等形式出现的'行政规则'作为法律规范与具体行政行为的中介，从要件设定、内容选择、程序适用等方面直接调整该具体行政行为，并且在事实上成为具体行政行为的直接行为依据。"③ 比如在"洋马发动机（山东）有限公司与青岛市质监局行政管理案"中，被告在《行政处罚决定书》中根据《青岛市裁量基准》的具体规定，认定原告违法行为严重，并依据《青岛市裁量基准》的具体规定，对原告作出行政处罚决定。④ 另一方面，行政行为不仅要符合法律规范，而且要符合法律原则等合理性要求。行政裁量基准往往通过列举相关考量因素，运用情节细化、效果格化的技术等，将法律规范的适用效果予以具体化从而保障行政行为的合理性。虽然裁量基准产生于行政系统内部，但是当行政机关通过政府网站公开、在行政执法中适用时则会发生效力外化，使公众产生信赖并逐渐成为行政惯例而约束行政机关。概言之，裁量基准对行政行为结果具有拘束力，可以成为行政行为的依据，法院应当附带审查。比如在"广州圣海实业发展有限公司与广州市番禺区城管局城乡建设案"中，被告广州市番禺区城管局对原告广州圣海实业发展有限公司运输建筑废弃物的违法行为，依据《广州市建筑废弃物管理条例》（2015 年）第 58 条罚款 24 万。法院认为，裁量基准规定了广州市城市管理综合执法机关行使行政处罚自由裁量权的具体标准，应当作为被告认定违法行为的危害程度和适用裁量幅度的依据，由此认可了《广州市城市管理综合执法行政处罚自由裁量权量化细化基准表》《广州市城市管理综合

---

① 王天华：《裁量标准基本理论问题刍议》，《浙江学刊》2006 年第 6 期。
② 四川省雅安市中级人民法院（2016）川 18 行终 93 号行政判决书。
③ 朱芒：《论行政规定的性质——从行政规范体系角度的定位》，《中国法学》2003 年第 1 期。
④ 山东省青岛市中级人民法院（2016）鲁 02 行终 804 号行政判决书。

执法规范行政处罚自由裁量权规定》的法律地位，并根据二者认为涉案行为应适用"一般档次处罚"，即"罚款 16 万元至 24 万元"，不应包括 24 万元上限本数，从而变更广州市番禺区城管局的处罚决定为罚款 20 万元。①

由此可见，行政行为涉及的各个方面、作出的各个环节都可能以规范性文件为依据，规范性文件是否合法直接关系到行政行为职权依据是否合法、认定的事实是否清楚、适用法律是否正确、程序是否合法、作出的行为结果是否明显不当等。对于"依据"应当采用宽松的解释，只要规范性文件起码在形式上能为行政行为职权、内容、程序、形式等某一个或某几个方面要素的合法性提供支持，就应当认定其为行政行为的依据。② 因此，行政行为作出的任一环节，只要依据了规范性文件，该规范性文件均应属于法院附带审查的范围。

第三节 其他程序要件

除了前述两节"规范性文件的识别要件""依据要件"外，规范性文件附带审查的启动亦应满足"其他程序要件"的要求。

一、请求主体

请求主体所要解决的问题是，谁有权请求法院对规范性文件进行附带审查。根据《行政诉讼法》第 53 条的规定，原告自然具有请求审查的主体资格，关键即在于第三人、行政机关是否具有提起规范性文件附带审查的资格。

其一，第三人具有提起规范性文件附带审查的主体资格。一方面，从法律地位来看，行政诉讼中第三人具有与原告相同的法律地位。《行政诉讼法》第 29 条规定："公民、法人或者其他组织同被诉行政行为有利害关系但没有提起诉讼，或者同案件处理结果有利害关系的，可以作为第三人申请参加诉讼，或者由人民法院通知参加诉讼。人民法院判决第三人承担

---

① 广州铁路运输中级法院（2018）粤 71 行终 1323 号行政判决书。
② 王红卫、廖希飞：《行政诉讼中规范性文件附带审查制度研究》，《行政法学研究》2015 年第 6 期。

义务或者减损第三人权益的，第三人有权依法提起上诉。"由此可见，第三人的权益受到法院保护，具有等同于原告的独立法律地位。另一方面，从提起诉讼请求的时间上来看，《行政诉讼法》规定提起规范性文件附带审查请求应当在"对行政行为提起诉讼时"，《行诉适用解释》对此进行了延长，规定"应当在第一审开庭审理前提出；有正当理由的，也可以在法庭调查中提出"。在这两个时间节点中，第三人已经进入了诉讼程序，有提出附带审查请求的可能。因此第三人有提出规范性文件附带审查请求的资格与可能。

其二，行政机关不具有提起规范性文件附带审查的主体资格。一方面，从中国的诉讼结构来看，《行政诉讼法》的原告限定为"公民、法人或者其他组织"，不存在"反向诉讼"，即将行政诉讼法程序的启动权赋予行政机关，在结构和形式意义上不存在行政机关起诉相对人的制度。[①] 另一方面，从诉讼经济的角度来看，"将行政机关排除在请求主体外，主要原因在于行政机关如果对其适用的规范性文件的合法性存疑，可以通过规范性文件的备案审查或者行政机关系统内部的请示程序等予以解决，无需法院过度介入，从而耗费司法资源"[②]。司法实践中出现被告行政机关请求附带审查规范性文件的情形，法院均以请求主体不符合法律的规定而排除审查。比如在"朱某与韶关市武江区西联镇人民政府经贸行政管理案"中，上诉人韶关市武江区西联镇人民政府在提出上诉的同时请求对《省委农办、省妇联、省信访局关于切实维护农村妇女土地承包和集体收益分配权益的意见》关于"先行政处理、后行政复议、再行政诉讼"的内容进行合法性审查。法院认为：当时的《行政诉讼法》与《行诉适用解释》明确了行政诉讼，只有属于公民、法人或者其他组织一方才能一并请求对规范性文件进行审查，并未规定行政机关一方可以请求对规范性文件进行审查。因此，西联镇人民政府提出对有关规范性文件进行审查的意见，没有依据，不予支持。[③]

---

① 解志勇、闫映全：《反向行政诉讼：全域性控权与实质性解决争议的新思路》，《比较法研究》2018年第3期。
② 李明超：《论规范性文件不予一并审查：判断要素及其认定规则——基于1799份裁判文书的分析》，《政治与法律》2021年第4期。
③ 广东省韶关市中级人民法院（2016）粤02行终13号行政判决书。

二、请求时间

从司法实践来看，部分案件基于原告提出附带审查请求的时间不符合法律规定而被法院排除审查。申请期限的程序议题背后隐藏着诉讼效率与监督依法行政之间的价值平衡，既要防止一并审查的申请期限过于延迟宽松，而拖延主观救济程序的运行效率，同时要避免申请期限过于严苛，而使得附带审查的客观诉讼价值目标落空。① 因此，对规范性文件附带审查请求提出的时间限制不应过于严苛。结合《行政诉讼法》以及《行诉适用解释》，主要包含以下时间节点：

一是"提起诉讼时"。根据《行政诉讼法》第53条规定可知，原告在提起行政诉讼时，可以一并请求对该规范性文件进行审查。这里的"提起行政诉讼时"即为"原告提交诉状时"，将规范性文件附带审查作为诉讼请求提出。这一规定暗含了一个前提，即行政机关在行政决定书中援引该规范性文件，当事人在起诉时已经知道或应当知道该规范性文件被行政机关适用。

二是"一审开庭前"以及"法庭调查中"。实践中，由于存在行政机关在行政决定书中漏引或者故意隐藏适用的规范性文件现象，所以原告在提起诉讼时不知道相关规范性文件的适用从而无法及时提起附带审查请求；同时在原告提起诉讼之时，第三人还没有进入诉讼程序中，会限制第三人行使请求权，于是《行诉适用解释》适当延长了提出附带审查请求的时间节点。《行诉适用解释》第146条规定："公民、法人或者其他组织请求人民法院一并审查行政诉讼法第五十三条规定的规范性文件，应当在第一审开庭审理前提出；有正当理由的，也可以在法庭调查中提出。"这里事实上划分为两种情况。其一，"一审开庭前"。此种情况主要包括原告在收到被告的答辩材料后，才发现被告提供了在行政决定书中没有明示的规范性文件作为证明行政行为合法的依据，故而在一审开庭审理前提出审查请求；或者第三人在收到原告起诉状、被告答辩状后，认为涉案规范性文件不合法，故而在一审开庭前提出独立的诉讼请求。② 其二，有正当理由的，在"法庭调查中"。相较于"一审开庭前"，"法庭调查中"无疑再次

---

① 卢超：《规范性文件附带审查的司法困境及其枢纽功能》，《比较法研究》2020年第3期。
② 李明超：《论规范性文件不予一并审查：判断要素及其认定规则——基于1799份裁判文书的分析》，《政治与法律》2021年第4期。

延长了提出附带审查请求的时间节点,但是必须基于"正当理由"。对于"正当理由"的解释,法院具有一定的裁量空间,可以从两个方面进行分析和认定:一是阻却理由的合理性,使得当事人延迟提出一并审查请求的理由应当具有合理性,符合生活经验和逻辑规律;二是阻却理由与当事人延迟提出诉求的紧密关联性,即阻却理由的出现足以导致当事人无法顺利提出一并审查的请求。① 比如直到法庭调查环节,行政机关才提出作出行政行为所依据的规范性文件,原告与第三人才知道故而提出附带审查请求。如在"周某与北京市通州区住房和城乡建设委员会案"中,区住建委当庭提出被诉行政行为的作出依据是《关于加快办理1 000亿元土地储备开发等重大项目拆迁审批手续的通知》《关于办理拆迁行政审批手续过程中涉及规划批准文件问题的批复》,原告周某则在法庭调查阶段提出审查请求,法院认为:因相关通知和批复系区住建委当庭提出,周某在法庭调查阶段提出具有正当理由,本院予以采纳。② 基于充分保障当事人行使诉权,实现监督违法规范性文件的目的,法院对附带审查请求提出的时间应当采取相对宽松的审查态度。

三、请求内容

"不告不理"是诉讼法的基本原则,法院是对原告的诉讼请求进行回应的,因此原告应当清晰地表达自身的诉讼请求内容。在规范性文件附带审查中,则要明确所要审查的规范性文件,这便涉及诉讼请求的内容应当明确到何种程度,以及原告是否可以变更诉讼请求。

一是请求内容的明确性。区别于备案审查奉行"有件必备、有备必审、有错必纠"的原则,法院对规范性文件进行附带审查主要服务于个案纠纷的解决,应围绕个案中行政行为所依据的具体条款进行审查,防止脱离个案变成对整体规范性文件的审查。所以法院大多要求公民在提出诉讼请求时明确指明具体审查的条款,否则不予审查。比如在"铅山县葛仙山乡项源村四组与铅山县人民政府资源行政管理案"中,原告请求对《林木和林地权属登记管理办法》《江西省林业产权制度改革确权发证操作规范》进行附带审查,法院基于其未明确所要审查的被诉行政行为所依据的条

---

① 最高人民法院行政审判庭:《最高人民法院行政诉讼司法解释理解与适用(下)》,北京,人民法院出版社,2018,第692页。
② 北京市通州区人民法院(2018)京0112行初58号行政判决书。

款，认为不符合审查请求。① 这便涉及当事人的附带审查请求是否需要明确到具体审查条款。

事实上，规范层面上，《行政诉讼法》第53条仅规定公民、法人或其他组织可以一并请求对规范性文件进行审查，《行诉适用解释》第68条规定"请求一并审查规章以下规范性文件的，应当提供明确的文件名称或者审查对象"，即相关法律规范均没有明确要求请求人必须指明具体审查条款。而为保障当事人的诉讼权利，实现诉讼制度功能，当事人提起诉讼后法官就负有"程序推进义务"，以保障当事人具有获得实体审理的机会，具体而言：其一是切实保障当事人的诉权，不得非法拒绝受理；其二是依职权（兼顾当事人程序利益）推进整个诉讼程序发展。② 法院负有"释明义务"推进诉讼程序的进行，即"在当事人的主张不明确、不完全或不充分的情况下，通过提示、发问等方式促使当事人完善主张"③，为当事人诉讼权的行使提供便利，保障当事人程序上的实质平等。所以在当事人提出规范性文件附带审查请求，仅指明所要审查的规范性文件而未明确具体条款时，法院应当根据具体情况行使释明权，释明所需审查的相关条款。这并不会增加法院的负担，因为虽然规范性文件附带审查制度在2014年才正式确立，但是在此之前法院依职权基于法律适用可以在具体案件中对规范性文件进行合法性判断，法院完全具有识别行政行为所依据的规范性文件条款的能力。因此，对于原告仅指明所需审查的规范性文件，而没有明确指明具体审查条款的情形，法院应当行使释明权，而非直接拒绝原告或第三人的附带审查请求。

二是请求是否可以变更。原告在提出附带审查请求后，庭审中可能会出现增加其他需要审查的规范性文件、增加或者变更所需要审查的规范性文件的具体条款等情形，那么法院是否应当准许，成为实践中亟待解决的一个难题。

其一，增加其他需要审查的规范性文件。比如在"王某与苏州市住房公积金管理中心案"中，原告在起诉时要求附带审查《苏州市偿还住房贷款委托提取住房公积金管理规定》（〔2007〕73号）的合法性，在开庭过程中，

---

① 江西省高级人民法院（2017）赣行终145号行政判决书。
② 唐力：《司法公正实现之程序机制——以当事人诉讼权保障为侧重》，《现代法学》2015年第4期。
③ 唐力：《司法公正实现之程序机制——以当事人诉讼权保障为侧重》，《现代法学》2015年第4期。

原告在原来请求的基础上增加审查请求，要求审查《关于全面实行偿还住房贷款委托提取住房公积金的通知》(〔2013〕5号)的合法性。① 事实上，在庭审中增加其他需要审查的规范性文件，本质上属于"提出新的诉讼请求"。根据《行诉适用解释》的规定，如果在庭审中提出审查规范性文件，需要具有"正当理由"。因此法院对于在"庭审中"增加的新的规范性文件审查请求是否予以审查，关键在于其是否具有"正当理由"。如果具有正当理由，法院应当予以审查；如果不具有正当理由，法院则不予审查。对于"正当理由"的判断，由于在前文中已经阐述，在此不予赘述。

其二，增加或者变更所需要审查的规范性文件的具体条款。实践中出现原告在提起诉讼时，请求对规范性文件的A条款进行附带审查，在庭审过程中增加对该规范性文件的B条款进行审查，或者变更为对该规范性文件的B条款进行审查。由于"增加或者变更所需要审查的规范性文件的具体条款"依然还是对原诉讼请求中的规范性文件进行附带审查的，并没有变更所要审查的规范性文件，因此法院应当支持原告的审查请求，这在司法实践中亦得到了法院的认可。前者如在"王某与杭州市文化广电新闻出版局、杭州市人民政府行政复议案"中，起诉时原告请求附带审查〔2015〕10号通知第4条第2款的合法性，庭审中原告在查证辩论阶段另提出对该通知第1条第2款第4项的合法性进行审查，法院支持了其诉讼请求。② 后者如在"赵某与天津市红桥区房产总公司不履行法定职责案"中，原告在起诉时要求对《天津市公有住房变更承租人管理办法》第9条进行审查，后在庭审中变更为该管理办法的第10条第7项，法院同样支持了该诉讼请求。③

---

① 江苏省苏州市姑苏区人民法院（2016）苏0508行初43号行政判决书。
② 杭州铁路运输法院（2016）浙8601行初61号行政判决书。
③ 天津市第一中级人民法院（2016）津01行终130号行政判决书。

第四章 审查标准：合法性审查标准的内涵与要件展开

《行政诉讼法》第64条规定："人民法院在审理行政案件中，经审查认为本法第五十三条规定的规范性文件不合法的，不作为认定行政行为合法的依据，并向制定机关提出处理建议。"2018年《行诉适用解释》第148条第2款规定：有下列情形之一的，属于《行政诉讼法》第64条规定的"规范性文件不合法"……可见，中国对规范性文件采取"合法性审查标准"。合法性审查标准包含两个维度：一是对合法性审查内涵的理解，二是合法性审查标准不同审查要件的展开。后者属于对前者不同维度的进一步廓清与执行。本章将首先对规范性文件合法性审查的内涵予以厘清；其次结合规范条文、学理与司法实践，将规范性文件合法性审查标准的具体审查要件整合为三个，即主体合法要件、内容合法要件、程序合法要件；最后从方法论的视角，对规范性文件合法性审查标准的三个审查要件进行具体分析。

第一节 以"实质合法"为核心的合法性审查内涵

从第二章对规范性文件合法性审查标准理论与实践的争论来看，对规范性文件"合法性审查"内涵理解的争议集中于两个方面：一是是否排除对规范性文件的合宪性审查。二是对规范性文件的合法性审查是采用形式合法性审查还是实质合法性审查。本节将以这两个问题为焦点展开分析。

一、法院合宪性审查的排除

在部分案件中，原告认为规范性文件违反宪法，请求法院进行审查，同时在学理上，亦有学者认为规范性文件审查的核心维度在于"下位法不得与上位法相抵触",其中上位法应当包含宪法。① 对"规范性文件是否违反宪法"进行审查,本质上是合宪性审查的问题,对于该问题需要从合宪性审查制度与合法性审查制度本身,以及中国的制度框架进行解答。

(一) 合宪性审查与合法性审查的制度区分

合宪性审查是指特定机关依据一定的法定程序对公共权力的行为(主要是规范性法律文件)是否符合宪法进行判断并作出相应处置的活动和制度。② 纵观世界各国,合宪性审查主要包括三种模式:美国式的普通法院审查制、奥地利与德国式的宪法法院审查制以及法国式的宪法委员会审查制。根据国家机关行使权力形式的不同,合宪性审查包含立法违宪与具体行为违宪两类。而合法性审查又称"合乎上位法的审查",主要审查下位法是否抵触上位法,其中的"上位法"并不包括作为一国法律体系最高法的宪法。③ 合宪性审查制度与合法性审查制度具有本质区别,中国的规范性文件附带审查制度从性质上属于合法性审查制度。以下将结合合宪性审查与合法性审查的不同进行分析:

一是制度功能的差异。合宪性审查是"立宪法治国的拱顶石",④ 作为保障宪法实施的重要制度,其核心目的是防止公权力机关违反宪法、侵犯公民的基本权利,从而保障国家机关在宪法规定的范围内行事,实现相互之间的平衡。其中立法合宪性审查主要审查立法行为是否符合宪法,防止代表民意的立法机关制定的立法侵犯公民权利,避免形成"多数人的暴政",是涉及国家权力结构的根本问题与树立宪法权威的重要方式。而合法性审查主要解决法秩序体系中"上下位法"之间的规范冲突问题,以确保下位法不违反上位法,维护法秩序的统一,并不涉及国家权力结构的根本问题。

二是争议对象性质不同。合宪性审查针对的是"宪法问题"(constitutional issues),合法性审查针对的是"法律问题"(legal issues),二者的区分具有相对性。概言之,法规范体系是由不同位阶的法律规范组成的金字塔式的阶层构造,宪法、法律、法规、规章、规范性文件等,下位法

---

① 比如有观点认为,规范性文件的司法审查:合法审查与合宪审查……不与上位法相抵触,上位法不仅包括法律,还应该包括万法之母法——宪法。参见朱淼:《论对规范性文件的司法审查——以新行政诉讼法的修改为视角》,《南海学刊》2015 年第 4 期。
② 林来梵:《合宪性审查的宪法政策论思考》,《法律科学》2018 年第 2 期。
③ 王锴:《合宪性、合法性、适当性审查的区别与联系》,《中国法学》2019 年第 1 期。
④ 林来梵:《宪法学讲义》,北京,法律出版社,2015,第 426 页。

规范的效力来源于上位法规范。基于法规范链条之间效力的传递性，法律是国家立法机关根据宪法制定的，下位阶的规范符合法律自然就符合宪法，"间接"地符合宪法；违反法律自然就不符合宪法，"间接"地不符合宪法。但是需要注意的是，合宪性审查是特定化的概念，如果下位规范只是不符合宪法之外的其他上位法规范，则仅适用合法性判断；如果没有控制下位法，规范的上位法规范才作出合宪性判断。[①] 在合法性审查与合宪性审查的选择上，如果能够用合法性审查机制解决，就不要启动合宪性审查，应当按照回避宪法判断的原理与穷尽法律救济的原则，优先适用合法性审查。

三是审查主体的特定性。合宪性审查的主体具有"特定性"，只能是"宪法上被授权或认可的特定机关"。在不同的审查模式中，合宪性审查的主体各不相同，比如：美国式的普通法院审查制的审查主体为"普通法院"，实际上就是美国联邦最高法院以及各州的最高法院；奥地利与德国式的宪法法院审查制的审查主体是"宪法法院"；法国式的宪法委员会审查制中享有合宪性审查权的是"宪法委员会"，其性质是政治性机构；中国的主要是全国人大及其常委会，除此之外的主体不享有合宪性审查权。而违法审查的主体相对比较宽泛，具有监督关系的主体之间往往都可以进行违法审查。以行政规范为例，包括立法机关的监督，即各级人大及其常委会有权撤销本级政府制定的违法的行政法规、规章、规范性文件；行政机关的监督，即由专门的行政机关或有关上级行政机关进行的监督，比如国务院对部门规章与地方政府规章、省级人民政府对下级人民政府制定的规章进行监督，以及《行政复议法》规定的行政复议机关对行政规范性文件进行附带审查；司法机关的监督，即司法机关对行政立法性活动进行的监督，当前主要是《行政诉讼法》第53条、第64条规定的规范性文件附带审查制度，以及基于第63条"参照规章"而对行政规章是否违法的间接判断权。由此可见，合宪性审查的主体特定，而合法性审查的主体相对宽泛。

四是审查方法不同。合法性审查的核心在于审查下位法是否违反上位法，因此其核心的审查方法即为"下位法不得与上位法相抵触"。2004年最高人民法院《座谈会纪要》更是明确规定了10种具体情形，最高人民

[①] 林来梵：《宪法审查的原理与技术》，北京，法律出版社，2009，第351页。

法院的公报案例中大多适用的也是这个方式，①　当然亦有学者提出了依据标准、分层审查说等，但是核心均为下位法不得与上位法相抵触。而合宪性审查常用的方法为"合宪性推定"与"合宪性解释"。其中"合宪性推定"是一种推定法律合宪的原则，即在法律侵害或抵触宪法的事实尚未明确已达到合理怀疑的界限之前，推定其具有合法效力，这是尊重立法机关制定的法律，对国家秉承的忠贞爱国、贤能与诚实等精神，故应予谦让。"合宪性解释"是指："法律的规定必须解释为与宪法的原则相一致，如果某一特定的法律存在复数解释的可能性，则必须选择与宪法相符合的解释。"②　其不仅是一种回避宪法判断的方法，而且是一种法律方法上的解释规则。合宪性推定与合宪性解释之间具有密切的关系，大多数情况下，合宪性推定是合宪性解释的前提，③　在合宪性解释的案件中，大多会运用合宪性推定的方法。

（二）中国宪法监督机制与《行政诉讼法》立法意旨排除法院的合宪性审查

中国法院是否可以对规范性文件进行合宪性审查，可以从中国宪法监督的制度设置以及《行政诉讼法》中规范性文件附带审查制度设计的意旨两个维度进行分析。

1. 中国宪法监督机制是以"最高国家权力机关"为核心的

不同国家的制度设计决定了合宪性审查方式的不同。④　总体而言，中国的属于由作为民意代表机关的国家权力机关或者立法机关审查立法行为是否符合宪法的代议机关监督模式。在合宪性审查主体方面，《宪法》第

---

①　比如"黄某等25人诉成都市武侯区房管局划分物业管理区域行政案"与"陈某诉南京市江宁区住房和城乡建设局不履行房屋登记法定职责案"。

②　〔日〕阿布照哉：《法律的合宪解释与其界限》，《法学论丛》90卷123号，后收入其著：《基本人权的法理》，东京，有斐阁，1976. 转引自林来梵：《宪法审查的原理与技术》，北京，法律出版社，2009，第357页。

③　〔日〕芦部信喜：《宪法诉讼理论》，东京，有斐阁，1973，第135页。转引自林来梵：《宪法审查的原理与技术》，北京，法律出版社，2009，第357页。

④　比如：英国宪法的核心原则是"议会主权原则"，根据这一原则，法院无权审查议会制定的法律是否符合宪法，但却可以审查行政机关的委任立法。议会立法属于主权性立法，法院不能审查，必须绝对尊重和适用；行政机关的委任立法则没有这个特权，必须接受法院的审查。美国与英国不同，美国不仅有一部成文宪法，而且其成文宪法所贯彻的原则是"分权制衡"，这与英国"议会主权原则"存在很大的差异。美国宪法制度的特点决定了美国的司法审查制度不同于英国，美国的司法审查范围除了包括行政机关制定的立法性法规和解释性法规之外，还可以对国会的法律进行合宪性审查，对于违法、违宪的行政法规和国会法律，法院可以拒绝适用。参见杨士林：《试论行政诉讼中规范性文件合法性审查的限度》，《法学论坛》2015年第5期。

62条、第67条明确规定，全国人大有权监督宪法的实施，全国人大常委会有权解释宪法、监督宪法的实施。因此，中国的宪法监督机制属于代议机关整体监督模式，实行最高国家权力机关监督制。① 中国合宪性审查的机关只有两个：一是全国人大，二是全国人大常委会。法院并不是合宪性审查的主体。在合宪性审查对象方面，根据《立法法》第108条②，全国人大的合宪性审查对象主要为全国人大常委会制定的法律以及全国人大常委会批准的自治条例、单行条例，根据《宪法》第67条③、《立法法》第108条④，全国人大常委会的合宪性审查对象为行政法规、地方性法规、自治条例、单行条例，同时《全国人民代表大会常务委员会关于国家监察委员会制定监察法规的决定》第3条第2款⑤、《法规、司法解释备案审查工作办法》第2条⑥等相关规定，将全国人大常委会的合宪性审查对象扩大至监察法规、经济特区法规、司法解释。由此可见中国合宪性审查的对象为全国人大常委会制定的法律、行政法规、地方性法规、经济特区法规、自治条例、单行条例、监察法规、司法解释，并不包含规范性文件。而在合宪性审查方式上，主要包含依职权与依申请两种方式：一是依职权进行合宪性审查，即全国人大及其常委会依据职权主动进行合宪性审查，主要包括事前的批准与事后的备案审查两种方式。事前的批准如根据《宪法》第116条的规定，自治区的自治条例、单行条例需要报请全国人大常委会批准后生效。而更多的是借助于事后的备案审查，根据《法规、司法解释备案审查工作办法》的相关规定，"法规、司法解释应当自公

---

① 《宪法学》编写组：《宪法学》，北京，高等教育出版社，2020，第2版，第334、336页。
② 《立法法》第108条规定，"（一）全国人民代表大会有权改变或者撤销它的常务委员会制定的不适当的法律，有权撤销全国人民代表大会常务委员会批准的违背宪法和本法第八十五条第二款规定的自治条例和单行条例"。
③ 《宪法》第67条规定，"全国人民代表大会常务委员会行使下列职权……（七）撤销国务院制定的同宪法、法律相抵触的行政法规、决定和命令；（八）撤销省、自治区、直辖市国家权力机关制定的同宪法、法律和行政法规相抵触的地方性法规和决议"。
④ 《立法法》第108条规定，"（二）全国人民代表大会常务委员会有权撤销同宪法和法律相抵触的行政法规，有权撤销同宪法、法律和行政法规相抵触的地方性法规，有权撤销省、自治区、直辖市的人民代表大会常务委员会批准的违背宪法和本法第八十五条第二款规定的自治条例和单行条例"。
⑤ 《全国人民代表大会常务委员会关于国家监察委员会制定监察法规的决定》第3条第2款规定，全国人民代表大会常务委员会有权撤销同宪法和法律相抵触的监察法规。
⑥ 《法规、司法解释备案审查工作办法》第2条规定，对行政法规、监察法规、地方性法规、自治州和自治县的自治条例和单行条例、经济特区法规（以下统称法规）以及最高人民法院、最高人民检察院作出的属于审判、检察工作中具体应用法律的解释（以下统称司法解释）的备案审查，适用本办法。

布之日起三十日内报送全国人大常委会备案"。二是依申请进行合宪性审查，包括法定机关提出审查要求与公民的审查建议。根据《立法法》第110条的规定，国务院、中央军事委员会、最高人民法院、最高人民检察院和各省、自治区、直辖市的人民代表大会常务委员会认为行政法规、地方性法规、自治条例和单行条例同宪法或者法律相抵触的，可以向全国人民代表大会常务委员会书面提出进行审查的要求，由常务委员会工作机构分送有关的专门委员会进行审查、提出意见。而上述国家机关之外的其他国家机关和社会团体、企业事业组织以及公民认为行政法规、地方性法规、自治条例和单行条例同宪法或者法律相抵触的，可以向全国人民代表大会常务委员会书面提出进行审查的建议，由常务委员会工作机构进行研究，必要时，送有关的专门委员会进行审查、提出意见。

概言之，中国宪法监督机制是以"最高国家权力机关"为核心的，合宪性审查的主体为全国人大及其常委会，法院并非合宪性审查的适格主体，规范性文件原则上不属于合宪性审查的对象，因此法院不能对规范性文件是否符合宪法进行审查。

2. 规范性文件附带审查制度的立法意旨再探寻

规范性文件附带审查制度规定在《行政诉讼法》第53条、第64条以及《行诉适用解释》第145~151条，其位于行政诉讼制度体系中。行政诉讼制度是对行政行为的合法性进行审查的制度，由于法院不具有合宪性审查权，法院所能审查的行政行为违反效力等级最高的法规范就是"法律"，不包含宪法。这在法院审理行政案件的裁判依据中即有所体现，《行政诉讼法》第63条规定："人民法院审理行政案件，以法律和行政法规、地方性法规为依据……参照规章。"其中不包含法院可以依据宪法作出裁判。这一立法意旨在2018年《行诉适用解释》中再次重申，第148条第2款第2项列举的规范性文件审查标准为"与法律、法规、规章等上位法的规定相抵触的"，亦没有包含"与宪法相抵触"的表述。

此外，根据"穷尽法律救济"和"回避宪法判断"的原理，应当优先适用合法性审查。规范性文件的效力位阶最低，一般而言借助于合法性审查即可判断其合法性，无须借助于合宪性审查。近年来，伴随着民众宪法意识的生长，"宪法"成了公众话语中的高频词汇。但是，宪法学意义上的违宪并非泛指一切间接违背宪法秩序的情形，而仅指直接违反宪法的现象。① 如果不经过合法性审查的过滤直接适用合宪性审查，将造成"轻言违宪"的状况，"非但不利于增强宪法尊严与宪法权威，反而令本就十分稀少且尚待开掘的宪法审查资源，包括制度资源、文化资源、舆论资源等，承受着'不能承受之重'"②。

（三）小结

综上所述，合宪性审查制度与合法性审查制度具有本质不同，规范性文件附带审查制度本质上属于合法性审查制度。而从中国的制度体制来看，中国宪法监督机制是以"最高国家权力机关"为核心的，合宪性审查的主体为全国人大及其常委会，法院不具有"合宪性审查权"，规范性文件不是合宪性审查的对象。同时从规范性文件附带审查制度的立法意旨来看，《行政诉讼法》亦没有赋予法院对规范性文件进行合宪性审查的权力，所以应排除法院对规范性文件的合宪性审查。诚如童之伟和刘松山两位教授所言："许多人、许多年来一再地脱离中国现行的宪法架构，强求没有适用宪法的主体资格的法院去违宪越权适用宪法。这种做法不仅注定毫无成效，还造成时间、机会等宝贵资源的浪费，还给人们带来了对宪法适用主体和宪法适用基本方式的认识的混乱、模糊等问题。"③

二、《行政诉讼法》从形式合法性审查到实质合法性审查的演进

在理论与实践中，均存在着对规范性文件是仅进行合法性审查，还是同时也进行合理性审查的争论。前者代表着"形式合法"的立场，后者蕴含着"实质合法"的内涵。《行诉适用解释》第148条虽然对规范性文件的合法性审查标准进行了相应的规定，但是并没有明确地说明是否应进行合理性审查。针对这一问题的解读，一方面可以对理论与司法实践中的争议给予回应，另一方面有助于理解规范性文件合法性审查的多重维度。那么对规范性文件的合法性审查，究竟应该如何理解？结合理论与司法实践中的争议，本部分将在形式法治与实质法治的框架中进行解读。

（一）形式合法与实质合法

合法性审查或合理性审查，不同说法的背后隐藏着形式合法与实质合

---

① 胡锦光、韩大元：《中国宪法》，北京，法律出版社，2004，第144～145页。
② 郑磊：《合宪性审查该如何启动》，《法学》2007年第2期。
③ 童之伟、刘松山：《论社会转型时期的宪法适用（初稿）》，中国法学会宪法学研究会2007年年会论文。

法两种不同的理念。形式合法与实质合法是法治发展中两种不同的模式，实质合法与形式合法系对应于英文 legitimacy 和 legality，对应于中文的合理性和合法性。前者主要强调实质意义上的正当、合理及其道义基础，后者则表明实在法意义上对于形式与程序的遵守；前者多诉诸自然法或道德法，后者则依乎俗世的实在法。二者的区分表现为以下维度：

一是在"合法性的评价标准"上。形式法治强调法律制度体系是一个封闭的逻辑自足的概念体系，将法律看成固定的、有限的、清晰的几种形式，在中国主要是指法律、法规、规章等。形式法治坚守法律是评价行政行为合法性的唯一依据，法律没有明确要求的，则是行政机关自由裁量的空间，司法机关应当保持尊让。一个行为只要不与法律相抵触就是合法的，剩下的只是合理性的问题。实质法治则认为法不仅包含形式上的规范文本，还包括原则、判例、学说、习惯等非形式渊源。行政机关的行为不仅要符合形式性的判断标准，还要符合非形式的法律渊源，从而实现个案的公正。即使是法律赋予行政机关的自由裁量空间，也不是放任恣意的，同样要符合外部合法性与内部合法性的双重界限。严重不合理的裁量也构成违法，应当承担法律责任。①

二是在"法律适用"上。由于形式法治强调法律制度体系是一个封闭的逻辑自足的概念体系，关注法律的确定性，所以行政机关与法院只能寻找和适用既存的法律，只能无条件地服从法律，不得考量法律之外的因素。法律适用是一个从大前提、小前提推导出结论的逻辑推理过程，行政机关与法院严格地遵照既定的法律文本作出决定就是"合法"的。而实质法治不仅要求法律适用过程的合法性，还强调所适用的法律自身的合法性。同时正视法律规则的模糊性与不确定性，承认法律认知活动中与事实认定过程中的不确定性与创造性，认为不应完全局限于法律条文的规定，而是也要考量法律规则之外的因素。法律适用不只是简单的逻辑推理，更是基于多种法律渊源的一种论证过程，是对多种价值的衡量与博弈。

三是在司法职能上。形式法治持有一种消极的态度，认为法官的任务仅仅是适用法律，法律的不完备应当由立法来弥补，法官裁判时应当以立法原意来解释法律并遵循先例。实质法治关注司法的能动性，并对法官通过判决发展法律寄予厚望。"法官应该审判案件，而不是回避案件，并且要广泛地利用他们的权力，尤其是通过扩大平等和自由的手段去促进公

---

① 何海波：《实质法治：寻求行政判决的合法性》，北京，法律出版社，2009，第14页。

正，亦即保护人的尊严。"① 法官裁判案件不仅仅是出现在判决书上的严谨推理，而是包括一些没有出现在法律规则当中的各类不确定而实际存在的因素，比如法官对时代的感知、流行的道德和政治理论，以及对公共政策的直觉等。②

由此可见，形式合法与实质合法是"合法"的不同维度，采用何种合法立场将决定法官的审查态度，进而影响审查的具体展开。

（二）从形式合法性审查到实质合法性审查

形式合法与实质合法在中国行政诉讼制度发展中的典型表现就是法院应进行合法性审查还是合理性审查。自1989年中国行政诉讼制度确立到2014年《行政诉讼法》修改，伴随着司法实践的发展以及法治理念的更新，法院对此问题的认识经历了不同的发展阶段。

1. 合理性审查的例外

1989年《行政诉讼法》制定，学者们在立法之前对"法院对行政案件审查什么？""在法律、法规规定的范围内是否妥当的问题，法院要不要审查，要不要管？"进行了激烈的争论，以1989年《行政诉讼法》第5条"合法性审查原则"而告终，即"对法律、法规范围内当与不当的问题，法院原则上不管"③，但规定了两种例外情况：一是滥用职权的，法院可以撤销；二是行政处罚显失公正的，法院可以判决变更。④ 可见，1989年《行政诉讼法》事实上确立了"合法性审查为原则，合理性审查为例外"的基本原则，合法性审查仅为形式合法性审查层面。

1989年《行政诉讼法》中"合法性审查为原则，合理性审查为例外"基本原则的确立主要基于以下原因：第一，行政权与司法权有一定的界限。依法行政既包括行政机关依照羁束性的法律行使行政权，还包括行政机关依照享有裁量权的法律行使职权。后者涉及合理性问题，法院不进行干预。第二，人民法院长期进行审判活动，对适用法律最有经验，对法律问题最能作出正确的评价。如果由行政机关解决合法性问题就会导致行政

---

① Christopher Wolfe, *Judicial Activism: Bulwark of Freedom or Precarious Security*, Rowman & Littlefield Publishers, 1997, p.2.
② 胡铭、王震：《法官裁判思维中的法律形式主义与法律现实主义》，《浙江学刊》2015年第4期。
③ 顾昂然：《行政诉讼法起草情况和主要精神》，载《行政诉讼法专题讲座》，北京，人民法院出版社，1989，第27页。
④ 顾昂然：《行政诉讼法起草情况和主要精神》，载《行政诉讼法专题讲座》，北京，人民法院出版社，1989，第27页。

专横和法治混乱。① 第三,"对于是否适当的判断,需要一定的专业与管理知识,由司法机关进行审查并不合适"②。法院审判人员不可能具备各方面的专业知识,因此,要求审判人员对行政行为是否适当进行审查,进行干预,等于给行政机关增加了一个行政上级,可能妨害行政机关有效地进行行政管理。③

而 1991 年开始施行的《行政复议条例》(现已失效)第 42 条规定:"具体行政行为有下列情形之一的,决定撤销、变更,并可以责令被申请人重新作出具体行政行为:……5. 具体行政行为明显不当的。"可以说,这是"明显不当"标准在"行政复议"领域的确立,1999 年制定的《行政复议法》第 28 条承继了这一规定。于是,是否可以对行政行为的合理性进行救济成为当时行政复议与行政诉讼的分野。

2. 合法性审查到合理性审查的渐进

随着实践的发展,行政诉讼体系中合法性审查与合理性审查的关系越发紧张,④ 于是为了缓解这种紧张关系,便形成了两种解释路径:一是"原则-例外"审查说,即"合法性审查为原则,合理性审查为例外"。二是实质合法性审查说,即将合法性审查的范畴从形式合法扩张到实质合法,实质合法性审查实际上包含对严重不合理的审查。二者不同的解释路径看似只是语词上的策略选择,本质上是形式法治理念与实质法治理念的不同彰显。而审判实务也逐渐开始采纳实质合法性审查说,⑤ 法律规范上的阶段性标志即为 2000 年《若干解释》第 56 条规定:被诉具体行政行为合法但存在合理性问题的,人民法院应当判决驳回原告的诉讼请求。根据

---

① 皮纯协:《行政诉讼法的概念、基本原则》,载《行政诉讼法专题讲座》,北京,人民法院出版社,1989,第 82 页。

② 张越:《行政复议法学》,北京,中国法制出版社,2007,第 3 页。

③ 顾昂然:《行政诉讼法起草情况和主要精神》,载《行政诉讼法专题讲座》,北京,人民法院出版社,1989,第 26~27 页;胡康生:《〈行政诉讼法〉立法过程中的若干问题》,北京,人民法院出版社,1989,第 41~42 页。

④ 一是合法性与合理性往往交织一起,无法清晰划分。二是弱化了人民法院解决纠纷的能力。大量裁量行为的发展使得法院仅审查合法性,无法实质解决纠纷、保障相对人的合法权益。尤其是伴随着"合理行政"要求的发展,行政合法性审查原则更加穷于应对。三是行政诉讼体系内部的无法自治。1989 年《行政诉讼法》对合理性审查作出了限制,"滥用职权、显失公正"与"合法性审查"之间出现体系内部的紧张关系。

⑤ 王红韦:《关于洛淑芬诉天津市公安局对侵犯其人身权利治安处罚显失公正案的评注》,载《人民法院案例选(行政卷)》(1992 年~1996 年合订本),北京,人民法院出版社,1997,第 19~20 页;林民华:《关于王某诉某公安局治安处罚行使公正案的评注》,载《北京行政诉讼案例研究》(第 2 卷),北京,法律出版社,2003,第 241 页。

该条文，如果法院对合理性问题不进行审查，应当裁定驳回，而不是判决驳回原告的诉讼请求，这就意味着，法院开始采取"较为严格的合法性审查"。① 而 2002 年《最高人民法院关于审理国际贸易行政案件若干问题的规定》更是直接将"显失公正"归入"合法性审查"的范畴，该解释第 6 条规定，"人民法院审理国际贸易行政案件，应当依照行政诉讼法，并根据案件具体情况，从以下方面对被诉具体行政行为进行合法性审查：……（六）行政处罚是否显失公正"。

如果说 2000 年《若干解释》与 2002 年《最高人民法院关于审理国际贸易行政案件若干问题的规定》只是犹豫不决，左右徘徊，那么 2008 年《最高人民法院关于行政诉讼撤诉若干问题的规定》则迈出了更大的步伐。该解释第 1 条规定："人民法院经审查认为被诉具体行政行为违法或者不当，可以在宣告判决或者裁定前，建议被告改变其所作的具体行政行为。"它开创性地规定了法院对"不当"行为的审查和司法建议改变权，引导行政机关改变不当的行政行为，事实上是对不当行政行为实施救济，实质化解争议，也暗含着从形式合法观到实质合法观的转变。

3. 合理性审查的确立

2014 年《行政诉讼法》第 70 条第 6 项增加了明显不当审查标准，这意味着"合理性"审查在行政诉讼领域"规范"上的正式确立，自此中国的行政诉讼"堂而皇之地进入合理性审查的时代"。② 明显不当审查标准的增加主要基于以下考量：一是鉴于行政管理领域的不断拓展，行政裁量权的不断扩大，"对于行政机关明显不合理的行政行为，没有规定人民法院可以判决撤销，不利于解决行政争议"③。二是"滥用职权"主要是针对裁量问题的审查，由于其适用的虚置，一定程度上抑制了行政诉讼功能的发挥，无法实现权利充分救济。尤其是刑法中的"滥用职权罪"更加使得法官极少使用"滥用职权"标准作出判决，弱化了对行政裁量问题的审查。三是基于立法体系的统一，与《行政复议法》中的"明显不当"标准进行衔接。四是与域外审查制度的衔接。域外在监督行政机关自由裁量权领域，对合理性问题的审查有一系列的行政法原理与规则，与法国、德

---

① 张树义：《寻求行政诉讼制度发展的良性循环》，北京，中国政法大学出版社，2000，第 239 页。
② 何海波：《论行政行为"明显不当"》，《法学研究》2016 年第 3 期。
③ 全国人大常委会法制工作委员会行政法室：《行政诉讼法修改前后条文对照表》，北京，人民法院出版社，2014，第 116 页。

国、英美法系等国家接轨。① 同时，为了保证法律体系的统一，以及"出于经济与便利的考虑，在行政处罚之外，规定其他行政行为涉及对款额的确定或认定确有错误的，人民法院可以变更"②，于是2014年《行政诉讼法》第77条修改为：行政处罚明显不当，或者其他行政行为涉及对款额的确定、认定确有错误的，人民法院可以判决变更。

可以说2014年《行政诉讼法》的修改，撤销判决中"明显不当"审查标准的确立，已经在"审查范围"上超越了行政处罚显失公正的范围，基本满足了法院对行政裁量进行合理性审查的部分需求，又兼顾了司法权与行政权的边界。同时2014年修改后的《行政诉讼法》第6条仍然保持了"合法性审查"的表述，对此全国人大常委会法制工作委员会在《中华人民共和国行政诉讼法释义》中写道：此次《行政诉讼法》的修改"在坚持合法性审查原则的前提下，对合法性原则的内涵作了扩大解释"，将明显不当的行政行为也作为违法行为。③ 可见立法者在坚守"合法性审查"概念基础上，在内容的广度与深度上进行了扩展，"采用实质合法的观点，将合理性审查也纳入合法性审查的范畴"，④ 自此实现了行政诉讼领域从形式合法性审查到实质合法性审查的转变，即不仅审查形式合法性，而且审查明显不合理。

三、规范性文件附带审查相关条款的规范解读

通过上文梳理，可知《行政诉讼法》采用的是实质合法性审查的制度框架，即形式合法与明显不合理。那么具体到规范性文件合法性审查内涵的理解上，是否同样适用？在此，将回归规范本身，通过对规范性文件合法性审查相关条款的解读，对立法意旨进行探寻。

（一）《行政诉讼法》与《行诉适用解释》第148条的体系解释

规范性文件合法性审查内涵的解读需要在《行政诉讼法》体系中进行。由上述阐述可知，《行政诉讼法》第6条确立了"合法性审查原则"，

---

① 梁凤云：《新行政诉讼法讲义》，北京，人民法院出版社，2015，第425页；江必新：《新行政诉讼法讲座》，北京，中国法制出版社，2015，第263页；李广宇：《新行政诉讼法逐条注释（下）》，北京，法律出版社，2015，第578页。
② 江必新：《行政诉讼法修改资料汇纂》，北京，中国法制出版社，2015，第236页。
③ 全国人大常委会法制工作委员会：《中华人民共和国行政诉讼法释义》，北京，法律出版社，2014，第20页；全国人大常委会法制工作委员会行政法室：《中华人民共和国行政诉讼法解读》，北京，中国法制出版社，2014，第21页。
④ 何海波：《论行政行为"明显不当"》，《法学研究》2016年第3期。

其中的"合法性"采用的是实质法治的立场，即形式合法与明显不合理，由此统领整个行政诉讼制度。《行政诉讼法》第53条①、第64条②规定了规范性文件附带审查制度，这两个条款中均有"规范性文件不合法"的表述。基于体系解释，法规范秩序是一个统一的整体，这种"统一"表现为外在秩序的统一与内在价值秩序的统一，其中外在秩序的统一首先就包括"法律概念"解释的统一。因此，《行政诉讼法》第53条与第64条中的"合法"均应与第6条的解释相同，均是"实质合法"的内涵。

而直接规定规范性文件合法性审查标准的《行诉适用解释》第148条是对《行政诉讼法》第64条中"规范性文件不合法"的解释条款。第148条由两款构成：第1款规定了规范性文件合法性审查的要件；第2款对"规范性文件不合法"的情形进行列举，四种列举情形均包含"实质违法"的维度，最具有代表性的就是，"（三）没有法律、法规、规章依据，违法增加公民、法人和其他组织义务或者减损公民、法人和其他组织合法权益的"，这一列举事项规定了在"没有上位法依据"的情况下，对规范性文件合法性的判断方法，即"权利义务标准"。本章第一节第二部分对"形式合法"与"实质合法"进行了比较分析，其中一个核心的区别就在于"合法性的评价标准"。形式法治坚守法律是评价行政行为合法性的唯一依据，法律没有明确要求的，则是行政机关自由裁量的空间，司法机关应该保持尊让。而实质法治则认为法不仅包含形式上的规范文本，还包括非形式渊源。在没有法律直接拘束的情况下，也可以通过非成文的法律渊源，或者借由内部价值秩序体系进行合法性审查。即使是法律赋予行政机关的自由裁量空间，也不是放任恣意的，严重不合理的裁量也要承担法律责任。由此可知，第148条第2款第3项列举的条款，属于实质合法性审查的范畴。所以，从规范体系的维度来看，规范性文件的合法性审查同样采用的是"实质合法"的理解。

（二）立法目的的再解释

"立法目的"是条文结构中极为重要的内容，不仅是法律解释的目标，

---

① 《行政诉讼法》第53条　公民、法人或者其他组织认为行政行为所依据的国务院部门和地方人民政府及其部门制定的规范性文件不合法，在对行政行为提起诉讼时，可以一并请求对该规范性文件进行审查……

② 《行政诉讼法》第64条　人民法院在审理行政案件中，经审查认为本法第五十三条规定的规范性文件不合法的，不作为认定行政行为合法的依据，并向制定机关提出处理建议。

还是执行法律的"指南针"。① 将规范性文件纳入附带审查的理由是：规范性文件与行政行为密不可分。特别是很多规范性文件是行政行为的依据和源头，因而有必要从源头上进行审查与纠正。由此，"从源头解决纠纷，保障公民权利"是规范性文件合法性审查的目的。然而，对于立法目的的解释不能局限于字面含义本身，应该"根据现时社会关系的发展需要，按照合理的目的进行解释"。② 随着中国从大规模快速立法时代到中国特色社会主义法律体系已经建成，国家的立法能力日趋提升，行政机关制定的规范性文件明显违背上位法的违法情况较少，但存在"隐性"的违法以及大量不合理的规范性文件，如果法院仅仅只对形式违法的规范性文件进行审查，放弃对规范性文件实质违法的审查，无疑会放任大量侵害公民权利的规范性文件恣意横行，将无法实现规范性文件附带审查的立法目的。

另外，司法裁判本质上是一个始于当事人的起诉行为，终于法官裁判结果输出的动态过程，法院需要对当事人的诉讼请求予以回应。事实上，法院依据职权对规范性文件进行合法性判断在 2014 年修法之前就有，规范性文件附带审查制度的确立，进步之处就在于当事人可以直接提出规范性文件的附带审查请求，法院亦必须对原告的诉讼请求予以回应，这在 2018 年出台的《行诉适用解释》第 149 条中已经明确规定：经审查认为规范性文件不合法的，不作为人民法院认定行政行为合法的依据，并在裁判理由中予以阐明。虽然学界对于中国的行政诉讼制度究竟是主观诉讼还是客观诉讼一直存在争论，③ 但是"本次行政诉讼法的修改在大方向上是更加强化了行政诉讼'主观诉讼'的性质，这从便利当事人起诉、完善判决形式、完善民事和行政争议交叉的处理机制等方面可以看出来"④。因此，面对司法实践中大量原告对规范性文件的合理性提出审查的请求，法院应当进行合理性审查以充分回应。概言之，为了更好地实现规范性文件附带审查的立法目的，对规范性文件的合法性审查应当采用"实质合法"的理解，不仅要审查规范性文件的形式合法性，而且要审查其明显不合

---

① 罗传贤：《立法程序与技术》，台北，五南图书出版股份有限公司，2014，第 89 页。

② 孔祥俊：《法律解释方法与判解研究》，北京，人民法院出版社，2004，第 409 页。

③ 如学者马立群认为中国行政诉讼是权利救济制度，属于主观诉讼。而梁凤云法官则认为，客观诉讼是仅仅就行政公权力的合法性进行审查，因此，中国行政诉讼的确立是一种客观诉讼。参见梁凤云：《行政诉讼法修改的若干理论前提——从客观诉讼和主观诉讼的视角》，《法律适用》2006 年第 5 期。

④ 贾圣真：《行政诉讼规范性文件审查的现状与问题——以"中国裁判文书网"案例为素材》，《行政法论丛》2017 年第 1 期。

理,以回应当前规范性文件审查的实践。

综上所述,首先明确的是,无论从合宪性审查制度与合法性审查制度的区别来看,还是从中国以"最高国家权力机关"为核心的宪法监督机制来观察,法院均不具有对规范性文件进行合宪性审查的权力。而在形式合法与实质合法的制度框架内,中国行政诉讼制度经历了从形式合法性审查到实质合法性审查的转变,通过对规范性文件附带审查相关条款的规范解读、立法目的的探寻,认为中国对规范性文件的合法性审查应采用"实质合法性审查"的内涵解读,即形式合法与明显不合理。

第二节 合法性审查要件的分析

在确定了实质合法性审查的内涵,即形式合法与明显不合理后,规范性文件的合法性审查具体包含哪些维度,应该从哪些方面展开审查,这就涉及对规范性文件合法性审查要件的讨论。关于规范性文件合法性审查要件的讨论是理论与司法实践争论的焦点,这一争论伴随着2018年《行诉适用解释》第148条的颁布有所纾解,但是一方面《行诉适用解释》第148条自身并非没有需要检讨的空间,另一方面借由对这一争论的分析将有助于对这一问题的理解,因此以下将结合各方面的争论展开分析。

一、合法性审查要件两条分析路径的再观察

前文第二章对学理上关于规范性文件合法性审查要件的划分进行了详细的阐述,在2018年《行诉适用解释》第148条颁布之前,基于是否应将规范性文件与行政行为进行性质的区分,学界对规范性文件合法性审查要件的划分形成了两种理解:一是强调二者性质的不同,对规范性文件的审查采用趋于立法行为审查的要件划分,即可以参照《立法法》第107条、《中华人民共和国各级人民代表大会常务委员会监督法》第30条;二是并不强调规范性文件与行政行为性质的不同,对规范性文件的审查采用趋同于行政行为审查的要件划分,即可以参照《行政诉讼法》第70条进行适当调整。学界对这一问题的分歧在前文已经进行了详细的阐述,在此不赘述。无独有偶,这两种不同的理解不仅在中国存在,在其他法治国家也同样存在。虽然2018年《行诉适用解释》第148条颁布以后,学界主要围绕第148条展开规范性文件审查要件的分析,暂时平息了这一争议,

但是对上述两条分析路径的梳理不仅可以厘清该问题的来龙去脉，而且有助于通过其他国家成熟经验的考察提供一个比较分析的视角。需要特别予以说明的是，基于各个国家规范体系的不同，本部分只是对其他国家的相近制度，即抽象行政行为的审查进行考察，以提供参考。

（一）趋于行政行为的路径：以法国为例

法国对行政规范的审查与行政行为的审查不进行明确的区分，这源于其对行政行为的理解倾向于采用"形式主义"的观点，着重于机关的要素以及行为的功能、权威和可争讼性，认为国家的职能仅能依据行使职能的机关来区别，因此所谓行政行为是指出自行政机关的行为。① 由此可见，法国辨别行政行为的关键在于"作出行政行为的机关是否具有主体资格"，趋向于采用"务实"的形式主义态度将行政机关制定的行政规范视为行政行为。同时，基于法国的行政法院设立在行政系统的内部，所以其对行政行为的监督范围广泛，包括行政规范在内的全体行政行为原则上遵守相同的合法性，且遵循相同的诉讼管道，均通过"越权之诉"。

基于越权之诉的核心不是满足当事人的诉讼请求，而是对"行为"的合法性进行审查，通过最高行政法院的判例发展将审查要件进行如下分类：无管辖权、形式上的瑕疵、滥用权力、违反法律。② 无管辖权，包括权限篡夺与一般的无权限，即无事务管辖权、无时间管辖权、无地域管辖权等。形式上的瑕疵是指欠缺必要的形式或程序。但是需要注意的是，事实上在行政命令的审查中，对于程序的要求相较于行政行为较为宽松。滥用权力是指审查行使权力的目的正当性。违反法律则是指除了上述三种情形以外的所有违法情形，除了未遵守法位阶、欠缺法基础、违反法错误、立基于不正确之事实外，还包括事实是否该当于法律要件、行为是否合乎比例之审查。③

由此可见，在法国对行政机关制定的规范与行政行为均通过"越权之诉"，在合法性审查上从是否存在无管辖权、形式上的瑕疵、滥用权力、违反法律四个要件进行判断。

（二）趋于立法行为的路径：以德国为例

区别于法国，德国明确区分行政机关制定的规范与指向个案的行政行

---

① 王必芳：《行政命令的抽象司法审查——以法国法为中心》，《中研院法学期刊》2012年第11期。

② 王名扬：《法国行政法》，北京，北京大学出版社，2016，第534页。

③ 王必芳：《行政命令的抽象司法审查——以法国法为中心》，《中研院法学期刊》2012年第11期。

为，对行政机关制定规范的审查采用不同于行政行为的审查路径。德国区分"一般拘束力的行为"与"特别拘束力的行为"，立法行为具有一般性、抽象性、非属人性，行政行为具有个别性、具体性。由此，德国采用行政行为与行政规范区分界定的路径，倾向于将行政机关制定的规范向立法行为靠拢。

德国法规命令的合法性审查要件包括：首先，具有授权依据，法规命令必须符合授权的内容、目的和范围。其次，形式合法要件，法规命令必须像其他国家行为那样符合一系列的形式要求。一是具有管辖权，由有权发布法规命令的机关根据授权法律确定。根据《基本法》第80条第1款的规定，只有联邦政府、联邦部长和州政府可以作为法令制定机关；该原始授权可以在特定的条件下再授权（转授权）。二是程序合法，特别是其他机关和特定组织的参与权。三是形式合法，不言而喻，法规命令必须采取书面形式，需要行政机关首长或者其代理人签发（签署）。四是公布，所有的法规命令都必须公开发布（公布）。再次，实体合法要件，法规命令所作的处置必须在授权根据的范围之内，遵守授权根据，并符合其他法律和宪法的规定。最后，裁量合法要件。法令制定机关原则上有权裁量是否行使法律授权。只有在法律规定或所有关联点产生这种需要时，才能这样（如果没有法规命令补充，法律就不能适用）。由此可以反向推导出法院审查法规命令的审查要件：第一，是否具有充分的、符合《基本法》第80条第1款规定的授权依据；第二，形式上符合规定；第三，内容上符合授权根据；第四，与其他上位阶的法律一致；第五，如果存在裁量，其发布无裁量瑕疵。违法的法规命令无效，没有拘束力。[1]

（三）小结：趋于统一的审查要件

以上就是大陆法系比较具有代表性的行政规范司法审查要件两条分析路径的阐述：以法国为代表的将行政规范审查趋同于行政行为审查的要件分析路径，集中于是否存在无管辖权、形式上的瑕疵、滥用权力、违反法律四个要件；以德国为代表的将行政规范审查趋于立法行为审查的要件分析路径，集中于是否具有授权依据、形式合法要件、实体合法要件、裁量合法要件。虽然表述不同，但是从这两个国家各个要件具体的审查内容来看，其实大体相同。其一，法国审查行政规范制定机关是否具有管辖权，

---

[1] 〔德〕哈特穆特·毛雷尔：《行政法学总论》，高家伟译，北京，法律出版社，2000，第333～340页。

而管辖权合法与否关键在于审查制定主体是否具有授权依据,是否在授权根据的范围之内制定规范,与德国趋同。其二,法国审查形式上的瑕疵,与德国的形式合法要件审查内容如出一辙,事实上均可以纳入广义的程序违法范畴。其三,法国审查的滥用权力与德国裁量合法要件的主观合法维度相似。法国的违反法律要件审查的内容极其广泛,与德国的实体合法要件审查的内容大致相同。而裁量要件与违反法律要件事实上都可以划归至规范性文件的内容是否合法。由此,虽然审查路径不同但是最后均可以归纳为三个审查要件:主体合法要件、程序合法要件、内容合法要件。

二、司法实践的偏好

对规范性文件合法性审查要件的理解渗透着对规范性文件合法性的独特理解,并很大程度上存在着对历史经验的路径依赖。不管在国内还是国外,一直以来司法判决的研究都以指标判决研究法,从研究者所搜索到的指标判决,探讨法院见解与变迁。[①] 自2014年《行政诉讼法》确立了规范性文件附带审查制度开始,各地法院均展开了规范性文件合法性审查的探索。虽然各地法院审查的要件不同,审查要件的具体内容亦不相同,但是结合司法实践,仍可以看出各地法院的偏好。

本部分以"中国裁判文书网"作为案例检索的来源,设置的检索条件为:(1)案件类型:行政案件;(2)文书类型:判决书;(3)裁判日期:2015年5月1日至2022年1月31日。而后在"全文检索"一栏输入相关法条名称[②]分别进行检索,排除明显引用法条错误、未在判决依据中出现相关条文、其他与规范性文件附带审查制度无关的案件,不符合诉讼请求条件的案件,重复上传的案件,等等。同时对于"群案",为了确保样本的有效性,本部分仅以1件计算,共获得有效裁判文书1155件,其中排除法院对原告的诉讼请求不予回应、驳回附带审查请求的案件,法院对规范性文件进行"实质性"的合法与否判断的案件共260件。在这260件案件中,法院进行合法性审查的要件,有两种情况:第一种是法院同时借由两个或两个以上的审查要件进行合法性审查,称为"多个审查要件";第

---

① 叶俊荣、张文贞:《转型法院与法治主义:论最高行政法院对违法行政命令审查的积极趋势》,《人文集社会科学集刊》2002年第4期。

② 即分别输入"《中华人民共和国行政诉讼法》第五十三条""《中华人民共和国行政诉讼法》第六十四条""《最高人民法院关于适用〈中华人民共和国行政诉讼法〉的解释》第一百四十八条"。

二种是法院仅仅借由一个审查要件进行审查，称为"唯一审查要件"。无论何种情况，使用频次的高低反映了不同审查要件在司法实践中的使用情况与地位高低。需要指出的是，一个案件中法院可能从两个、三个要件对规范性文件进行合法性审查，本部分按照审查要件的使用频次予以计算，而非简单地计算案件数量。①

首先讨论"多个审查要件"的使用，从表4-1可以看出，法院最常用的审查要件为"与上位法相抵触"，占比46.2%；最少被运用的是"目的合法"，只有7.3%；位于中间位置的分别是"超越职权"（20.3%）、"程序违法"（18.4%）、"是否适当"（7.8%）。其次看"唯一审查要件"的使用，从表4-1可以看出，在法院进行实质合法性审查的案件中，适用"与上位法相抵触"作为判断规范性文件合法与否唯一审查要件的案件多达104个，占比72.2%；适用"超越职权"作为判断规范性文件合法与否唯一审查要件的案件有34个，占比23.6%；适用"程序违法""目的合法""是否适当"作为判断规范性文件合法与否唯一审查要件的案件数量较少，分别占比3.5%、0%、0.7%。"多个审查要件"与"唯一审查要件"的使用情况大体吻合，二者可以互为印证。

表4-1中的数据反映了法官在行政诉讼实践中，对规范性文件不同审查要件的把握与偏好。其一，"与上位法相抵触"是使用最多的审查要件，接下来是"超越职权"，虽然很多案例中法官只是进行了"程序合法"的表述，并没有具体的说理过程，但是反映了法官在司法实践中具有对规范性文件程序违法的审查意识。其二，"目的合法"与"是否适当"这两个要件，法官们适用的频率较低，二者均属于规范性文件内容"合理性审查"的层面，足见法官对规范性文件合理性审查的尊让态度，不会对规范性文件内容的合理性进行过多的实质介入。

表4-1 司法实践中规范性文件的审查要件

审查要件	使用频次	使用频率	作为唯一审查要件的使用频次	作为唯一审查要件的使用频率
超越职权	156	20.3%	34	23.6%
与上位法相抵触	355	46.2%	104	72.2%

---

① 本统计方法借鉴何海波教授对行政行为合法要件在司法实践中的使用情况的介绍，参见何海波：《行政行为的合法要件——兼议行政行为司法审查根据的重构》，《中国法学》2009年第4期。

续表

审查要件	使用频次	使用频率	作为唯一审查要件的使用频次	作为唯一审查要件的使用频率
程序违法	141	18.4%	5	3.5%
目的合法	56	7.3%	0	0%
是否适当	60	7.8%	1	0.7%

三、《行诉适用解释》第 148 条审查要件分析

为适用《行政诉讼法》，统一司法实践，2018 年，最高人民法院颁布《行诉适用解释》第 148 条对规范性文件的合法性审查要件作出规定，这一规定的出台"暂时"平息了学界与司法实践的争论，但是第 148 条的两款均存在着继续讨论的空间，具体而言，包括以下几点：

第 148 条第 1 款首先列举了规范性文件合法性审查的三个维度：规范性文件制定机关是否超越权限、违反法定程序、作出行政行为所依据的条款以及相关条款。这三个维度分别对应于主体合法要件、程序合法要件、依据合法要件。其次以"等"字结尾。对"等"字进行解释需要借由对司法实践的观察。

第 148 条第 2 款是对《行政诉讼法》第 64 条中"不合法"的规范性文件的解释，亦是对第 148 条第 1 款的解释，列举了规范性文件各个维度不合法的具体情形。下面进行逐项分析（见表 4-2）：

第 1 项 "超越制定机关的法定职权或者超越法律、法规、规章的授权范围的"，是对规范性文件"制定主体"的职权进行审查的。

第 2 项、第 3 项均是对规范性文件"依据要件"审查的规定。第 2 项规定的是"有上位法依据"的规范性文件不得与上位法相抵触，第 3 项规定的是"没有上位法依据"的规范性文件不得增加公民、法人、其他组织的义务，减损公民、法人、其他组织的合法权益。

第 4 项规定的是对规范性文件的程序要件进行审查，即"未履行法定批准程序、公开发布程序，严重违反制定程序的"。

第 5 项则是兜底条款。

表 4-2 《行诉适用解释》第 148 条

合法性审查	第 1 款	第 2 款
主体要件	制定机关是否超越权限	（一）超越制定机关的法定职权或者超越法律、法规、规章的授权范围的

续表

合法性审查	第1款	第2款
依据要件	作出行政行为所依据的条款以及相关条款	(二) 与法律、法规、规章等上位法的规定相抵触的 (三) 没有法律、法规、规章依据,违法增加公民、法人和其他组织义务或者减损公民、法人和其他组织合法权益的
程序要件	违反法定程序	(四) 未履行法定批准程序、公开发布程序,严重违反制定程序的
兜底条款	等	(五) 其他违反法律、法规以及规章规定的情形

由此可见,《行诉适用解释》第148条通过两款划定了规范性文件的合法性审查要件。但是规范性文件的合法性审查要件是否就局限于主体要件、依据要件、程序要件,是否还包括其他要件?司法实践中出现的"目的是否合法""是否妥当"的审查是否能为上述要件所涵盖?第148条各个审查要件的具体不合法情形是否仅仅局限于第148条第2款中所列举的情形,同样仍有待后续理论与实践的检验。

四、要件整合:主体要件、内容要件、程序要件

"行政行为合法要件(司法审查根据)的建构是逻辑、经验和政策选择的产物,即借鉴经验认识的事物,运用逻辑条分缕析,并对不同的利害关系加以政策上的考量。"[①] 规范性文件的合法性审查要件亦是如此,既要在现有的制度框架内进行操作,又要符合规范性文件的逻辑结构,更要符合中国法官在实践中的使用偏好。虽然规范上的表达、司法实践、学理上的争论各不相同,但是并非没有共通之处与整合的可能。

首先,规范条文是各方主体均需遵守的行为准则。《行诉适用解释》第148条第1款事实上已经划定了规范性文件合法性审查的要件,即主体要件、依据要件、程序要件,以及"等"字的兜底条款。同时,第2款对第1款各个要件的违法情况进行具体列举。

其次,虽然学理上关于规范性文件的合法性审查要件有"趋于立法行为审查要件的分析路径"与"趋于行政行为审查要件的分析路径"之不同理解,但是通过对这两条分析路径具有代表性的德国与法国司法实

[①] 何海波:《实质法治:寻求行政判决的合法性》,北京,法律出版社,2009,第199页。

践的考察与对比，可以发现最后均集中于主体要件、程序要件与内容要件三个维度。需要注意的是：区别于《行诉适用解释》第 148 条，这里的"内容要件"不局限于"依据要件"，还包括目的合法等合理性审查内容等。

再次，司法实践中，法院的审查主要集中于以下要件：超越职权、与上位法相抵触、程序违法、目的合法、是否适当等，与学理上的讨论趋同，但是不局限于《行诉适用解释》第 148 条所列举的事项。

最后，从规范性文件自身的逻辑结构来看，区别于行政行为，规范性文件的制定是行政机关在获得规范授权的基础上，经由规范制定程序，最终成为法规范秩序的一环。因此从规范性文件自身的逻辑结构可以进行如下划分：主体要件，即行政机关获得授权；程序要件，即制定程序合法；内容要件，即规范性文件符合法规范秩序。但是要注意的是，这里的符合法规范秩序不仅仅指不与上位法相抵触。由于规范性文件的制定是制定机关在多元利益之间作出均衡博弈价值衡量的过程，具有裁量的属性，因此还应该包括符合合理性要求，这在德国对法规命令的审查中同样有所体现。

上述四种不同的分析进路，分别对规范性文件的合法性审查要件进行了不同方式的归纳，虽有不同，但是依然能够识别出四种分析路径的某些"公约数"：第一，规范性文件的主体要件是共同的审查要件。第二，制定程序合法是共同的审查要件。第三，仅仅依据《行诉适用解释》第 148 条列举的审查事项进行"依据要件"的审查无法满足司法实践与回应学理的讨论。事实上，依据要件的审查更加关注规范性文件与上位法的关系，虽然是内容要件审查中的核心内容，但是并不能涵盖司法实践与学理讨论中所出现的其他审查内容，比如规范性文件裁量是否合法、是否合理等。因此，用"内容要件"进行概括更为贴切与全面。由此，通过对规范、学理与司法实践的归纳分析，可以将规范性文件的合法性审查要件整合为三个：主体合法要件、内容合法要件、程序合法要件。

在合法性审查要件确定了之后，接下来的问题就是上述各个审查要件应如何展开，即如何展开规范性文件的主体合法审查？规范性文件内容合法审查究竟包含哪些？如何展开规范性文件程序合法审查？这将是接下来的三节依次要讨论的内容。

第三节　合法性审查要件（一）：主体合法审查

法学就是从主体的角度观察社会的，这是法学所固有的方法论或称为世界观。① 对于行政法学研究来说，其首先面对的一个问题就是谁有权进行管理，具备何种资格才能享有行政职权进行管理。"主体的合法性问题是判定行政行为是否合法的第一步，同样也是判定规范性文件的必经环节。"② 主体要件审查的核心在于"职权"。"它要确保每一个行政机关都有各自法定的行政事务范围（权能）；每一项行政事务都有一个法定的行政机关来管辖（权限）。为此，制定法对各个行政机关的行政职权必须作出明确的、具体的规定。"③《行诉适用解释》第148条第1款规定可以从"规范性文件制定机关是否超越权限"方面进行审查，第2款第1项则列举了主体不合法的情形，即"超越制定机关的法定职权或者超越法律、法规、规章的授权范围的"。这实际上提供了规范性文件主体要件审查的路径，但是究竟应当从哪些维度来展开超越职权的审查？这是本节所要解决的核心问题。

一、职权来源合法

基于"依法行政"的诫命，行政机关行使职权需要具有法定的职权来源。现代法治国家均确立了这一基本要求，行政行为必须由具有行政职权的组织来作出，否则其便不是该类行政法关系中的行政主体，作出的"行政行为"是"无权行为"，不具有行政法律效力。④ 在行政规范的制定中亦是如此。"无论是职权立法还是委任立法，都必须具有法律根据，这是不言而喻的。可以说，在现代法治国家，都确立了这一原则。行政机关可以制定，并且仅限于制定其职权范围内的行政管理规范。"⑤ 因此，对规范性文件职权合法的审查首先就是要审查制定主体对其所制定的规范性文

---

① 张树义：《论行政主体》，《政法论坛》2000年第4期。
② 徐肖东：《行政诉讼规范性文件附带审查的认知及其实现机制》，《行政法学研究》2016年第6期。
③ 章剑生：《现代行政法总论》，北京，法律出版社，2014，第158页。
④ 胡建淼：《行政法学》北京，法律出版社，2015，第138～139页。
⑤ 张正钊、韩大元：《比较行政法》，北京，中国人民大学出版社，1998，第370～371页。

件是否具有"职权来源"。

(一) 职权来源的正当性

规范性文件的制定主体是行政机关,其是否具有制定抽象规范的正当性,是首先需要讨论的问题。基于传统理念,立法是创制规定公民权利和义务法规范的国家活动,基于"人民主权"的原理,它必须以全体公民同意为前提。① 立法者负责为人们的社会生活,预先形塑一般性、抽象性的法律规定,而行政部门则必须在法律所预先规划的条件下,将法律意志具体化适用到其所职司的权限范畴之中,② 由此形成"法制定"(立法权) - "法适用"(行政权、司法权)的基本框架。中国亦是如此,立法权由具有民主正当性的立法机关行使,行政机关、司法机关则是将立法意志具体化的执行机关。

然而伴随着现代国家任务的扩张以及政府角色的转变,立法机关垄断立法权受到冲击,立法机关不得不通过授权的方式将部分立法权交由行政机关行使,行政机关逐渐获得了制定抽象规范的正当性。首先,社会结构的日益复杂以及国家任务的膨胀与多样化,导致国家需要进行大量的管制事务,国会立法的低效使得立法机关无法满足行政的需要,立法与行政之间形成紧张关系。其次,地方治理灵活性的需要。法制统一是国家统一的前提,然而中央采用"一刀切"的方式进行立法统一往往无法兼顾各个地方的特殊性,尤其对中国这样幅员广阔的国家而言更是如此。"中央政府施政所需要的统一性与地方差异所需要的灵活性之间的紧张关系"③ 促使中央通过授权赋予地方行政机关一部分规则制定权。最后,行政事务的专业性。伴随着社会分工的日益精细化与风险社会的发展,政府处理的公共事务日益精细化与专业化,立法机关往往能力有限。"有些法律技术性强,如原子能控制、外汇管制等。议会没有能力,也不适宜于考虑技术细节,不得不授权行政机关制定法规补充。"④ 比如环境领域、科技领域等都需要依赖行政部门的专业知识进行各种标准的制定。因此国家往往制定总体立法框架,而后授权行政机关进行具体的规定。

概言之,伴随着现代国家的发展,行政机关具有制定行政规范的现实

---

① 章剑生:《现代行政法总论》,北京,法律出版社,2014,第20页。
② 黄书芃:《行政命令》,台北,三民书局,2011,第20页。
③ 章剑生:《现代行政法基本理论》(上卷),北京,法律出版社,2014,第2版,第330页。
④ 〔德〕平特纳:《德国普通行政法》,朱林译,北京,中国政法大学出版社,1999,第43~44页。

需要与正当性，这在中国同样如此。1982年《宪法》关于国务院制定行政法规、国务院各部委制定规章的规定以及《地方各级人民代表大会和地方各级人民政府组织法》修改将规章的制定权扩张到省、自治区、直辖市以及省府所在地的市、较大市政府等逐渐打破了1954年《宪法》关于"全国人民代表大会是行使国家立法权的唯一机关"的规定，宪法和相关法律同时授权若干行政机关可以发布"决定和命令"，① 部分法规、规章亦授权相关行政机关制定规范性文件，由此中国行政机关获得了制定规范的正当性权力来源。这其中既包括具有立法效力的行政法规与行政规章，也包括不具有立法效力的规范性文件。

（二）职权来源的双重方式：法条的具体授权与职权的概括授权

虽然行政机关具有制定规范性文件的正当性，但是基于合法性理论的制约，行政机关如何获得规范制定权就成为关键，这也决定着法院应当从哪些维度去审查规范性文件是否具有合法的职权来源。《行诉适用解释》第148条第2款第1项规定，"超越制定机关的法定职权或者超越法律、法规、规章的授权范围的"规范性文件不合法，可见规范层面上将规范性文件的职权来源分为两类：一是制定机关的法定职权，即宪法以及组织法中有关行政职责的概括授权。二是法律、法规、规章的授权，即宪法、组织法以外的法律、法规、规章中专门法条的具体授权。而结合司法实践来看，法院亦主要从这两个维度来审查规范性文件的制定主体是否具有主体资格。但是上述两种职权来源具有各自的发生背景，并且在制定权限方面亦具有区别，以下将进行详细阐述：

1. 法条的具体授权

法条的具体授权是指依据宪法、组织法以外的法律、法规、规章中专门法条的授权而制定规范性文件，由于区别于宪法、组织法的概括授权，授权法条中往往包含授权目的、范围、考量因素等，故亦有学者将其称为"具体授权""法条授权"。法条的具体授权缘起于自由法治国时期，基于对行政权力的忌惮，在传统的权力分立原理下，立法权只能由议会行使，行政机关仅仅为执行机关。然而国家事务繁杂，若事无巨细均需先由议会制定法律，而后依章行事，不仅有碍政务之推行，证无实际，而且无可

---

① 《宪法》第89条第1项、第90条的第2款、第107条和《地方各级人民代表大会和地方各级人民政府组织法》第74条。

能。① 于是议会运用授权规范、通过法律授权的方式将部分事务授权给行政机关进行补充制定。而为了防止行政机关滥用议会的授权，一方面，要求授权规范自身必须明确"授权的内容、目的和范围"，即符合"授权明确性原则"；另一方面，要求行政机关必须严格遵守授权，并不得进行再授权。概言之，"只有议会立法才能形成具有普遍约束力的法律规范，行政机关除非获得法律的授权"②。需要注意的是，在这一时期，如果行政机关仅仅具有宪法或组织法的职权依据，在未获得明确的法律授权的情况下进行立法，会被认为是违法的，因为"宪法和有关组织法已经赋予行政机关对整个社会事务进行行政管理的职权，如果行政机关根据行使行政管理职权的需要都可以自行立法，那么，权力机关也就成为多余的了"。③ 因此，专门法条的具体授权本质是对议会立法权的传送与国民主权的延伸，具有一定的民主正当性，被认为是行政机关制定行政规范最为正当的职权来源。

根据法条授权的内容，可以分为解释性规范性文件的授权与创制性规范性文件的授权。前者如《公路管理条例实施细则》（现已失效）第 65 条规定："本《细则》的解释权属交通运输部。各省、自治区、直辖市公路主管部门可根据《条例》及本《细则》规定制定具体实施办法。"后者主要是赋予行政机关补充或变通行政规范或上级行政规范性文件的权力。比如《水土保持法实施条例》第 6 条第 1 款规定："水土流失重点防治区按国家、省、县三级划分，具体范围由县级以上人民政府水行政主管部门提出，报同级人民政府批准并公告。"《湖北省人民政府关于划分水土流失重点防治区的公告》（鄂政发〔2000〕47 号），就属于补充行政法规依授权制定的创制性文件。而《四川省人民政府关于进一步放开搞活城镇集体工业企业的若干规定》（川府发〔1984〕141 号）规定："三州及边远山区县，还可结合当地实际情况，制定灵活变通的措施。"据此，有关县政府可以依授权制定行政规范性文件，以变通四川省政府的规章规定。

在司法实践中，如果制定主体具有法条的具体授权，法院均会认可规范性文件制定主体的职权来源合法，比如在"赵某与天津市红桥区房产总公司不履行法定职责案"中，原告对《天津市公有住房变更承租人管理办法》第 10 条第 7 项的规定提出合法性审查要求。法院认为：该规范性文

---

① 李建良：《行政法基本十讲》，台北，元照出版社，2012，第 223 页。
② 周乐军：《行政规范性文件的生成形态及其类型化》，《法学论坛》2019 年第 3 期。
③ 陈斯喜：《论我国立法权限的划分》，《中国法学》1995 年第 1 期。

件的职权依据来自《天津市房屋租赁管理规定》第 25 条第 2 款规定,"公有住房承租人的变更办法由市房地产管理局制定",进而认为天津市房地产管理局制定《天津市公有住房变更承租人管理办法》第 10 条具有职权依据。①

2. 职权的概括授权

职权的概括授权是指基于宪法与组织法中的行政职责而制定规范性文件,由于宪法与组织法中的职责规定相对比较概括,亦有学者将其称为"概括授权""职权授权"。职权的概括授权是自由法治国到社会法治国转变以及现代管制国家兴起的产物,伴随着政府的行政任务日益增多并日益精细化和专业化,期望借由议会立法进行事无巨细的规定难以实现,立法的滞后性与行政的积极性之间形成紧张关系,由此导致立法权对行政权的拘束日益松绑:一方面,议会无法将所有事项的立法权均把握在自己手中,"重要事项保留"日益成为主流学说,即:"议会基于民主的直接性而应该将主要精力放在重要事项的落实与实现上,对于不那么重要的事项,便可以授权行政机关处理,甚至还应承认某项事项本来就是属于宪法赋予行政机关自主或保留的范畴。"② 不明确的授权规范日益增多,法律规定内容的明确性适度牺牲,不确定法律概念的扩大适用成为难以避免的趋势。③ 另一方面,对行政权的认知发生变化。执行法律是行政机关的固有权力,这便意味着行政机关为了执行法律,在法律规范密度过低导致执行困难的情况下,往往可以基于其内部组织与功能上的需要,进行细节性的补充与细化,而无须等待议会立法的具体授权,以履行行政任务、统一行政系统内部的法律适用。事实上,执行法律的概念固然含有被动、附属的要素,但该概念本身也蕴含一定的自主性和创造性;而非事事静待法律授权,法律也无法事事在事前就预见,其本身需要规划细节性之补充规定,而为明确具体之授权。行政权为遵守宪法上关于公权力应正常运作及执行法律的要求,于必要时自得订定行政命令。④ 因此,伴随着社会法治国的发展,即使没有法条的具体授权,行政机关往往也会基于在宪法与组织法

---

① 天津市第一中级人民法院(2016)津 01 行终 130 号行政判决书。
② 许宗力:《论法律保留原则》,载《法与国家权力(一)》,台北,元照出版社,1999,第 139 页。
③ 蔡宗珍:《法律保留思想及其发展的制度关联要素探微》,《台大法学论丛》2010 年第 3 期。
④ 陈淳文:《行政保留之比较研究——以半总统之行政命令为中心》,《中研院法学期刊》2012 年第 10 期。

上享有的职权而发布规则，制定规范性文件，基于职权而获得的概括授权日益成为行政机关制定行政规范的另外一种更为宽松的职权来源。而相较于法条的具体授权源于代议机关立法意旨的传送，基于职权的概括授权是行政机关基于职权行使之需要而产生的，其本质是行政权自身的延伸。

基于职权的概括授权在中国亦有体现，比如《宪法》第89条、90条、107条和《地方各级人民代表大会和地方各级人民政府组织法》第73条等授权若干行政机关可以"发布决定和命令"，实践中大多规范性文件的制定主体并无专门的法条授权，而是根据自身在宪法和组织法上的职权制定规范性文件的。部分学者对仅依据组织法的概括授权制定规范性文件是否合法存有质疑，[①] 事实上，一国的法治实践渗透着对本国制度的独特理解，并在很大程度上存在着对本国历史经验的路径依赖，行政机关根据职权授权制定规范性文件是否具有合法性，需要结合行政权的属性以及中国的制度情况进行综合考量：其一，职权立法概念是对20世纪80年代中国立法体制和行政立法实践的概括，兴起于中国法制不健全的现实。由于中国一直缺乏法条具体授权的传统，基于概括性的职权进行立法满足了新中国成立初期法制不健全的历史需求，具有"事实"上的正当性。其二，从功能主义的视角进行观察，宽泛的法条授权与职权授权本质上无异。就一般的行政法理论而言，行政机关立法或制定规范性文件必须有法条的具体授权，但是当前授权目的、内容、范围不明确的法条授权日益增多，比如常见的"本法施行细则由某机关制定"或"按办法由某机关制定"等，上述缺乏明确的授权目的、内容、范围的法条授权与职权授权实质上相差不远。其三，断然以规范性文件的制定缺乏某一专门法条的具体授权而否定规范性文件的合法性无疑将引发实践的混乱，不具有可操作性。

因此，认可行政机关基于职权的概括授权制定规范性文件是更加务实的选择，在司法实践中，"即使具体授权条文缺位，法院亦不会轻易得出行政机关越权行文的审查结论。在行政立法有效供给不足的背景下，法院显然意识到断然以缺乏上位法依据为由否定行政规范性文件的合法性只会

---

① 部分学者认为：在依法行政原理下，行政机关制定行政规定应当有"法"的依据，"法条授权"的规则在这里仍然应当被遵守。法条授权意味着行政机关制定行政规定必须来自法律、法规、规章的某一具体法律条文，否则，行政机关所制定的行政规定不具有合法性。参见章剑生：《现代行政法基本理论》（上卷），北京，法律出版社，2014，第2版，第343页。亦有学者认为：职权立法的存在等于承认行政机关具备立法权，违背了民主等原则；职权立法与中国整体相矛盾；行政职权立法的存在造成职权立法与授权立法的混乱，削弱了授权立法的必要性。参见曾祥华：《职权立法权应当取消》，《人大研究》2005年第9期。

将行政机关置于进退维谷的两难境地。作为折中方案，法院选择承认宪法和法律中有关行政职责的概括授权足以在具体授权缺位时构成制定机关的行为依据"①。比如在"邓某章、邓某祥与平江县人民政府、岳阳市人民政府拆迁补偿案"中，法院认为："《中华人民共和国宪法》第八十九条、第九十条第二款，以及第一百零七条、第一百零八条规定，授予乡镇人民政府、县级以上人民政府及其职能部门制定行政规范的职权。据此，本案中被告平江县政府有权制定涉案的 21 号文件。"②

二、超越事项管辖权审查

在确定了规范性文件的职权来源后，如何判断其超越职权是接下来要讨论的问题。超越职权是指行政机关行使了法律、法规、规章没有赋予该机关的权力，对不属于其职权范围内的人和事进行了处理，或者逾越了法律、法规、规章所设定的必要的限度等情况。③ 超越职权包含多重维度。一是超越事项管辖权。事项管辖是确定行政机关可以管理哪些事项的，其核心在于划清国家机关之间的界限。超越事项管辖权即管理了其他国家机关、行政机关的管辖事项。二是超越地域管辖权。地域管辖是确定行政机关管理事务的地域范围的，其核心在于划清与同质行政机关管辖事项的地域权限边界。三是超越层级管辖权。层级管辖是确定不同层级行政机关的权限的，其核心在于划定上下级同质或异质行政机关之间的行政权限边界。在此需要注意的是，上级机关行使下级机关的法定职权是否构成超越职权，理论界与实务界的做法均不统一。④ 四是超越时间管辖权。时间管

---

① 李成：《行政规范性文件附带审查进路的司法建构》，《法学家》2018 年第 2 期。
② 湖南省岳阳市中级人民法院（2016）湘 06 行初 21 号行政判决书。
③ 姜明安：《行政法与行政诉讼法》，北京，北京大学出版社、高等教育出版社，2015，第 6 版，第 515 页。
④ 胡建淼教授认为："这应视行政职权的性质而定：对于一般行政职权，上级行政主体可以直接行使下级行政主体的行政职权，当然亦需通过一定的'升格'程序；对于专有行政职权，上级行政主体同样不得行使下级行政主体的行政职权。"胡建淼：《行政法学》（第 3 版），北京，法律出版社，2010，第 444 页。亦有学者认为："一般情况下，上级行政机关行使了下级行政机关的法定职权也视为越权。这样有利于建立良好的行政秩序，也有利于明确上下级行政机关之间的权责关系。"姚敏锐、易凤兰：《违法行政及其法律责任研究》，北京，中国方正出版社，2000，第 112 页。章剑生教授则认为："以上两种观点都有合理的成分，但也存在误导行政事务的可能性，诱使上级行政机关基于私利等不正当动机擅自行使下级行政机关的法定职权。所以，除非是基于法定监督职权，如行政复议中改变被申请人作出的行政决定等，否则上级行政机关行使下级行政机关的法定职权也都应当视为超越层级管辖权。"章剑生：《现代行政法基本理论》（上卷），北京，法律出版社，2014，第 2 版，第 484 页。

辖是确定行政机关职权的行使时间或职权的生效、终止时间的,其核心在于划定行政机关行使职权的时间边界。五是超越行政裁量的权限。行政裁量的权限是确定行政裁量的边界的,包含两类:种类裁量的权限与幅度裁量的权限。①

但是在规范性文件审查领域,并不是以上所有维度均是法院的关注点,纵观司法实践,法院在规范性文件领域审查的重点在于:是否超越事项管辖权。比如在"安徽华源医药股份有限公司诉国家工商行政管理总局商标局商标行政纠纷案"中,法院指出:判断规范性文件的制定主体是否超越法定权限,关键在于审查其是否行使了应当由其他主管部门、上级部门或者立法部门等行使的法定权限,是否超越了其法定的职权范围。② 根据司法实践的总结,规范性文件超越事项管辖权主要包括以下三种情况:

一是规范性文件规定的事项进入了社会自治领域的事务范畴。基于"国家-社会"的关系,社会自治领域是法律赋予的公民自我管理、自我决定有关自治事务的社会领域。对于社会自治领域,行政机关不得介入。例如在"北京市通州区潞县镇后尖平村村民委员会诉北京市通州区潞县镇人民政府履行追缴公章法定职责案"中,通州区人民政府认为:村委会系村民自治组织,其管理有独特性,如果任意层级的法律文件都可以规定镇政府对村委会的管理权,势必影响村委会的自治管理。③ 最后以《中华人民共和国村民委员会组织法》(1988 年)第 5 条第 1 款④否定了《民政部、公安部关于规范村民委员会印章制发使用和管理工作的意见》的合法性。

二是规范性文件规定的事项进入了非行政的其他国家机关的事务范围。在国家"权力-权力"之间,基于权力分立的原则,国家的立法权、行政权、审判权、监察权等均由不同性质的国家权力部门行使,虽然现代行政下行政机关也享有行政性的立法权、行政性的司法权,但是均有严格的界限,行政机关不得恣意地逾越,更不能侵犯其他性质的国家机关的职

---

① 章剑生:《现代行政法基本理论》(上卷),北京,法律出版社,2014,第 2 版,第 484 页;胡建淼:《行政法学》,北京,法律出版社,2015,第 49 页;全国人大常委会法制工作委员会行政法室:《中华人民共和国行政诉讼法解读》,北京,中国法制出版社,2014,第 196 页;金伟峰:《论行政超越职权及其确认和处理》,《行政法学研究》1996 年第 4 期;朱新力:《论行政超越职权》,《法学研究》1996 年第 2 期。
② 北京知识产权法院(2015)京知行初字第 177 号行政判决书。
③ 北京市通州区人民法院(2008)通行初字第 27 号行政判决书。
④ 《中华人民共和国村民委员会组织法》(1988 年)第 5 条第 1 款:乡、民族乡、镇的人民政府对村民委员会的工作给予指导、支持和帮助,但是不得干预依法属于村民自治范围内的事项。

权范畴。

三是规范性文件规定的事项进入了另一个行政机关的事项范围。在行政系统的内部，不同的行政机关具有不同的职权范围，这不仅是基于"功能主义"视角对行政专业的考量，而且是出于行政效率的考量，因此行政机关要严格遵守行政系统内部不同行政机关之间的行政权力边界，不得逾越。比如在"杜某诉喀左县公安局官大海派出所公安行政处罚案"中，在对"辽宁省公安厅辽公通（2012）295号文件"进行审查的过程中，法院认为："经审查，相关法律、法规及部门规章并未授权省级公安机关可以对火灾责任事故的行政处罚职权另行作出具体规定。该规范性文件在未取得法定授权的情况下作出与上位法相抵触的规定，违反职权法定原则，不能作为被告的职权依据。"① 省级公安机关的职能主要是主管公安工作，而火灾责任事故认定的职能主要归属于消防部门，那么省级公安机关在没有获得法律法规授权的情况下，制定属于消防部门职责范围内的规范性文件，实质上超越了其他行政机关的职权。

三、超越规范管辖权审查

区别于行政行为，规范性文件属于整体法秩序的一环。因此相较于行政行为的审查，规范性文件在主体合法审查方面具有其独特的属性，即应当遵守《立法法》等上位法分配的规则制定权限。结合理论与司法实践来看，主要包括三个维度：一是规范性文件不得侵犯立法权及其例外；二是遵循解释性规范性文件的权限划分，即不得侵犯法定解释权；三是遵循法律保留的边界。以下将详细进行阐释：

（一）规范性文件不得侵犯立法权及其例外

1. 规范性文件不得侵犯立法权

规范性文件不是立法是基本的共识。国外大多以是否存在立法授权将行政规范划分为具有立法效力的行政立法与不具有立法效力的规范性文件。比如美国区分行政机关经过国会授权制定的具有法律上拘束力的立法性规则，以及无须国会立法授权、仅依据《联邦行政程序法》即可制定的非立法性规则。② 再如德国，行政机关根据议会法律授权制定的具有外部拘束力的、正式的法源为法规命令，而根据"上级行政机关的组织权和指

---

① 辽宁省喀喇沁左翼蒙古族自治县人民法院（2016）辽1324行初6号行政判决书。
② 〔美〕皮尔斯：《行政法》，苏苗罕译，北京，中国人民大学出版社，2016，第321页。

令权"而制定的组织规则、业务性规范、解释性规则、裁量基准等,由于其不直接对外发生法律效力,因而被称为行政规则。① 中国的《立法法》虽然没有以"是否存在立法授权"为标准,但是从形式上以"行政规章"为界,同样将行政规范分为两类:一是具有立法效力的行政法规、行政规章;二是除此之外行政机关制定的不具有立法效力的非行政立法,即规范性文件。规范性文件的"非立法"性质决定了其不能"创设权利义务",仅有权对既有法律规范进行解释,否则属于实质上的行政立法,则超越了其规则制定权限。

基于行政实践的错综复杂,规范性文件"是否创设了权利义务"成为实质上的行政立法,往往难以通过仅观察规范性文件本身得出答案,需要结合上下位法进行确定,即下位法是否在上位法的射程范围之内:如果在上位法的射程范围之内,即为对上位法的解释;如果不在上位法的射程范围之内,即为创设了新的权利义务关系,成为行政立法。具体可以借助以下方法进行判断:一是规范性文件是否改变了上位法,即是否改变了上位法的规范属性②、是否改变了上位法的内容③。二是基于法的安定性要求,规范性文件制定以后,公众对其会产生信赖,规范性文件如果修正了之前的行政立法或解释性文件亦是创制。三是如果没有该规范性文件,行政机关的行政行为是否具有足够的规范依据,如果没有,则规范性文件即为"创制"。④ 当然,这只是一些初步的识别方法,仍需在个案中根据具体情况进行详细的分析与判断。

---

① 〔德〕汉斯·J.沃尔夫等:《行政法》(第一卷),高家伟译,北京,商务印书馆,2002,第268~269页。
② 基于规范属性的不同,可以将法律规范分为不同的类型:宣言性规范与处分性规范,权利性规范、义务性规范与禁止性规范,强制性规范与任意性规范,实体性规范与程序性规范,裁量规范与羁束性规范,等等。
③ 下位法虽然没有改变上位法的规范属性,但是改变了上位法的内容,包含两种情况:一种是规则抵触,即作为下位法的规范性文件与上位法的规定不一致;另一种是原则抵触,即下位法的内容与上位法的指导思想、基本原则、基本精神不一致。
④ 无独有偶,美国亦存在创制性文件与解释性文件的区分,虽然其与中国的制度背景和分类方式内在的原理不同,但仍然具有启发性。美国学界对于二者的区分,始于《联邦行政程序法》,认为:"一个行政机构只有使用了《联邦行政程序法》第553条规定的通告评论程序,才能颁布立法性规则。"然而,借由程序的区分日益无力,而后美国以"美国采矿协会案"确立的"法律效果"标准为基点进行修正,形成了以下实体性判断方法:一是在缺少该规则的条件下,行政机关的执行、授意或履行职责是否会缺少足够的法律基础。二是行政机关所解释的立法性规则是否太模糊或开放,以至于不能支撑解释性规则。三是行政机关是否清晰地援引其一般立法权限。四是是否修正了之前的行政规则(不论之前的规则是立法性规则,还是解释性规则)。

2. 例外：创制性规范性文件

基于立宪原理以及《立法法》的权限划分，原则上规范性文件不得创设权利义务，但是"创制性规范性文件"是例外。创制性规范性文件是行政机关未启动行政立法程序而为不特定的相对人创设权利义务的行政规范性文件。[①] 学界大多否定创制性规范性文件的存在，有学者认为"行政规范性文件的性质不属于立法，不能创设权利义务，也不能对公民的权利义务产生法律效力"[②]，因此如果规范性文件超越了解释的范围，就是违法。基于应然角度将规范性文件仅仅限缩至只能对上位法进行解释，无疑过于理想化。事实上，基于行政管理的客观需要，尤其是地方性事务管理的需要，创设公民权利义务的规范性文件一直大量存在并具有一定的生存空间。比如《四川省人民政府关于进一步放开搞活城镇集体工业企业的若干规定》（川府发〔1984〕141号）规定："三州及边远山区县，还可结合当地实际情况，制定灵活变通的措施。"据此，有关县政府依据授权制定规范性文件，以变通省政府的规章规定。再如《道路交通安全法》第39条规定："公安机关交通管理部门根据道路和交通流量的具体情况，可以对机动车、非机动车、行人采取疏导、限制通行、禁止通行等措施。"上海市公安局据此制定的高架限行规定，就属于补充行政法规的行政创制文件。甚至在现代行政的关键领域——给付行政领域，行政机关的执法依据大多是规范性文件。另外，创制性规范性文件、解释性规范性文件与指导性规范性文件的分类一直是学理上的关键分类。早在2002年，叶必丰教授、周佑勇教授就在《行政规范研究》一书中提出，将行政规定划分为创制性行政规定、解释性行政规定、指导性行政规定，并在此基础上提出了相应的合法性解说。而在当前通行的教材中，可以发现，不仅姜明安教授主编的、在中国高等院校得以广泛使用的教材——《行政法与行政诉讼法》采用了上述两位教授的分类观点，而且应松年教授主编的21世纪行政法学系列教材《行政法与行政诉讼法》以及胡建淼教授主编的21世纪法律教育互动教材《行政法与行政诉讼法》在介绍规范性文件的分类时亦采用这一分类方式，可见这一分类是中国行政法学界的通说。[③] 因此，基于行政实践

[①] 姜明安：《行政法与行政诉讼法》，北京，北京大学出版社、高等教育出版社，1999，第3版，第174页。

[②] 王留一：《论规范性文件司法审查标准体系的建构》，《政治与法律》2017年第9期。

[③] 孙丹丹：《论法院对"合法有效"的行政规定之判断——以行政规定分类学说为切入口》，浙江大学2015年硕士学位论文。

与学理观察,创制性规范性文件具有存在的空间,而更为关键的是如何划定创制性规范性文件的权限范围。

厘清行政主体制定创制性规范性文件的权限范围是司法审查的关键。基于规范性文件的职权来源包括"法条的具体授权"与"职权的概括授权"两类,不同的职权来源具有不同的源起背景与权力边界,因此将以职权来源为基础进行类型化的分析。需要注意的是,本处讨论的权限范围是规范性文件作为一个整体上的规则所能够制定的事项范围,与下一节"内容合法审查"中的"与上位法相抵触"不同。

根据行政行为对公民权利产生的效果与影响的强度,可以划分为干预行政、给付行政。干预行政是指采用禁止、限制等方式,进而为相对人设定义务或剥夺、限制其权益的行为,给付行政是指为行政相对人设定权益或免除其义务的行为。由于二者对公民权利影响程度的不同,干预行政与给付行政在受法拘束的程度上亦不相同。基于对君主专制独裁统治的警惕,为了抵制君主官僚对人民无限制的侵害,在议会与君主的博弈下,"干预保留"的法治理念自古有之,即:"凡涉及人民自由及财产之限制与剥夺,非经议会法律之同意,不得为之。"[1] 从而要求君主官僚若限制、剥夺人民的自由与财产,必须具有国会制定的法律作为依据。由此形成法治国的基本理念,即凡涉及基本权利之干预(尤其是限制与剥夺),皆需具有法律上之授权基础,始得为之,不问干预程度之轻重,概莫能外,[2]因此干预行政必须以代表人民意志的代议机关制定的"法律"作为依据,必须受到严格的法律拘束。这在《立法法》第12条、第13条的法律保留条款中有着明确的规定,比如犯罪、刑罚、对公民政治权利的剥夺、限制人民自由的强制措施和处罚、对非国有财产的征收等"只能制定法律"。

而给付行政是伴随着第二次世界大战以后现代国家任务的变迁而发展起来的,政府通过提供社会保障、发放政府资助、建设基础公共设施等照顾人民的生存,提携人民的发展。一方面,给付行政有益于行政相对人,所以其不需要高密度的法律规范;另一方面,给付行政具有灵活性、主动性,行政裁量空间广阔,并且与各地财政收入密切相关,具有地方性与差异性,常常需要由各地政府灵活规定。所以除了法律的"原则性依据"外,从实务来看,规范性文件通常是给付行政的"具体性依据",在给付

---

[1] 李建良:《行政法基本十讲》,台北,元照出版社,2012,第222页。
[2] 李建良:《行政法基本十讲》,台北,元照出版社,2012,第226页。

行政领域往往不需要严格的法律保留。诚如中国台湾学者所言：所谓"法律保留"在台湾地区原不限于侵害保留，亦即应以法律定之者，或应有法律之授权者，并不限于侵害或限制人民之自由或权利之事项，抑且及于单纯授予人民利益或福利之事项。然而审视当前实务状况，如此广泛之法律保留根本就做不到，法规命令有两种，其属于干预行政者，必须有法律之授权；其属于受益行政、授予人民利益者，只须本于法定职权（组织法上概括授权）即可订定。① 在此，需要注意的是，并不是所有的给付行政都具有受益性，从是否与公民的生存保障目的相关，可以将给付行政划分为两类：保障性给付行为与干预性给付行为。保障性给付行为是为了实现公民的社会权而实施的行政，具有典型的给付特征，是社会权的核心部分。而干预性给付行为与侵害行为具有相似性，不予给付将对自由权与平等权等造成侵害，比如最为典型的行政许可领域与税收减征领域，这在中国的相关法律中已经作出了规定。《行政许可法》第14、15、17条明确规定了法律、法规、部门规章设定行政许可的范畴，明确规范性文件不得设定行政许可。与此同时，法治国家一般实行税收法定主义，《税收征收管理法》第3条规定：税收的开征、停征以及减税、免税、退税、补税，依照法律的规定执行；法律授权国务院规定的，依照国务院制定的行政法规的规定执行。所以对干预性给付行为进行规定同样需要具有"法律"上的依据。因此，干预行政、干预性给付行为基于其基本权利的侵害性，皆需要具有"法律"上的依据，遵循严格的法律保留，而保障性给付行为基于其受益性、灵活性，受"法律"规范的密度相对宽松，往往可以由规范性文件等结合地方发展情况进行灵活调整与补足。

在此基础上，结合前文规范性文件职权来源的阐释可知，规范性文件的职权来源包括"法条的具体授权"与"职权的概括授权"两种，二者性质不同：法条的具体授权，本质是议会立法权的传送，只要其在法条具体授权的范围内，即可以视为对议会立法意旨的传送，所以大多数国家与地区认可基于法条的具体授权在授权范围内创设部分干预行政行为，以及创设给付行政行为。而职权的概括授权，本质是行政权的延伸，所以其仅能基于职权行使之需要而制定细节性、技术性事项，以及对权利影响"不重要"之事项。基于职权的概括授权不能创制干预行政行为，仅能创制给付

---

① 汤德宗：《行政立法之研究》，载《行政法》（上册），北京，中国法制出版社，2002，第553页。

行政行为,"因为为相对人提供更多更好的服务,既是行政的性质也是行政的目的。在没有相应法律规范规定的情况下,行政主体通过制定行政规范来创设相对人的权利和利益,是为宪法典和法律原则所允许的"。①

综上所述,依据职权的概括授权仅可以创制保障性给付行为,但必须符合其职权范围,而依据法条的具体授权,既可以创制给付行政行为,又可以创制干预行政行为,但是必须符合法条的授权范围。同时需要特别强调的是,二者均需要遵守法律位阶的规定。

(二)解释性规范性文件的权限划分

解释性规范性文件的权限划分,主要关注的是针对某些特殊情形,不享有法定解释权的行政机关是否可以制定解释性规范性文件。根据"解释权限",可以将法律解释划分为"正式解释"与"非正式解释"。正式解释又称为"有权解释",指有法定解释权的机关对法律所作的具有法律效力的解释,包括立法解释、行政解释、司法解释三种类型,其与被解释的法律文本具有同等的普遍拘束力。② 非正式解释又称为"自主解释",主要是指不具有法定解释权的行政主体为了实施法律、法规、规章,统一行政主体及其工作人员对法律、法规和规章的理解及执行活动,对法律、法规、规章及特定规范性文件进行的解释。在"安徽华源医药股份有限公司诉国家工商行政管理总局商标局商标行政纠纷案"中,法院明确指出:对于法律的规定需要进一步明确具体含义或者法律制定后出现新的情况需要明确适用法律依据的,依法应当由全国人大常委会作出解释……而《新增服务商标的通知》第4条关于过渡期的规定将"2013年1月1日至1月31日"31个"自然日""视为同一天",实质上是对《商标法》(2013年)第31条规定的"同一天"进行了重新定义,超越了商标局所主张的对法律如何具体应用进行解释的范畴。③ 在这里涉及两种法律解释:一是专属于全国人大常委会的正式解释,二是商标局对法律如何具体应用的非正式解释。可见,法院根据是否属于应当由"有权机关进行正式解释"情形,区分了正式解释与非正式解释,认为本案属于应当由全国人大常委会进行正式解释的情形,不属于商标局可以制定自主解释性文件的情形,因此商标局超越了权限。

---

① 叶必丰、周佑勇:《行政规范研究》,北京,法律出版社,2002,第87页。
② 张文显:《法理学》,北京,高等教育出版社、北京大学出版社,2006,第2版,第320~321页。
③ 北京知识产权法院(2015)京知行初字第177号行政判决书。

根据《宪法》《立法法》《行政法规制定程序条例》《规章制定程序条例》《全国人民代表大会常务委员会关于加强法律解释工作的决议》等文件的规定，以下情形需要具有法定解释权的主体进行正式解释：第一，立法解释。立法解释遵循谁制定谁解释的原则，对于法律的规定需要进一步明确具体含义或者法律制定后出现新的情况需要明确适用法律依据的，由全国人大常委会进行解释；对于"行政法规及部门规章"需要进一步明确界限或者作出补充规定的，由国务院及其主管部门进行解释；对于"地方性法规"需要进一步明确具体含义或作补充规定的，由省级人大常委会进行解释或作出规定。第二，司法解释。最高人民法院和最高人民检察院对如何具体应用法律、法规问题所作的解释。第三，行政解释。国务院及其主管部门对不属于审判和检察工作中的其他法律、法令如何具体应用问题作出的解释，省级政府主管部门对地方性法规如何具体应用问题作出的解释。

由于上述情形需要具有法定解释权的主体采用"正式解释"的方式，故而不具有法定解释权的行政主体不得针对上述情况制定正式的解释性文件，否则即为超越解释权限。

（三）遵守法律保留的边界

法律保留原则一直被认为是解决立法权限分配的重要原则，① 其通俗地表达为"法无明文规定不可为"，具体到立法领域，则指国家代议机关对某些事项具有排他性的"专属立法权"，即："将制定一国法律体系中某些特定事项的规范性文件的专属立法权力保留给立法部门，并且只能由立法部门对是否制定以及如何制定法律规范作出决定。在这些事项上，如果法律暂时没有作出规定或者没有授权行政机关制定立法性文件的，行政机关既不能以不存在上位法约束为由作出任何具体行政行为，也不能以填补法律空白或细化行政措施为目的制定抽象性的行政立法文件，因为这些重要的事项已经被保留在立法部门的专属性立法之中。"② 因此，法律保留条款是规范性文件必须遵守的边界，尤其在创制性规范性文件的审查中更为重要。这在司法实践中亦有所体现，比如在"章某与嵊州市人民政府行政征收案"中，对于涉案的规范性文件嵊政〔2015〕15 号《嵊州市城中村房屋征收补偿安置实施办法（试行）》的合法性，法院认为："嵊政

---

① 虽然近来有学者提出其他观点，参见黄宇骁：《也论法律的法规创造力原则》，《中外法学》2017 年第 5 期。

② 刘莘：《行政立法原理与实务》，北京，中国法制出版社，2014，第 32 页。

〔2015〕15号文件第二条规定,凡城市规划区内列入城中村改造计划且经过市政府批准区域内的城中村房屋及其附属物的征收、补偿、安置等事宜,适用本办法……《中华人民共和国立法法》第八条第(六)项亦规定:'下列事项只能制定法律:(六)对非国有财产的征收……'"鉴于中国法律并未对行政机关单独征收集体土地上房屋作出规定,本案被告并无单独征收集体土地上房屋的法定职权。①

1. 法律保留原则的理论基础与范围

法律保留原则,指没有法律授权,行政机关即不能合法地作成行政行为,宪法已将某些事项保留予立法机关,需由立法机关以法律加以规定,故在法律保留原则之下,行政行为不能以不抵触法律为已足,尚需有法律之明文依据,故又称为积极的依法行政。② 现代法治国家无论在宪法中有无规定法律保留,都得以遵循。一般认为,民主原则、法治国原则、权力分立原则以及人权保障原则③是法律保留的理论基础,立足于上述宪法基本原

---

① 浙江省绍兴市中级人民法院(2016)浙06行初00086号行政判决书。在"邓某章、邓某祥与平江县人民政府、岳阳市人民政府拆迁补偿案"中,对于涉案的21号文件,法院认为:第一,是否具有制定权限。"《中华人民共和国宪法》第八十九条、第九十条第二款,以及第一百零七条、第一百零八条规定,授予乡镇人民政府、县级以上人民政府及其职能部门制定行政规范的职权。据此,本案中被告平江县政府有权制定涉案的21号文件。第二,是否符合法律保留原则。法律、法规、规章明确规定由权力机关或者上级机关保留的事项,下级行政机关不得制定规范性文件加以规定。涉案的平江县政府21号文件规定的事项并不属于权力机关或上级机关保留事项,故该文件的制定也符合法律保留原则。"湖南省岳阳市中级人民法院(2016)湘06行初21号行政判决书。

② 吴庚:《行政法之理论与实用》,北京,中国人民大学出版社,2005,增订第8版,第54页。

③ 民主原则要求具有直接民主正当性的立法机关,应对于国家之重要事项予以决定,其以议会自身的特点为基点。一方面,相较于政府,议会与人民之间的关系更为紧密,具有直接的民主正当性,因而比政府具有更强烈的、直接的民主正当性基础。另一方面,从议会的民主议事程序上看,议会的程序更加公开、直接,可以使得少数人的利益得到充分表达,避免"多数人的暴政"。而行政的核心本质在于效率,民主性相较于议会而言较差;就国家与人民之间的关系,应以具一般性之法律规范之,使得行政行为具有可预见性与可估量性,为法治国原则之核心底蕴。法治国原则的核心在于基于法律的性质与功能,法律不仅可以限制国家权力,而且可以给予人民合理的预期,更具有可预见性,更好地保障人权。权力分立原则要求将部分国家事务保留予立法机关决定,防范行政权独大、专断。人权保障原则,以法律作为行政干预人民基本权利之首要机制。讨论宪法的法律保留原则也即谈论受到宪法所保障的人权规定及所涉及的法律之关联问题。法律保留制度的起因,是为了人民的基本权利能够受到更大的保障,也是国家实行法治国家之依法而治及行政法上之依法行政的必要前提。是故法律保留制度能成为宪法之制度,是国会取得权力的表现,也是国会权力受到宪法信任的表现,并借此来防止人民权利遭受到国家第二权(行政权)及第三权(司法权)之侵犯。参见陈新民:《德国公法学基础理论》,济南,山东人民出版社,2001,第355页。

则，法律保留具有民主与法治的要素。

法律保留的范围经历了全面保留说①、侵害保留说②、重要性理论以及机关功能说③等不同阶段。目前，"重要性理论"相对来说处于核心地位。该理论主张以对公民基本权利的实现是否重要作为判断标准，属于公民基本权利的重要事项必须由立法者作出决定，适用法律保留。"重要事项"，需从宪法对立法权与行政权所设定之关系探寻外，唯赖诸案之观察，事务上，实行层级化保留原则：一是剥夺人民生命或限制人民自由者，必须遵守罪刑法定原则。二是涉及人民其他自由权利之限制者，得以法律授权主管机关发布命令为补充规定，但应符合具体明确之原则。三是若仅属于执行法律之细节性、技术性次要事项，则可由主管机关发布命令为必要之规范。四是关于给付措施，其法律规范之密度，较限制人民权益者宽松，倘若涉及公共利益之重大事项者，仍应有法律或法律授权之命令为依据。④ 亦有学者从反面进行排除，对不需要议会以法律形式规定的事务进行分类：一是不属于国会的权限范围，二是需作出弹性反应的事务，三是发展、变迁中的事务，四是事务本质上固有的自主规律性，五是试验，六是有因地制宜需要的事务，七是施行或细节性规范，八是自治保留。⑤

2. 法律保留原则在规范性文件审查中的边界

法律保留原则在中国最核心的体现就是《立法法》第12条、第13条。其中第13条规定了绝对保留条款，即对于某些重要的立法事项只能由国家最高立法机关通过严格的立法程序才能制定，国家最高立法机关亦不得通过授权的方式将这种专属立法权交由其他国家机关进行制定，比如有关犯罪和刑罚、对公民政治权利的剥夺和限制人身自由的强制措施和处罚、司法制度等事项。第12条则规定了相对保留条款，即某些事项原则

---

① 一切国家行为均源自人民，任何行政行为，不问性质为何，全部应受民意机关之支配，纵而所有行政皆需有法律依据，使地为之。

② 在权力分立的体制下，行政机关有权采取一切为达成国家目的、行政任务所必须采取的措施，只要不直接干预到人民的自由和财产即可。法律保留的范围仅限于干预行政领域，不包括给付行政领域与特别权力关系领域。

③ 基于国家机关的功能与结构来确定法律保留的范围，当立法者基于其特殊的组织和程序，足以保证其作出的决定比行政机关作出的决定更趋于"正确"，更能保护公民的权利与义务，则意味着法律保留的要求。

④ 李建良：《依法行政原则——法律保留原则》，载《行政法基本十讲》，台北，元照出版社，2012，第224页。

⑤ 许宗力：《论国家保留原则》，载《法与国家权力》，台北，月旦出版公司，1998，第201~205页。

上只能由国家最高立法机关进行制定，但是最高立法机关可以通过授权的方式将其授权给"国务院"根据实际需要先行制定行政法规，比如对非国家财产的征收、征用、基本经济制度以及财政、海关、金融和外贸的基本制度等。同时，上述法律保留原则在《行政处罚法》《行政许可法》《行政强制法》《税收征收管理法》等单行法律中也有所体现，列明了行政规范性文件禁止涉足的领域。《行政处罚法》第 16 条规定，"除法律、法规、规章外，其他规范性文件不得设定行政处罚"，即禁止规范性文件创设行政处罚事项。《行政许可法》第 17 条规定，"除本法第十四条、第十五条规定的外，其他规范性文件一律不得设定行政许可"。《行政强制法》第 10 条规定，"法律、法规以外的其他规范性文件不得设定行政强制措施"。《税收征收管理法》第 3 条规定，"税收的开征、停征以及减税、免税、退税、补税，依照法律的规定执行；法律授权国务院规定的，依照国务院制定的行政法规的规定执行"，即禁止规范性文件设定税收等相关事宜。上述条款作为法律保留原则在行政领域的具体化，规范性文件同样应当遵守。

因此，规范性文件必须遵守法律保留的边界，即遵守《立法法》第 12 条、第 13 条的规定，并同时遵守《行政处罚法》《行政许可法》《行政强制法》《税收征收管理法》等单行法律中禁止规范性文件制定事项的相关规定。

第四节　合法性审查要件（二）：内容合法审查

规范制定机关在获得授权的基础上，借由规范制定程序形成了规范性文件，内容合法与否是关键。基于对规范性文件应当采用实质合法性审查标准，因而不仅应当审查规范性文件的合法性，还应审查规范性文件的合理性。前者主要表现为不得与上位法规则所构成的"外部秩序"相抵触，后者则主要表现为不得违反法律原则、立法目的、公共政策等价值体系构成的"内部秩序"，由此以符合法秩序统一的要求。本节将以上述两个维度为基础，结合理论与司法实践展开分析。

一、是否与上位法相抵触

现代国家中的法律规范数量众多，不同规范之间不是如同一盘散沙一样毫无关联地存在的，而是一个有秩序的规范体系。规范性文件作为整体"法规范链条"的一环，必然要符合上位法的规定，并不得与上位法相抵触，这既是形式合法的核心要求，也是确保"外部秩序"体系统一性的有效基础。在此，需要明确规范性文件的上位法范畴，以及如何判断与上位法相抵触。

（一）上位法的范围

奥地利法学家梅尔克认为："法律是一个有等级秩序的规范体系，在这个体系中，由最高地位、最抽象的规范通向越来越具体的规范，各较高位阶的制定法规范，优先于各较低位阶的规范。"① 梅尔克所构建的这套等级位阶，包含能够创造其他规范之效力依据的调节性规范（conditioning norms）与根据这些规范而获得法律效力的受调节规范（conditioned norms），从高往低不断具体化、个别化地展开，形成一个单一维度的阶梯式结构。② 后来，这一理论由规范法学家凯尔森发扬光大，其认为根据"法规范的等级结构理论"，下级规范基于上级规范的授权而存在，每一级规范是次一级规范的效力来源，同时又是上一级规范效力的自然延伸，最后可以追溯至位于规范层级顶端的宪法，乃至"前宪法"的"基础规范"，从而形成一个规范链条。作为"规范链条的法规范秩序"呈现为一种从上位规范向下位规范动态推进的法律创造过程，上下位规范通过"授权"联结起来，从而形成一个"不同层级的诸规范的等级体系"。③ 因此，规范性文件基于上位法的授权而制定，而授权具有传递性，规范性文件不仅应当符合直接授权的上位法，也不得与其他非直接授权的上位法相抵触，从而才能确保它符合整体法秩序的要求。"在终极意义上，一个行政规范之所以合法，并不仅仅得到了具体的高位阶规范的授权，还在于它合乎整体法秩序的要求。"④ 由此勾画出规范性文件的上位法范围，既包含直接依据的上位法授权规则，又包含非直接依据的其他上位法规则。

1. 直接依据的上位法授权规则

规范性文件制定权的发动，必须具有权力来源规则，即直接的授权规则。借由前文的分析，规范性文件制定的权力来源规则包括法条的具体授

---

① 陈小全、强凤华：《法律位阶与汉语法律名称的英译》，《中国翻译》2012 年第 5 期。
② 湛中乐、苏宇：《论大学章程的法律位阶：基于法律多元主义》，载《行政法论丛》（第 18 卷），北京，法律出版社，2016，第 42 页。
③ 王莉君：《法律规范研究》，北京，法律出版社，2012，第 71 页。
④ 余军、张文：《行政规范性文件司法审查权的实效性考察》，《法学研究》2016 年第 2 期。

权与职权的概括授权，这是规范性文件不得与外部秩序相抵触审查中最为核心的部分。权力来源规则具有双重属性，在赋予规范性文件自主形成空间的同时，亦具有控制功能，符合授权规则是规范性文件所要谨守的边界。对此《立法法》提出了授权明确性原则的要求，因此可以从授权的事项、范围以及实施授权应当遵守的原则等方面进行审查。在此需要说明的是，尽管"授权明确性"是对上位法授权规则的要求，但是由于当代行政任务的多样化、复杂化以及灵活性的需求，大量概括性授权、空白授权条款兴起，授权规则的不明确成为常态，同时上位法的授权越来越趋近于"目的程式的规定形态"[1]。因此，对于授权规则不明确的规范性文件，在实体层面可以借由非直接依据的其他上位法规则以及授权目的、法律原则等构成的内部价值秩序等进行综合性的合法性判断。

2. 非直接依据的其他上位法规则

中国的规范秩序依据规范制定主体的地位及其职权而形成"纵向等级型"结构。作为整体法秩序中的一环，规范性文件除了需要符合直接的授权规则之外，还应符合其他相关的非直接上位法规则，即"相关规则"，尤其在上位法规定不明确以及授权规则不明确的规范性文件审查中，其他非直接的上位法规则就更为重要。"这些上位法的法律规则应当依次寻找，即先从规章和规章以上规范性文件中寻找，再从地方性法规中寻找，再从行政法规中寻找，在这些行政立法文件都没有相应规则的情况下，则可以根据法律的规定确定其调整目标。"[2] 其他非直接的上位法规则需要结合案件事实进行具体判断，核心是上位法的"禁止条款"以及作为基本权利保障原则转化的"法律保留条款"，即《立法法》的第12条、第13条，以及《行政处罚法》《行政强制法》等相关法律中的禁止性规定。比如在"董某与绍兴市人民政府行政征收案"中，法院认为《绍兴市镜湖新区管理委员会关于灵芝镇全心村城中村改造工程房屋征收项目工作的意见》（镜委发〔2015〕1号）违法，核心理由在于，虽然该文件缺乏直接的上位法依据，但是违反了《立法法》（2015年）第8条对非国有财产征收只能制定法律的规定，故而认定该文件违法。[3]

---

[1] "目的程式"法律规范的主要特征在于它欠缺十足具体的构成要件以及法律效果，只规定所欲追求的规范目标，从而给予法适用机关相对宽泛的创造性具体化空间。

[2] 《立法法》关于行政法渊源作了位次上的划分，它们之间不是平行关系，而是上下级关系。只有在相邻的法律中找不到相关依据，才能从更高一层的行政法文件中寻找。

[3] 浙江省绍兴市中级人民法院（2016）浙06行初89号行政判决书。

(二) 与上位法相抵触的判断方法

《行诉适用解释》第 148 条第 2 款列举的规范性文件不合法情形中，第 2 项规定"与法律、法规、规章等上位法的规定相抵触的"规范性文件不合法，那么究竟何谓"抵触"，如何判断"抵触"？

关于"抵触"学界存在不同的法理解读。争论的焦点在于"存在范畴"，是仅存在于上下位法之间，还是亦存在于同位法之间。大部分学者认为应当存在于上下位法之间，比如周旺生教授认为："法与法之间的抵触就是指下位法与上位法相冲突、相违背。"① 亦有学者认为同样存在于同位法之间，比如杨临萍教授则认为："不相抵触就是不矛盾、不相冲突，不违背的意思。既可以发生在上下位法之间，也可以发生在同位法之间。"② 一般而言，在规范性文件审查领域，基于规范性文件是法规范秩序的一环与位于法规范秩序的末端，对其合法性进行审查主要集中于其是否违反上位法的规范秩序；而对于同位法之间的冲突问题则应该交由立法监督与行政监督等其他监督方式来处理，这既是对立法监督、司法监督、行政监督等不同制度分工、协作的尊重，又是隐藏着多元监督机制对规范性文件合法性加以控制的智慧。因此，在规范性文件附带审查领域，本研究所指的"抵触"主要是"下位法与上位法之间的抵触"。

事实上，最高人民法院《座谈会纪要》根据司法实践总结了 11 种情形③，已经对此进行了解答。但是遗憾的是这只是列举性的规定，缺乏标准上的统一性，难免"挂一漏万"。诚如学者所言：在以上抵触情形中，第一至六种似乎是以规范类别，即主体规范、行为规范、权利义务规范和程序性规范等为标准展开的，而第七至十种则是以调整的行为领域，即行政处罚、行政强制和行政许可为标准展开的。④ 学者们也进行了大量的探

---

① 周旺生：《立法学》，北京，法律出版社，2009，第 284 页。
② 杨临萍：《中国司法审查若干前沿问题》，北京，人民法院出版社，2006，第 91 页。
③ 下位法缩小上位法规定的权利主体范围，或者违反上位法立法目的扩大上位法规定的权利主体范围；下位法限制或者剥夺上位法规定的权利，或者违反上位法立法目的扩大上位法规定的权利范围；下位法扩大行政主体或其职权范围；下位法延长上位法规定的履行法定职责期限；下位法以参照、准用等方式扩大或者限缩上位法规定的义务或者义务主体的范围、性质或者条件；下位法增设或者限缩违反上位法规定的适用条件；下位法扩大或者限缩上位法规定的给予行政处罚的行为、种类和幅度的范围；下位法改变上位法已规定的违法行为的性质；下位法超出上位法规定的强制措施的适用范围、种类和方式，以及增设或者限缩其适用条件；法规、规章或者其他规范文件设定不符合行政许可法规定的行政许可，或者增设违反上位法的行政许可条件；其他相抵触的情形。
④ 胡建淼：《法律规范之间抵触标准研究》，《中国法学》2016 年第 3 期。

讨,甚至董书萍将学理上的标准归纳总结为 17 种情形。① 本研究认为,由于规范性文件的上位法是由"法律规则"组成的外部秩序体系,因此从"法律规则"本身进行观察可以提供一个有益的视角。关于法律规则的构成要素学界一直存在争议,发展出了三要素说、二要素说、新三要素说、新二要素说等。结合行政法学界的使用习惯,本研究将采用"新二要素说",即法律规则的逻辑结构包括构成要件与法律后果。② 那么规范性文件与上位法的抵触,就包括构成要件的抵触与法律后果的抵触。

1. 构成要件的抵触

构成要件是法律后果的前提,实际上限定了权利义务产生的条件,包含主体条件、行为条件、情景条件、权利义务关系等构成要素,③ 规范性文件对上位法规则构成要件的抵触主要就表现为对构成要素的抵触。此外,法律规则是由"法律概念"构成的,构成要件中的法律概念大多涉及行为要件的构成,核心是"定性"的问题,一般以定义命题的方式设定,需要借助于逻辑、经验性认识和语义分析等对法律概念进行解释;而法律效果部分大多是对既有法律后果的具体化,核心是"定量"的问题,往往不需要对法律概念进行大量的解释。因此,司法实践中对法律概念解释的抵触问题在构成要件中尤为突出,故对法律概念的抵触在此一并讨论。

(1) 法律概念的抵触。行政机关是执行机关,根据依法行政原理,其基本职能就是执行法律,执行法律的过程就是法律适用的过程,而法律适用必然首先需要对法律作出解释。为了统一各级行政机关及其工作人员对法律规范的认识,行政机关就有必要以规则的形式统一其对法律的理解。④ 这种对法律进行解释而形成的解释性文件亦有学者称其为"解释基准"。而行政机关之所以采用规范性文件的形式进行解释,是因为法律中包含大量的不确定法律概念,基于对"同一术语同一解释规则"⑤ 与"同类解释规则"⑥ 的内在要求,规范性文件对上位法的法律概念进行解释

---

① 董书萍:《法律适用规则研究》,北京,中国人民公安大学出版社,2012,第 95 页。
② 雷磊:《法律规则的逻辑结构》,《法学研究》2013 年第 1 期。
③ 雷磊:《法律规则的逻辑结构》,《法学研究》2013 年第 1 期;孔祥俊:《法律解释与适用方法》,北京,中国法制出版社,2017,第 571 页。
④ 王留一:《论行政规范性文件司法审查标准体系的建构》,《政治与法律》2017 年第 9 期。
⑤ "同一术语同一解释规则"是指同一法规或不同法律部门中相同的词语或概念应该作出相同的解释,以维护法律意义的安定性。
⑥ "同类解释规则"是指如果某一法条中概括性用词只能将某一种或某一类事物归类,而不能完全列举所有情形,那么未列举的情形应该与已列举的情形具有高度的相似性。

时，需要与上位法保持一致。

基于被解释的不确定法律概念的不同，可以划分为经验性的不确定法律概念与价值性的不确定法律概念。"通常来说，经验性概念有真伪之别，是可以通过经验证明加以确定的。它既可以通过下定义的方式加以具体化，也可以通过案例的类型化来具体化。"① 由于经验性的不确定法律概念是立法者描述生活世界中反复出现的事物类型而形成的不确定法律概念，这种类型，即属"事物之本质"，具有"理念的素材确定性"和"素材的理念确定性"，② 具有相对稳定的社会认知与共识，因此，大致能够有明确而稳定的"概念核心"和"概念外围"。所以，对于该类解释性文件审查的核心在于"被解释的法律概念的字面语义的射程范围"，即以"文本主义"为核心进行合法性判断，如果超出了文义射程，即为"抵触"。比如在"安徽华源医药股份有限公司诉国家工商行政管理总局商标局商标行政纠纷案"中，法院认为：《商标法》（2013年）第31条中的"同一天"指的是"同一个自然日"，即从一个自然日的零时开始至该自然日的二十四时结束，此属于社会生活中众所周知的事实，其含义是清楚的、确切的……与《民法通则》是一致的。故而法院认为《新增服务商标的通知》将一天解释为31个自然日是不合法的。③ 再如在"方某诉淳安县公安局行政处罚案"中，涉及《消防执法问题批复》第5条的合法性，法院认为："从内容上看，该条是对居住的出租房屋能否视为《治安管理处罚法》第三十九条规定的'其他供社会活动的场所'的解释。由于'其他供社会公众活动的场所'为不确定法律概念，其内容与范围并不固定，并且承租人具有较高的流动性，已与一般的居住房屋只关涉公民私人领域有质的区别，已经构成了与旅馆类似的具有一定开放性的公共活动场所。对于此类场所的经营管理人员，在出租牟利的同时理应承担更高的消防安全管理责任。因此，该第五条规定之内容与《中华人民共和国治安管理处罚法》第三十九条规定并不抵触。"④

而相对于经验性的不确定法律概念来说，"价值性的不确定法律概念"并没有一个确定的"概念核心"或类型的确定性，而"有着'摇摆不定'

---

① 王贵松：《行政法上不确定法律概念的具体化》，《政治与法律》2016年第3期。
② 蔡琳：《不确定法律概念的法律解释——基于"甘露案"的分析》，《华东政法大学学报》2014年第6期。
③ 北京知识产权法院（2015）京知行初字第177号行政判决书。
④ 浙江省杭州市中级人民法院（2015）浙杭行终字第254号行政判决书。

的波段宽度，在不定的宽度之中，尚不能确定指出，某特定案件是否的确落入其所属范围"。① 故而，价值性的不确定法律概念的特色之一就是需"于个案依价值判断予以具体化"，使其规范意旨具体化的解释方法就是"价值补充"。故而价值性的不确定法律概念的审查在"文本主义"的基础上，更加注重以"意旨论"的解释对其进行实质审查。比如在"张某不服江油市公安局治安行政处罚、江油市人民政府行政复议决定案"中，涉及对《关于以钱财为媒介尚未发生性行为或者发生性行为尚未给付钱财如何定性问题的批复》（公复字〔2003〕5号）进行审查，该规范性文件事实上是对"卖淫嫖娼"的定义，法院认为：经审查该批复，其内容是明确了卖淫嫖娼的定义，并就公安机关执法中如何认定卖淫嫖娼行为进行了明确，符合中国打击卖淫嫖娼此类社会丑恶现象的立法精神，且不违反中国现行上位法规定，属于合法的规范性文件。② 在此需要注意的是，法院是对行政机关关于不确定法律概念解释合法与否进行"复审"的，并不是以司法解释代替行政机关解释的，法院应当保持适度的"尊让"，尤其在"判断余地领域"，主要涉及具有预测性、不可替代性、专业性以及合议性特点的领域，法院更应保持谦抑性。③

（2）具体构成要素的抵触。构成要素的抵触主要表现为规范性文件改变了上位法规则的属性、行为条件、权利义务关系以及其他要素，以下进行列举分析：

其一，与上位法规则的属性抵触。法律规则根据不同的标准可以划分为不同的类型，比如：根据法律规则的行为模式的不同，可以分为授权性规则、义务性规则与禁止性规则；根据法律规则强制程度的不同，可以分为强制性规则和任意性规则；根据法律内容确定性程度的不同，可以分为确定性规则、委任性规则、准用性规则；根据法律规则所调整的行为是否可能发生在该规则之前，可以分为调整性规则与构成性规则。如果下位法改变了上位法规则的属性，则构成"抵触"。其二，与上位法规则的行为条件抵触。其改变了授予行政相对人权利的条件或改变了为相对人设定义务的条件等。如在"刘某与福州市住房保障和房产管理局行政登记案"中，《中华人民共和国继承法》第5条规定，继承开始后，按照法定继承

---

① 蔡琳：《不确定法律概念的法律解释——基于"甘露案"的分析》，《华东政法大学学报》，2012年第6期。
② 四川省绵阳市涪城区人民法院（2015）涪行初字第115号行政判决书。
③ 伍劲松：《行政判断余地之理论、范围及其规制》，《法学评论》2010年第3期。

办理；有遗嘱的，按照遗嘱继承或者遗赠办理；有遗赠扶养协议的，按照协议办理。司法部、建设部《关于房产登记管理中加强公证的联合通知》及住建部第 1307 号《房地产登记技术规程》的公告中要求继承人提供继承权公证的规定，事实上在《中华人民共和国继承法》的基础上增加了继承人过户的条件。① 其三，与上位法规则的权利义务关系抵触。其增加了公民的义务、减损了公民的权利，或者增加了行政机关的权力、减少了行政机关的职责，这违反了"保护私权利，限制公权力"基本原理的内在要求。比如：在"陈某、李某、张某不服被告湘潭县人力资源和社会保障局工伤认定案"中，法院认为，湖南省人力资源和社会保障厅人社函（2013）193 号《关于工伤认定中适用法律条文的复函》第 3 条第 2 项的规定限缩了工伤认定的范围，从而限缩了《工伤保险条例》规定的权利，故该复函第 3 条第 2 项不合法。② 在"周某与濮阳市人力资源和社会保障局社会保险案"中，法院认为，濮民文〔2007〕67 号文件第 2 条、第 3 条中有关机关、企事业单位工作人员死亡不火化不支付一次性抚恤金的规定相对《河南省殡葬管理办法》第37 条的规定，属于下位法缩小了上位法规定的利害关系人的权利范围，该条款不合法。③ 在"杨某与杭州市西湖区人民政府强制执行案"中，根据《行政强制法》的规定，行政机关强制拆除违法建筑物之前应当进行书面催告，而《杭州市人民政府关于进一步规范杭州市区违法建筑查处工作的意见》则省略了书面催告程序，无疑减少了行政机关的职责，对公民的权利造成侵害，故而违法。④ 其四，与上位法规则的其他要素抵触。比如时间的抵触、主体的抵触等。在"胡某与北京市昌平区住房和城乡建设委员会案"中，原告请求对《〈北京市集体土地房屋拆迁管理办法〉实施意见》第 13条进行审查，法院认为，上述条款关于拆迁人应当在期限届满 15 日前申请延期的规定与《行政许可法》（2003 年）关于被许可人应当在该行政许可有效期届满 30 日前向作出行政许可决定的行政机关提出申请的规定不一致，⑤ 这事实上限缩了拆迁人申请延期许可的期限。

2. 法律后果的抵触

法律后果主要是指对满足构成要件、具有法律意义的行为赋予某种后

---

① 福建省福州市中级人民法院（2016）闽 01 行终 25 号行政判决书。
② 湖南省湘潭县人民法院（2015）潭行初字第 56 号行政判决书。
③ 河南省濮阳市华龙区人民法院（2020）豫 0902 行初 34 号行政判决书。
④ 浙江省杭州市中级人民法院（2015）浙杭行初字第 98 号判决书。
⑤ 北京市昌平区人民法院（2014）昌行初字第 18 号判决书。

果，既可以是肯定性法律后果，也可以是否定性法律后果。① 区别于民法与刑法，行政法在实行行为法定的同时，亦赋予行政机关大量的行政裁量空间，以应对复杂多变的行政事务。结合实践，规范性文件对上位法法律后果的抵触主要表现为两个维度：一是改变了上位法的法律后果，二是对上位法的法律后果进行具体化而违法。下面将进行具体阐释：

一是改变了上位法的法律后果。对上位法法律后果的抵触首先即表现为改变了法律后果的种类，或者改变了法律后果的权限范围，等等。以行政处罚领域为例，行政处罚的行为、种类、幅度法定，如果规范性文件扩大或者限缩了行政处罚的种类、幅度范围等，即为抵触。比如：《道路交通安全法》第 91 条规定，饮酒后驾驶机动车的，处暂扣 6 个月机动车驾驶证，并处 1000 元以上 2000 元以下罚款。如果某规范性文件规定，饮酒后驾驶机动车的，处暂扣 9 个月机动车驾驶证，并处 500 元以上 900 元以下罚款，则为违法，不仅扩大了违法后果中暂扣机动车驾驶证的期限，而且限缩了行政处罚的幅度范围。

二是对上位法的法律后果进行具体化而违法。法律往往会就同一事实要件设定不同的处理方式，例如设定两个或两个以上的法律后果，授予行政机关裁量权供行政机关自行选择。为了统一适用，部分行政机关会制定规范性文件对法律后果中的裁量权予以情节的细化与效果的格次化，有学者将其称为"裁量基准"。裁量基准从本质而言是行政机关基于自我规制而制定的内部规则，但是当其对外公布②或者行政机关适用其作出行为时，则效力外化。因此对裁量基准予以司法评价时，如何协调司法审查与行政自制之间的关系，便是首要的任务。③ 对于裁量基准外部秩序的合法性审查主要集中于"不得逾越上位法的法定范围"，即不得超越上位法给定的裁罚空间，不得超出上限，或者低于下限。此外，裁量基准的细化与格次化还应当符合授权目的、比例原则、平等原则等合理性要求，将在下文进行阐释。

二、是否明显不合理

一般认为，法规范秩序不仅包含外部秩序体系，还包含内部秩序体系，其中不与上位法相抵触，符合外部秩序体系的基本要求，而不与法规

---

① 雷磊：《法律规则的逻辑结构》，《法学研究》2013 年第 1 期。
② 2021 年《行政处罚法》修改第 34 条规定，"行政处罚裁量基准应当向社会公布"，可见从未来的发展趋势来看，行政裁量基准公开将逐渐成为行政机关的法定义务。
③ 周佑勇：《裁量基准司法审查研究》，《中国法学》2012 年第 6 期。

范价值体系相冲突,则是内部秩序体系的基本要求。"法律秩序被设计为越来越协调、深思熟虑的、无矛盾的法律的价值判断体系。远比'外部体系'更加精确、更加细致,价值判断体系指导着法律裁判问题的解决。"①这说明,仅仅依靠形式化的法律规则建构起来的外部秩序体系存在不完整性,它无法应对价值判断以及法律适用过程中的利益衡量问题,因而需要由法律原则、立法目的、公共政策等构造的内部秩序体系来予以指引,否则法律秩序将只是一个"形式合法的空壳",这种对价值的关怀就构成了外部秩序体系的灵魂——内部秩序体系。具体而言,包括以下几点:首先,法律规范之间不仅是一种逻辑上的关联,而且是一种价值判断上的关联,这决定不仅需要从逻辑上认识各个规范在法秩序体系中的关系,而且需要对相关规范进行实质性的利益衡量与价值分析,这样才能厘清规范之间的意义关联。尤其在中国立法主体多元、立法层次繁复以及立法权含混的情况下,仅仅依靠外部形式的法律规则难以清晰界分不同规范的效力等级,法律规则的制定主体与表现形式只能提供判断规范位阶的大致标准,不能解决实践中出现的所有问题;而结合立法资料与现实的社会条件,论述相关法律规则之间的价值取向、立法目的以及立法意义可以为厘清不同规范的上下位阶关系,避免出现矛盾,提供指引。其次,作为立法集体理性活动所产生的法律文本,不可避免具有模糊性、开放性、滞后性等局限,同时任何法律体系都存在着法律漏洞问题,即便是高度法典化国家,也无法避免立法者疏忽或刻意回避、时代变迁所带来的漏洞。② 所以需要借由内部秩序体系提供的价值标准,解释、修补外部秩序体系的不足,来纠正被法律适用者视为不尽如人意的法律价值标准,并限制特定具体规范的效力范围,或者使确认并紧接着修补法律漏洞成为可能。③ 再次,伴随着社会的快速变迁,实践中存在没有明确上位法依据或者上位法规定笼统、概括授权等情况,使得单凭规则抵触难以得出规范性文件合法与否的完整结论。法院需进一步通过禁止原则抵触等要求判断是否违反上位法的立法目的、基本原则和精神。④ 最后,规范性文件具有立法裁量的属性。从制定过程上来看,规范性文件的制定是根据授权规范、结合立法事实的政策形成过程,授权规范本身的概括性以及所蕴含的不确定法律概念,均

---

① 〔德〕伯恩·魏德士:《法理学》,丁晓春等译,北京,法律出版社,2013,第318页。
② 杨铜铜:《体系解释方法运用研究》,北京,中国社会科学出版社,2021,第178页。
③ 〔德〕伯恩·魏德士:《法理学》,丁晓春等译,北京,法律出版社,2013,第321页。
④ 胡建淼:《法律规范之间抵触标准研究》,《中国法学》2016年第3期。

给行政机关留下广泛的政策形成空间。从内容上看，规范性文件的制定是"围绕彼此不同乃至相互冲突的利益之间进行均衡、博弈，最终确定利益分配规则的过程"①，某种程度上是制定主体基于现实情况、科学规律等事实基础对未来社会事务作出的预先规制，②具有对未来社会秩序的形成功能，而不只是对立法指令的落实与执行，是行政机关在立法框架内一定自主政策的形成过程，具有立法裁量属性。因此，对于裁量问题的审查，除了形式合法性，更应关注其合理性。"行政法上的合理性原则是对行政自由裁量的规范，其宽泛多义，融入了传统文化'天理人情'的情愫，要求行政行为应当通情达理、公平公正、适度恰当。"③ 综上所述，规范性文件不得与上位法规则所构成的外部秩序相抵触，这是规范性文件合法的外部边界；亦不得与法律原则、立法目的等构成的内部秩序相冲突，这是规范性文件合理的内在要求。

同时，对规范性文件进行内部秩序的合理性审查，不仅符合行政诉讼实质合法性审查的理念，而且符合中国当下存在大量不合理的规范性文件的现实，有助于实现规范性文件附带审查制度的目的。而基于司法权与行政权的分工，法院只能对规范性文件是否存在"明显不合理"进行审查，这已经成为学界的基本共识。司法实务界亦是如此，最高人民法院指出，人民法院在对规范性文件进行合法性审查时，如果发现规范性文件明显不当的，也不能认定其为行政行为的依据。④ 中国法院的合理性审查主要借助于"滥用职权"与"明显不当"审查标准，⑤ 从具体的审查事项上来看，主要集中于是否不正当行使权力、打击报复、任意专横、反复无常、徇私枉法、违反法定目的、未考虑相关因素、结果畸轻畸重、违反一般法律原则、未遵循惯例或裁量基准等。⑥ 基于审查原理的相通性，上述审查

---

① 蒋红珍：《论比例原则——政府规制工具选择的司法评价》，北京，法律出版社，2010，第15页。

② 比如通过摇号限制私家车出行可以缓解道路拥堵，就是属于对未来状态的预测决定。

③ 余凌云：《论行政诉讼上的合理性审查》，《比较法研究》2022年第1期。

④ 最高人民法院行政审判庭：《最高人民法院行政诉讼法司法解释理解与适用（下）》，北京，人民法院出版社，2018，第701页。

⑤ 虽然学界对于滥用职权审查标准与明显不当审查标准二者之间的区分存有争议，但是本研究无意陷入此种争议，因此在此不对二者的区分进行探讨。

⑥ 余凌云：《论行政诉讼上的合理性审查》，《比较法研究》2022年第1期；周佑勇：《司法审查中的滥用职权标准》，《法学研究》2020年第1期；何海波：《论行政行为"明显不当"》，《法学研究》2016年第3期；周佑勇：《司法审查中的行政行为"明显不当"标准》，《环球法律评论》2021年第3期。

方法在规范性文件的合理性审查中同样可以适用，只是需要结合规范性文件自身的特点进行调试。以下将就规范性文件合理性审查领域一些主要的审查方法进行分析：

（一）不得违反法律原则

法律原则是内部价值秩序的核心。规范性文件本质上是对受行政政策影响的各种私人利益、公共利益与个人利益之间的调节，相较于形式化的规则处理技术，均衡性的法律原则审查技术有助于从符合人权保障的法律目的、内容出发，对规范性文件在形式合法的基础上提出相应的要求。① 比如在"黄某、李某等与中山火炬高技术产业开发区管理委员会案"中，法院对涉案规范性文件进行了"平等原则"的审查；② 在"肖某诉广州市交通委员会案"中法院则采用了"比例原则"对规范性文件进行了审查。③

1. 法律原则的类型

台湾学者黄茂荣基于法理与实证法之关系，将法律原则划分为三种样态。（1）存于法律明文，系指直接存于宪法、其他制定法或习惯法之明文的法律原则。（2）存于法律基础，虽然并不认为原则的形态已为宪法或法律规定所明定，不过，在宪法或法律之规定中，终究有些以其为规范基础，亦即以该法律原则为其立法意旨。（3）存于法律上面，不但尚未直接为宪法、其他制定法或习惯法所明文规定，而且不能明显自宪法或法律规定归纳出：实证法以其为规范基础。……这些法律原则之规范之效力基础，来自正义或正义相关之基本价值。对此法哲学上在其最高层次常以正义或法理念称之。④ 结合上述表述以及司法实践，规范性文件应当符合的法律原则可以分为以下三种类型：

一是明确规定在法律规范中的法律原则，比如在"丹阳市珥陵镇鸿润超市与丹阳市市场监督管理局行政登记案"中，丹政办发〔2012〕29号的上位法《个体工商户条例》（2014年）第4条明确规定了"国家对个体工商户实行市场平等准入、公平待遇的原则"，这便要求丹政办发〔2012〕29号文件的制定应当符合上述基本原则。⑤

---

① 江利红：《行政过程论研究——行政法学理论的变革与重构》，北京，中国政法大学出版社，2012，第85页。
② 广东省中山市第一人民法院（2015）中一法行初字第383号行政判决书。
③ 广州铁路运输中级法院（2017）粤71行终2203号行政判决书。
④ 黄茂荣：《法学方法与现代民法》，北京，中国政法大学出版社，2001，第377~381页。
⑤ 江苏省丹阳市人民法院（2015）丹行初字第00052号行政判决书。

二是虽然没有明确以条文表述出来，但是具有规范基础性意义的"隐性原则"。比如在"张某与漳平市人民政府林业行政补偿案"中，《中华人民共和国土地管理法实施条例》第 32 条规定，土地补偿费归农村集体经济组织所有，地上附着物及青苗补偿费归地上附着物及青苗所有者所有，法院认为《南龙铁路（漳平段）个别征迁补偿标准》中的第 2 条规定不违背《土地管理法实施条例》规定的"土地补偿费归村集体且由其支配的原则"。①

三是基本的"公平正义原则"。基于法的安定性与可预测性等基本法治要求，一般并不否定法的合法性。但是，安定性与可预测性并非具有绝对的优先性，其仍要符合最基本的公平正义原则。这正是德国法哲学家拉德布鲁赫提出的，"法律的不法与超法律的法"是对"实定法与正义冲突之际"难题的解决："当法的安定性与正义发生冲突时，一般情况下安定性优先，即使其在内容上是不合正义的；但若实在法违反正义达到不能容忍的地步，就可以认为实在法是'非法之法'，不再予以适用。"② 其中"正义的具体标准"和"不可容忍的程度"通常是以社会普通人的良知与社会的一般理性进行判断的，如果违背了社会的基本常识与普通人的良知与理性，即产生极不公正的后果。在"黄某、李某等与中山火炬高技术产业开发区管理委员会行政判决书案"中，法院认为："文件规定符合参评条件的居民需以家庭为单位参评，因该参评方式对辖区内的任一符合参评条件的居民均适用，故该规定并不违反公平和人人平等的法律原则。"③

2. 不得违反法律原则的审查方法

一般意义而言，法官附带审查的对象为行政行为所依据的规范性文件的具体条款，该条款在形式上具有法律规则的属性，所以是否存在法律规则与法律原则相抵触，是判断二者抵触的前置性问题。学界对此存有分歧，但大部分学者认为法律原则与法律规则可能构成抵触，分歧的根源在于"法律原则是否是一种规范"。世界范围内的不同学者对此进行了不同的论述，但是，现今大多数法学理论家，除了极端的法实证主义者，接受了下列观点：法律除了法律规则外，也包括法律原则。④ 中国法学界亦是

---

① 福建省龙岩市中级人民法院（2015）岩行初字第 51 号行政判决书。
② 〔德〕古斯塔夫·拉德布鲁赫：《法律不法与超法律的法》，载《法律智慧警句集》，舒国滢译，北京，中国法制出版社，2001，第 170 页。
③ 广东省中山市中级人民法院（2016）粤 20 行终 122 号行政判决书。
④ 王夏昊：《法律规则与法律原则的抵触之解决——以阿列克西的理论为线索》，北京，中国政法大学出版社，2009，第 69 页。

如此，规则与原则通常均被视为"法的要素"构成。① 原因在于，无论是规则还是原则，它们说的都是"什么应该是这样"（what ought to be the case）；它们都能够使用诸如命令、禁止和允许等这样的基本道义论语句来表达；它们都是关于什么应该发生的具体判决的判决理由，只不过它们是不同性质的判决理由。总之，法律规则与法律原则都属于法律规范，规则与原则的区分是两种不同类型的规范的区分。② 既然法律原则与法律规则都是法律体系的一部分，那么基于法秩序的统一性以及法律体系融贯性的要求，法律规则自然不得与法律原则相抵触，并且二者具有进行"抵触"判断的可行性。这样的观点同样得到了司法实践的支持，部分案件中法院已经对"规范性文件是否抵触法律原则"进行了判断，并将违反法律原则的规范性文件认定为违法。比如在"丹阳市珥陵镇鸿润超市与丹阳市市场监督管理局行政登记案"中，法院认为，丹政办发〔2012〕29号文件中"菜市场周边200米范围内不得设置与菜市场经营类同的农副产品经销网点"的规定，违反国家对个体工商户实行的市场平等准入、公平待遇的原则，进而认定该规范性文件违法。③

解决完"前置性问题"，那么如何认定二者之间的抵触呢？司法实践中法院大多简单地预设原则优先或规则优先，并以此作为判断的前提进行直接认定，这样的处理方式存在简单化的倾向，④ 不仅不合理而且不正确。这是因为虽然法律规则与法律原则均是法律规范，但是两者属于不同性质的规范，具有不同的特征与功能，⑤ 具体说来：首先，法律规则属于"应该做"的规范，法律原则属于"应该是"的规范。"应该做"是一个规范语句，是一种应然的表达，包括了诸如"可以""禁止""应当"等表

---

① 张文显：《法理学》，北京，法律出版社，1997，第60页。
② Robert Alexy, *A Theory of Constitutional Rights*, Oxford University Press, 2002, p. 45.
③ 江苏省丹阳市人民法院（2015）丹行初字第00052号行政判决书。
④ 原则优先论者以原则乃为规则的基础与指引为由，认为原则的效力高于规则；而规则优先论者则以规则具体性和可操作性为由，认为一旦有规则就须优先适用规则。参见林来梵：《论法律原则的司法适用——从规范性法学方法论角度的一个分析》，《中国法学》2006年第2期。
⑤ 从法律规则与法律原则的角度，具体而言主要表现在以下几个方面：一是法律规则属于"应该做"的规范，法律原则属于"应该是"的规范；二是法律原则是最佳化的命令，法律规则是确定性的命令；三是法律规则与法律原则在法律体系中所处的层面不同；四是法律原则与法律规则具有不同的初显性特征；五是法律原则与法律规则在表达形式上有所不同。参见王夏昊：《法律规则与法律原则的抵触之解决——以阿列克西的理论为线索》，北京，中国政法大学出版社，2009，第75~86页。

达，是一种独立于人的意识的客观行为规范，规定了一种行为；而"应该是"是一种陈述语句，相比规范语句，它有真假之分，带有价值判断。"应该做"是以"应该是"为前提要件的，法律规则应该与法律原则保持一致。其次，由于法律原则是关于"人们应该做什么"的表达或说明，没有规定适用条件，只表达了在某个具体方向进行论证的一个理由，总是没有法律规则对"人们应该做什么"的表达或说明那么精确、具体，所以"它的行为模式没有告诉人们应该具体如何行为而是规定了人们的行为或活动要符合某种性质或达到某种目标，如果你的行为或活动符合这种性质或达到了该目标，那么你的行为及其结果就会得到法律的肯定或支持，否则，法律就持反对或否定态度"①。最后，二者具有不同的适用方式。法律规则的适用方式是涵摄，而涵摄的程式是按照逻辑法则进行的；法律原则的适用方式是衡量，而衡量的程式是按照算数或计算法则进行的。正是因为附带审查的规范性文件具体条款具有法律规则属性，与法律原则不同，所以这就意味着不能在二者之间进行直接判断，需要将二者还原至一个层面才可以进行判断。

"规则是各种相互冲突的原则的妥协的产物"②，法律规则是特定时空下法律原则的具体化，任何一个规则背后均具有一个或两个以上的法律原则。基于一个法律原则可以在多个法律规则中体现，所以将法律规则还原至法律原则更具有可行性。因此，规范性文件 R 与法律原则 P1 之间的抵触判断可以通过以下过程展开：首先，将规范性文件 R 还原为法律原则 P2。其次，在法律原则 P1 与 P2 之间进行衡量。由于法律原则的"分量维度"只有基于个案的衡量才能体现，法律原则之间的优先关系会随着个案的变化而改变，这决定了需要在具体的个案中权衡 P1 与 P2 的"分量维度"，即考量它们之间的关系与分量。最后，根据个案衡量的结果判断规范性文件 R 是否违背法律原则。如果 P1＞P2，则规范性文件 R 抵触法律原则 P2；如果 P1＜P2，则规范性文件 R 不抵触法律原则 P2。以"丹阳市珥陵镇鸿润超市与丹阳市市场监督管理局行政登记案"为例，《关于转发市商务局〈丹阳市菜市场建设规范〉的通知》（丹政办发〔2012〕29 号）中的规定"菜市场周边 200 米范围内不得设置与菜市场经营类同的农副产

---

① 王夏昊：《法律规则与法律原则的抵触之解决——以阿列克西的理论为线索》，北京，中国政法大学出版社，2009，第 86 页。
② 〔德〕N. 霍恩：《法律科学与法哲学导论》，罗莉译，北京，法律出版社，2005，第 281 页。

品经销网点"是法律规则 R（对农副产品行业市场制定了准入禁止性或限制性规定），其背后的法律原则可以还原为 P2"限制同业竞争原则"，上位法的法律原则 P1 为"国家对个体工商户实行的市场平等准入、公平待遇的原则"，本案中，蔬菜零售不属于法律、行政法规禁止进入的行业，并且在国家积极发展菜市场、便民菜店、平价商店、社区电商直通车等多种零售业态的指导意见下，显然 P2＜P1，故而《丹阳市菜市场建设规范》违反了上位法原则。①

3. 尤为注重比例原则的审查

在众多法律原则中，比例原则在规范性文件的合理性审查中尤为重要。一方面，比例原则契合规范性文件的内容特征。规范性文件本质上是一种立法政策形成权，即"围绕彼此不同乃至相互冲突的利益之间进行均衡、博弈，最终确定利益分配规则的过程。其直接关系到公民的权益，并且往往关系到不确定多数人的利益"。② 如何兼顾整体公共利益的推进与权利保障诫命的坚守是关键。而比例原则本身就是通过对两相冲突的利益进行对比衡量，③"以维护行政机关与相对人之间、公共利益和个人利益之间的平衡"④ 的。而更为关键的是，司法审查是法院对行政机关作出行为的二次复审，基于司法权与行政权之间的权力分工，法院一般不介入行政机关的价值判断，而比例原则将法官衡量的过程予以客观化。另一方面，比例原则契合规范性文件的逻辑结构。区别于行政行为，规范性文件没有确定的行政相对人，实际上是行政机关为实现行政目的而在现有多种方案中作出的一种决策选择；而以目的正当、手段适当、目的与手段的均衡性作为核心审查内容的比例原则无疑契合规范性文件的逻辑结构。因此，无论从结构上还是内容上，"比例原则"均是规范性文件合理性审查中最为重要的原则，因此在遵守前述审查方法的基础上，还需着重结合比例原则自身的特点，对其在规范性文件合理性审查中的应用展开分析。

（1）适当性审查。适当性审查是指公权力行为的手段应当有助于或能够实现法的目的。针对规范性文件而言，要求规范性文件所选择的手段与规制措施必须能够达到所追求的行政目标。当前学界主流学说均倡导增加

---

① 江苏省丹阳市人民法院（2015）丹行初字第 00052 号行政判决书。
② 蒋红珍：《论比例原则——政府规制工具选择的司法评价》，北京，法律出版社，2010，第 15 页。
③ 周佑勇：《司法审查中的滥用职权标准》，《法学研究》2020 年第 1 期。
④ 周佑勇：《行政裁量的均衡原则》，《法学研究》2004 年第 4 期。

目的正当性审查环节,基于"任何手段都是应目的而生,缺乏目的正当性,所有对手段正当性的论证便成为无源之水"①,本研究亦赞同首先审查规范性文件的制定是否具有正当目的,即是否符合"公共利益"。"裁量是行政权为实现国家目的与公益而具有的固有属性"②,规范性文件的制定是围绕不同利益进行均衡、博弈最终确定利益分配规则的过程,具有立法裁量的属性,因此规范性文件必须基于公共利益的需要而制定,而非为了行政机关的部门利益等非法目的,这在上位法规定不明确、创制性规范性文件的审查中尤为重要。因此,法院需要结合个案判断规范性文件制定的目的是否符合"公共利益"。比如在"王某与南昌市公安局青云谱分局公安行政管理案"中,法院认为,案涉规范性文件制定目的为落实户籍制度改革精神,规范和完善江西省、南昌市户口迁移一站式办理等户籍管理制度,提升服务群众质量,③故而认定案涉规范性文件制定目的合法正当。在"黄某、李某等与中山火炬高技术产业开发区管理委员会案"中,法院首先对《中山火炬开发区"四好居民"评比奖励实施办法》的制定目的进行审查:"火炬管委会制定上述文件设置'四好居民'的评比奖励,是为了进一步提高辖区内居民的文明素质和文明程度,以加快社区的建设步伐,该奖励有别于国家社会保障。"据此认为《中山火炬开发区"四好居民"评比奖励实施办法》的制定目的合法。④

接下来,考量手段是否有利于行政目标的实现。由于在某种意义上,规范性文件的制定是行政机关基于立法事实、行政经验对未来采取的规制手段的预测,所采用的手段是否有助于实现预期的管制目的具有预测性与不确定性,因此,法院对于规范性文件适当性的审查应采取宽松的审查态度,只要手段可以被"宽泛"地联结于规制目的的实现,而非"完全"不适合即为合法。但是这并不意味着法院对此完全放任与尊让,由于手段的选择是否有助于目的的实现是基于"立法事实"而对未来作出的预测,所以法院可以借由是否具有立法事实实现对规范性文件的控制。而立法事实究竟需要支持到何种程度才符合适当性审查的要求,这就涉及审查深度的问题。在德国,形成了明显性、可支持性、强烈性内容审查三种审查强度

---

① 蒋红珍:《论比例原则——政府规制工具选择的司法评价》,北京,法律出版社,2010,第220~221页。
② 周佑勇:《司法审查中的滥用职权标准》,《法学研究》2020年第1期。
③ 南昌铁路运输中级法院(2020)赣71行终43号行政判决书。
④ 广东省中山市第一人民法院(2015)中一法行初字第383号行政判决书。

的划分，简言之，对于涉及公民权利、公共利益、政府对管制事项的预测能力有着较强的专业优势等相关条款，应当进行较为严格的审查，从而为规范性文件的审查提供一个参考的框架。

(2) 必要性审查。必要性审查，即在可能达到行政目的的几种途径中，规范性文件应当选择对公民权利最小侵害的手段，避免对公民权益作不必要的侵害与限制。符合法律目的的行政行为往往不是单一的，不同的行政行为对人权的侵害常常会轻重不一。① 基于"近代立宪主义人权保障的立场"，公权力的行使应当选择尽可能较少干预私人利益的手段，在规范性文件的制定领域，亦是如此。诚如"肖某诉广州市交通委员会案"中，法官所言："行政行为应当有助于实现行政目的或者至少有助于行政目的达成。行政机关实施行政行为应兼顾行政目标的实现和保护相对人的权益，如果可能对相对人的权益造成某种不利影响时，应使这种不利影响限制在尽可能小的范围和限度。"② 一方面，以"对相对人的权益影响"为界，行政行为可以区分为授益行政行为与侵害行政行为，③ 侵害行政行为可以区分为禁止性处分与负担性处分，④ 选择对相对人权益侵害较小的手段从实际操作上也是可能的。另一方面，从"管制工具分类"的角度，规范性文件某种程度上是行政机关为实现行政目的而选择的管制工具，可以以权利限制的强度为径，借助于管制工具理论审查对公民权利限制的手段是否合理，比如预防性处罚优于制裁性处罚、负担性措施优于禁止性措施、非强制性手段优于强制性手段等。⑤ 法院需要对规范性文件所预备的手段与其目的之间的关联进行观察，并在此基础上施加法律评价。比如在"安徽华源医药股份有限公司诉国家工商行政管理总局商标局商标行政纠纷案"中，法院认为：《新增服务商标的通知》第4条关于过渡期的规定考虑到了地处偏远或信息闭塞的在先使用人的因素……商标局可在允许申请注册新增服务商标前的合理时间内利用现代发达的传媒方式尽可能地告知相关公众，而不必以对《商标法》（2013年）第31条规定的"同一天"

---

① 杨登峰：《从合理原则走向统一的比例原则》，《中国法学》2016年第3期。
② 广州铁路运输中级法院（2017）粤71行终2203号行政判决书。
③ 〔德〕哈特穆特·毛雷尔：《行政法学总论》，高家伟译，北京，法律出版社，2000，第208页。
④ 陈新民：《德国公法学基础理论》，济南，山东人民出版社，2001，第378页。
⑤ 蒋红珍：《论比例原则——政府规制工具选择的司法评价》，北京，法律出版社，2010，第255~294页。

进行重新定义为代价。① 再如在"肖某诉广州市交通委员会案"中，法院认为：被盗抢车辆需要重新摇号，其目的是"严格控制汽车保有量"，但是同样实施车辆总量控制的北京、天津均允许在已注册登记的车辆被盗抢后无法找回的情况下，车主可直接取得指标，同样可以达到上述目的，显然广州市的规定对相对人权利的影响更严重，违反了比例原则。②

（3）均衡性原则。均衡性原则，也称作"法益衡量原则"，即衡量行政目的所要达成的利益与公民权利损害或社会公益损失之间是否成比例，是否均衡。在一些情况下，规范性文件所采取的手段已经是对于目的达成损害最小的手段，但仍可能对基本权利造成了过于严重的侵害，此时，狭义的比例原则便用来排除对基本权利严重侵犯的手段。③ 狭义的比例原则核心就是解决：手段所保护的利益与手段所牺牲的利益，究竟孰轻孰重？手段采取所实现的利益与手段不采取所实现的利益，究竟孰轻孰重？④ 由于法益的衡量往往需要围绕具体个案的特殊情境才能给出答案，所以个案利益衡量具有重要的意义。在具体的方法上，包括以下几点：首先，揭示规范性文件中所涉及的公共利益与个人权利，从而进行价值层面的初步具体化。其次，依据"价值秩序"对二者进行个案的法益衡量。虽然权利的位阶秩序并没有整体的确定性，不可能形成像"元素周期表"那样先在的图谱，不可能存在普适性的依据，⑤ 但是不可否认的是，任何一个国家某些权利往往会享有较高的价值位阶。比如德国将"人性尊严"视为基本法的核心原则，并且以"人格权"为核心确立了"核心-外围"法理，即任何基本权利都包含人格权要素，所以法规的审查标准可依据受限制的基本权利与人格权核心的距离来确定，对基本权利的限制越严重，其构成的侵犯就越接近人格权的核心，对其审查就越严格。⑥ 再如在美国，斯通（Stone）大法官在 1938 年的美国诉卡罗琳产品公司案中，通过注解四确立了"双重标准"：对涉及精神自由和少数族群的平等案件实行比经济自

---

① 北京知识产权法院（2015）京知行初字第 177 号行政判决书。
② 广州铁路运输中级法院（2017）粤 71 行终 2203 号行政判决书。
③ 戴杕：《行政规范性文件"上位法依据"的司法判断》，《重庆理工大学学报（社会科学）》2021 年第 6 期。
④ 莫纪宏：《违宪审查的理论与实践》，北京，法律出版社，2006，第 438 页。
⑤ 林来梵、张卓明：《论权利冲突中的权利位阶——规范法学视角下的透析》，《浙江大学学报（人文社会科学版）》2003 年第 6 期。
⑥ 何永红：《美国法规审查的双重标准——法理的反思性重构与借鉴》，《浙江大学学报（人文社会科学版）》2007 年第 4 期。

由权更加严格的审查，与民主程序相关的权利同样要受到严格的审查。最后考量为了保护某种较为优越的法价值需要侵害另一种法益的时候，是否超越了必要的限度，这不仅取决于应受保护法益被影响的程度，而且取决于假使某种利益须让步时，其受害程度如何。①

（二）不得违反立法目的

立法目的，是立法者通过制定法律文本，意图有效地调控社会关系的内在动机，它既是法律创制也是法律实施的内在动因。② 立法者通过立法目的来表达意图，执法者、司法者通过立法目的来理解法律。立法目的能够使法官不局限于规范文本的字面含义，通过对规范性文件是否违反立法目的进行审查，以保障规范性文件的合理性。

1. 立法目的的内涵与类型

立法目的是法律规范的内在灵魂和精神实质，准确理解与运用立法目的涉及法律的根本性问题。其一，"目的乃是一切法律的创造者"，立法目的是整个法律文本的价值目标。"法律规范和法律制度由'当为语句'构成，它们必须服务于特定的规范目的，并按照立法者的'社会理想'对国家和社会进行调整。"③ 因此，每一个法律条文都承载着特定立法目的，规范性文件不得与上位法条文所承载的价值目标相抵触。其二，规范性文件从内容上而言，本质上是多元价值之间的博弈，为了制定科学合理的规范性文件，行政机关通常会考量各种因素，对不同利益主体之间的利益关系作出比较衡量。而为了实现在法秩序框架内的衡量，确保利益衡量符合立法原意，立法目的为行政机关提供了判断依据。④ 其三，"制定法的语言有时存在不确定性，法律概念与法律条文存在多义、模糊不清等问题"⑤，同时面对日益分化以及快速变革的社会，法律漏洞亦会存在，借由立法目的才能真正地把握制度的规范意旨以及所欲实现的社会目标，解释法律规范的含义。尤其伴随着大量概括授权、空白授权条款的兴起，"目的程式规定形态"的授权规范越来越多，授权目的则成为引导规范性文件制定、控制规范性文件的关键。因此某种意义上，可以说法律文本是立法目的汇聚的最终形态，立法目的是法律制定的实质精神与价值核心，

---

① 〔德〕拉伦茨：《法学方法论》，陈爱娥译，北京，商务印书馆，2003，第285页。
② 刘风景：《立法目的条款之法理基础及表达技术》，《法商研究》2013年第3期。
③ 〔德〕伯恩·魏德士：《法理学》，丁晓春等译，北京，法律出版社，2013，第91页。
④ 杨铜铜：《论立法目的司法适用的方法论路径》，《法商研究》2021年第4期。
⑤ 杨铜铜：《论立法目的司法适用的方法论路径》，《法商研究》2021年第4期。

在内部秩序体系中具有指导性地位，规范性文件不得与立法目的相抵触。

这里需要注意的是，立法目的具有不同的表现形式："有的时候是显性的，通过法律文本即可查得；有时则隐藏在法律规定的背后，需要借助其他论据才可查得。"① 概言之，从表现形式上可以将立法目的划分为两种：一是显性的立法目的，即通过法律规则直接表现出的立法目的，比较典型的是"整个法律文本中关于立法目的专门性法律规定"的条款，其往往表现为法律文本的第 1 条。比如在"杨某等诉北京市通州区台湖镇人民政府案"中，原告请求附带审查《困难补助实施意见》第 5 条、《医疗补助实施意见》第 6 条的合法性，法院认为，根据《困难补助实施意见》及《医疗补助实施意见》第 1 条，台湖镇政府对辖区内的居民给予困难补助和医疗补助的目的在于进一步提高居民生活质量和健康水平，切实缓解和解决"因病致贫、因病返贫"问题，但《困难补助实施意见》第 5 条、《医疗补助实施意见》第 6 条将签订拆迁补偿协议作为获得困难补助和医疗补助的前提条件，该规定并无相应的法律依据，并且也与《困难补助实施意见》《医疗补助实施意见》的制定目的相悖，故而违法。② 二是隐性的立法目的，即法律文本没有载明，但有必要进行探明的立法目的。比如根据《工伤保险条例》第 14 条的规定，工作时间、工作场所、工作原因是认定工伤的三个要素，而第 15 条则规定了三种"视同工伤"的例外情形，实质上是将工伤保险的范围由工作造成的事故伤害扩大到了其他情形，并且只明确规定了三种，没有兜底条款，充分表现了立法者最大限度地保障职工权益的立法目的，但是同时严格限定"视同工伤"的情形，如果地方为了执行《工伤保险条例》而制定解释性规范性文件，扩大"视同工伤"的情形，无疑违背了《工伤保险条例》第 15 条"视同工伤"的立法目的。

2. 违反立法目的的审查方法

耶林指出："目的乃是一切法律的创造者。"作为法律制定的实质精神与价值核心，立法目的在内部秩序体系中具有指导性地位，规范性文件不得违反立法目的。比如在"大昌三昶（上海）商贸有限公司诉北京市丰台区食品药品监督管理局行政处罚案"中，法院认为《食品安全国家标准预包装食品营养标签通则》的制定符合《食品安全法》（2015 年）保障公众

---

① 杨铜铜：《论立法目的司法适用的方法论路径》，《法商研究》2021 年第 4 期。
② 北京市通州区人民法院（2015）通行初字第 106 号行政判决书。

身体健康的立法目的。① 尤其伴随着大量概括授权、空白授权条款的兴起，借由授权目的、立法目的对规范性文件进行审查更为关键。

判断规范性文件是否与立法目的相抵触，核心即在于对立法目的内涵的探求。对立法目的内涵的探求需要借助于法律解释，方法论上分为主观目的解释与客观目的解释两种。主观目的解释着重探求立法者当时的立法意图，客观目的解释是基于当下的客观现实来判断立法目的的。在规范性文件的审查中，应当始终以立法者的立法意图作为出发点，其是法律的规范化要求，具体可以借助如下方法：首先是文义解释，即从规范文本自身去寻找。法律文本凝结着立法者共识，是获取立法目的最直接、最简单、最有效的方式，"立法者希望达到的具有决定性意义的调整目的必须首先在规范文义中寻找"②，这是规范主义的基础以及维护法律体系稳定性的内在要求。文义是最直接的立法目的，立法者希望通过文义实现社会治理目标，即立法者只有通过明确性、无歧义的文本才能实现法律的可预测目标，指引人民行为方式。因此，在法律文本含义明确的情况下，通常不需要再诉诸其他方式来探究立法目的，法律文本含义即是立法目的最直观的反映。其次是体系解释，即通过法律文本的上下文、前后关系来判断法律文本的立法目的。体系解释有时也被称为语境解释，主要通过法律文本所构造的解释语境来探究文本的含义。体系解释遵循法秩序统一性原则，即将法律体系视为内在无矛盾的统一体，解释某个法律文本实际上是在解释整个法律体系，因此对立法目的的探究有时也需要借助整个法律体系，通过法律体系的整体与部分之间的关系，通过解释学循环原理来解释法律文本所承载的立法目的。最后是历史解释，即通过立法史所保存的立法资料来探究立法目的。由于立法目的解释终究是一种主观性的解释，在探究立法目的过程中容易滋生法官的能动性，因此必须通过客观既存的历史资料来发现立法目的，从而改善立法目的的解释中的创造性以避免法官的个人偏好。比如通过立法备忘录、立法起草说明、法律文本的变化、立法者著作等来发现法律制定时的立法目的。

然而实践中，一方面立法条款的立法资料屈指可数，零散的立法材料亦无法呈现出完整的授权意图，另一方面法律的动态发展决定了不能拘泥

---

① 最高人民法院2018年10月30日发布的9起行政诉讼附带审查规范性文件典型案例之四。
② 〔德〕伯恩·魏德士：《法理学》，丁晓春等译，北京，法律出版社，2013，第311页。

于授权者当时的授权想法，而应根据社会的发展变化不断调整法律追求正义的需求，以适当地回应社会变迁的事实，"从法的实效来看，客观目的解释可能更有利于法的目的的实现"①，由此便由主观目的解释方法转向客观目的解释方法。与主观目的解释方法相比，客观目的解释方法出场的前提是通过文义、体系与历史等解释方法的运用仍然无法探知立法目的，或者通过上述方法所探知的立法目的明显与当下的语境不相契合，或者出现荒谬含义的情况，此时便需要解释者站在立法者的视角重新审视法律文本的含义。客观目的解释方法实现了解释者主体身份的转变，即由立法者转向法官，通过法官个人意志来解释法律的立法目的。因此，与主观目的解释方法主要通过文本、语境等探寻立法目的相比，客观目的解释方法需要法官站在当下的语境对立法目的进行"想象性重构"，是一种完全的主观性解释方法。

基于上述分析，以立法者的立法意图为出发点，根据客观现实关注行政机关立法性决策实践对立法目的的适当调整作用，是解释立法目的的基本方法。在立法目的的具体探究路径方面，首先，在文本含义明确的情况下，通常不需要探究立法目的，法律文本的含义即为立法目的；其次，当文本含义出现模糊、歧义时，可通过体系解释、历史解释等方法来推定或者探究立法目的，从而获知法律的规范性含义；最后，当上述方法探究的立法目的明显违背当下主流价值，或者导致所解释的文本出现荒谬含义时，那么便需要解释者站在立法者的角度，对立法目的进行"想象性重构"。在明晰了立法目的之后，如果规范性文件的具体条款违反了立法目的，即为违法。

（三）相关因素的考量

合理性原则除了要求"裁量权的行使应当以法律目的为目的"之外，还要求裁量权的行使必须全面考量应当考量的因素，必须将不相关因素排除在考量范围之外。② 因为行政机关"没有考量应当考量的因素"或者"考量了不应当考量的因素"，都有可能导致行为结果的明显不合理，尤其对于规范性文件而言，规范性文件的制定是多元利益之间的博弈，制定机关的考量因素是否妥当、全面无疑将影响规范性文件的民主性、科学性，所以"相关因素的考量"在规范性文件的合理性审查中占据重要位置。比

---

① 章剑生：《现代行政法总论》，北京，法律出版社，2014，第99页。
② 杨登峰：《从合理原则走向统一的比例原则》，《中国法学》2016年第3期。

如在"谢某不服泰州市财政局退休待遇案"中,法院认为:虽然谢某认为认定标准存在不公正与歧视,但是该些标准在客观上并无不公,谢某亦未提供规范制订者主观上存在恶意裁量的线索,故上述文件亦不存在应予消极评价的不合理之处。① 关于如何展开审查,以下将进行详细分析:

1. 采用"过程性审查"方式

由于"相关因素的考量"某种程度上是对行政机关主观意志的考量,如何"客观化"地呈现行政机关主观意志的考量因素从而进行客观化的审查是关键,"过程性审查"(review of process)方式无疑提供了一种较为有效的审查路径。区别于实体审查方式关注行政机关"得出了什么结果"、程序性审查方式关注行政机关"如何得出的结果",过程性审查方式关注的是:"行政机关为何(why)得出了它所得出的结论,或者说,行政机关基于什么理由、出于哪些考虑,按照什么逻辑得出了它所得出的结论。"② 这种法院在审查行政决定的作出过程时所运用的审查方法,可称为过程性审查。可以说,"对行政决定进行统制,不能仅仅着眼于其最终结果,还应当着眼于其到达结果的过程。这是德国行政裁量论二十世纪七十年代以来形成的一个重要认识"③。

具体来说,"过程性审查"是指:"着眼于行政机关裁量判断过程的合理性审查方式,在行政机关应当进行比较考量或价值考虑的情况下,审查其是否考虑了应当考虑的要素或价值、是否考虑了不应当考量的要素或价值、是否存在过度评价等不正当考虑,从多角度审查裁量的合理性。"④ 在日本的"二风谷水库大坝案件"中,裁判所就认为建设大臣不履行必要的调查、研究等程序,对于本应重视的各要素或价值进行了不当的轻视或无视,因此,裁量行为违法。⑤ 其实,过程性审查方式在对规范性文件审查的司法实践中早就有所应用。比如在全国首例涉国家部委规范性文件审查案件"安徽华源医药股份有限公司诉国家工商行政管理总局商标局商标行政纠

---

① 江苏省泰州市中级人民法院(2015)泰中行终字第00096号行政判决书。
② 刘东亮:《涉及科学不确定性之行政行为的司法审查——美国法上的"严格检视"之审查与行政决策过程的合理化的借鉴》,《政治与法律》2016年第3期。
③ 王天华:《行政裁量与判断过程审查方式》,《清华法学》2009年第3期。
④ 江利红:《行政过程论研究——行政法学理论的变革与重构》,北京,中国政法大学出版社,2012,第327页。
⑤ 日本札幌地方裁判所1997年3月27日《判例时报》第1598号,第33页,转引自江利红:《行政过程论研究——行政法学理论的变革与重构》,北京,中国政法大学出版社,2012,第135~138页。

纷案"中，法院借助于商标局的理由说明，对商标局制定"过渡期规定"的理由是否能够自洽、是否考量了相关因素与替代方案等进行了合法性审查。在著名的"谢弗林规则"中：第一步法院关注的是"模糊性"，即行政机关所执行的法律相关用语是否存在模糊之处，国会是否明确表达了它的意图。如果国会的意图明确，司法机关与行政机关都应该遵从国会的意图。如果国会的意图不明确，则进入第二步，核心为关注"合理性"，即行政机关的解释是否是法律可以接受的解释：一是行政机关是否充分讨论了符合情理的各种不同的解释；二是行政机关是否充分讨论了法律解释与立法目标之间的关系；三是行政机关是否充分讨论了法律解释和法律的框架结构，包括在该法中相关用语出现的背景；四是就该法律解释所涉及的事实性断言，行政机关是否充分讨论了法律解释与可以取得的数据。谢弗林的第二步判断方法与 State Farm 原则中"行政机关的法律解释是武断、恣意的"判断标准异曲同工，只有行政机关通过"说明理由的决定"程序后作出决定，该行政机关的政策决定才是"合理的"，而非"武断、恣意的"。① 二者都涉及行政机关在制定"解释性规则"过程中是否充分考量了不同因素、相关制度背景、可以获得的数据等，本质上即为"过程性审查"。

2. 借助于"理由说明制度"展开

在过程性审查方式的运用上，需要借助于"理由说明制度"来判断行政机关的"考量因素"是否妥当。基于正当法律程序的要求以及权力的监督制衡，行政机关作出行为需要进行理由说明。中国最早对理由说明制度进行规定的是《集会游行示威法》第 9 条第 1 款②，而后，部分单行法进行了规定，如《行政处罚法》第 59 条③、《行政许可法》第 38 条第 2 款④、《行政强制法》第 37 条第 2 款⑤。在裁量领域，虽然规范上没有明确说明，但 2004 年《全面推进依法行政实施纲要》指出："行政机关行使自由裁量权的，应当在行政决定中说明理由。"中国的地方政府规章中，

---

① 〔美〕理查德·J. 皮尔斯：《行政法》，苏苗罕译，北京，中国人民大学出版社，2016，第五版，第 172~175 页。
② 《集会游行示威法》第 9 条第 1 款规定："主管机关接到集会、游行、示威申请书后，应当在申请举行日期的二日前，将许可或者不许可的决定书面通知其负责人。不许可的，应当说明理由。逾期不通知的，视为许可。"
③ 《行政处罚法》第 59 条规定，处罚决定书中应当载明"违反法律、法规、规章的事实和证据"。
④ 《行政许可法》第 38 条第 2 款规定："行政机关依法作出不予行政许可的书面决定的，应当说明理由，并告知申请人享有依法申请行政复议或者提起行政诉讼的权利。"
⑤ 《行政强制法》第 37 条规定，行政强制执行书应当载明强制执行的理由和依据。

《湖南省行政程序规定》第78条①、《山东省行政程序规定》第86条②均有所规定。而在行政立法制定领域,《规章制定程序条例》第17条、第18条、第25条、第28条③均对制定机关的"理由说明制度"作出规定。

虽然中国没有统一的行政程序法,但是对规范性文件制定机关的"说明义务"部分地方程序规定已经作出了规定,比如《山东省行政程序规定》第51条④,《上海市行政规范性文件制定和备案规定》第21条、第37条⑤。由于规范性文件不是立法,对司法机关不具有"拘束力",仅具有"说服力",因此规范制定机关为了证明其制定的规范性文件的合法性,亦负有对规范性文件的考量因素进行说明的义务。同时《行诉适用解释》第147条规定:"人民法院在对规范性文件审查过程中,发现规范性文件可能不合法的,应当听取规范性文件制定机关的意见。制定机关申请出庭陈述意见的,人民法院应当准许。行政机关未陈述意见或者未提供相关证明材料的,不能阻止人民法院对规范性文件进行审查。"这就为借由制定机关的"理由说明制度"对规范性文件进行审查提供了规范支撑。事实上,在此之前,法院就已经运用过程性审查方式、理由说明制度进行审查,比如在"方某诉淳安县公安局行政处罚案"中,杭州市中级人民法院

---

① 《湖南省行政程序规定》第78条规定:"行政执法决定文书应当充分说明决定的理由,说明理由包括证据采信理由、依据选择理由和决定裁量理由。行政执法决定文书不说明理由,仅简要记载当事人的行为事实和引用执法依据的,当事人有权要求行政机关予以说明。"

② 《山东省行政程序规定》第86条规定:"行政执法决定应当说明证据采信理由、依据选择理由和行政裁量理由;未说明理由或者说明理由不充分的,当事人有权要求行政机关予以说明。"

③ 《规章制定程序条例》第17条规定:起草部门规章,涉及国务院其他部门的职责或者与国务院其他部门关系紧密的,起草单位应当充分征求国务院其他部门的意见。……经过充分协商不能取得一致意见的,起草单位应当在上报规章草案送审稿时说明情况和理由。第18条规定:"规章送审稿的说明应当对制定规章的必要性、规定的主要措施、有关方面的意见及其协调处理情况等作出说明。"第25条规定:"法制机构应当认真研究各方面的意见,与起草单位协商后,对规章送审稿进行修改,形成规章草案和对草案的说明。说明应当包括制定规章拟解决的主要问题、确立的主要措施以及与有关部门的协调情况等。"第28条规定:"审议规章草案时,由法制机构作说明,也可以由起草单位作说明。"

④ 《山东省行政程序规定》第51条规定:"……部门规范性文件应当自签署、编制文号之日起5日内,由制定机关的法制机构将规范性文件纸质文本与电子文本、起草说明、合法性审查报告和制定依据等材料送本级人民政府法制机构。"

⑤ 《上海市行政规范性文件制定和备案规定》(2016年,现已失效)第21条规定:"起草部门应当向制定机关有关会议提交规范性文件草案、起草说明、合法性审查意见。起草说明应当载明制定的必要性、可行性,制定过程中听取意见的情况、重大分歧意见协调结果等内容。"第37条(征求意见与补充说明)规定:"法制办审查规范性文件时,认为需要有关政府部门协助审查、提出意见的,有关政府部门应当在规定期限内回复;需要制定机关补充说明情况的,制定机关应当在规定期限内予以说明。"

向浙江省公安局发出通知要求其对一并审查条款的合法性进行说明,浙江省公安局及时回应并作出了书面说明。① 在司法实践调研过程中,通过与北京、上海、河南等地的立法部门、法制部门、行政机关、法院等工作人员进行交流,各地行政立法、规范性文件的制定部门基本上均保存相应的立法材料、征求意见及相关争议说明,故而借由"理由说明制度"展开规范性文件相关因素考量的审查在司法实践中具有可操作性。

3. 考量的"相关因素":基于规范与目的展开

面对制定机关作出的理由说明,法院应当主要关注哪些事项进行合法性审查?事实上,行政机关的考量事项并非漫无目的,有日本学者大致将行政过程中的考量因素分为三类,提出了合理判断的方法:实质合理性、程序合理性、要件合理性。但是,从本质上来说,考量事项的确定具有"个案性",可以关注以下两个维度:

其一,法定事项。根据依法行政原则的要求,行政机关作出行为、制定行政规范必须具有法律授权的依据,因此法律规范中的法定事项是必须考量的因素。根据法律条款的不同,法定事项包括明示列举的事项与默示列举的事项。明示列举的事项,如《行政处罚法》第 5 条第 2 款规定:"设定和实施行政处罚必须以事实为依据,与违法行为的事实、性质、情节以及社会危害程度相当。"根据这一规定,行政机关在制定涉及行政处罚的解释性规范性文件时应当考虑"违法行为的事实、性质、情节以及社会危害程度"。默示列举的事项主要指虽然法律规范没有明确列举,但可以合乎逻辑地从上位法中推导出来的事项。其二,立法目的中所蕴含的事项。当无法通过解读法律条文的内容确定需要考量的相关事项时,可以借助于立法目的的意涵探求立法目的中所蕴含的行政机关应当考量的事项。

法院可以借由法定事项与立法目的中所蕴含的事项来判断规范性文件的"相关因素"考量是否合法。基于"考量事项"的不同,可以分为应当考虑的义务考量事项、不得考虑的禁止考量事项、可以考虑的事项三种,没有考量"应当考量的事项"与考量了"禁止考量的事项"都构成违法。但是作为复审的司法审查制度,其并不是要代替行政机关作出判断,这是过程性审查的边界。

(四)不得违反公共政策

"政策是国家为实现一定时期任务而制定的行为规则,它是现代社会

---

① 浙江省杭州市中级人民法院(2015)浙杭行终字第 254 号行政判决书。

政治领域中客观存在的现象。"① 政策与法律具有天然的、密切的关联性，甚至有的时候是支配行政机关制定、选择法律的重要客观因素。在司法实践中，部分案件将是否违背公共政策作为判断规范性文件合法与否的依据。比如在"徐某与温岭市人民政府横峰街道办事处行政管理案"中，法院认为：《温岭市中心城区城中村改造公寓式安置实施方案（试行）》系温岭市人民政府为加快城市转型升级，依据相关法律、法规及中央、省、台州市关于加快城中村和棚户区改造的系列政策文件精神，结合本市实际而制订的规范性文件，其内容并不违反相关法律法规的规定。② 再如在"喻某与汨罗市人民政府行政管理案"中，法院认为，汨罗市政府发布的汨政告〔2017〕10号规范性文件是其为落实法律、政策制定的，具有约定和规范人们行为的性质的文件……该文件符合法律、法规规定和国家政策要求，该规范性文件合法。③ 在上述案件中，法院除了将法律规范作为判断规范性文件是否合法的依据外，还将是否符合"国家政策"等作为判断依据。这就涉及公共政策是否可以作为判断规范性文件合理与否的依据，以及如何判断规范性文件是否违反公共政策。

1. 公共政策作为合理性审查依据的正当性

公共政策是否可以作为判断规范性文件合理性的依据，需要从行政与司法两个维度进行考量。从行政的维度来看，"政策"是行政机关制定规范性文件的重要依据。一方面，基于行政系统内部的科层管理体制，上下级行政机关之间是服从关系。④ 作为"金字塔"形官僚层级体制的组成部分，中央、上级的政策常常比法律更能影响地方、下级行政机关。而基于政策的灵活性，国家以及上级机关不同时期的任务大多通过"政策"表现出来，甚至部分规范性文件就是为了贯彻国家的政策而制定的，⑤ 因此政

---

① 王勇：《定罪导论》，北京，中国人民大学出版社，1990，第234页。
② 浙江省台州市中级人民法院（2020）浙10行终25号行政判决书。
③ 湖南省高级人民法院（2020）湘行终765号行政判决书。
④ 这在《地方各级人民代表大会和地方各级人民政府组织法》第73条中有所体现，该条第1款规定，县级以上的地方各级人民政府行使下列职权：执行本级人民代表大会及其常务委员会的决议，以及上级国家行政机关的决定和命令，规定行政措施，发布决定和命令。
⑤ 比如在"陶某与青岛市社会保险事业局退休待遇审核案"中，对于双方争议的规范性文件的合法性，在职权审查方面，法院明确指出："涉案规范性文件均是为贯彻落实《国务院办公厅关于进一步做好国有企业下岗职工基本生活保障和企业离退休人员养老金发放工作有关问题的通知》（国办发〔1999〕10号）而制定的，国办发〔1999〕10号文第四条第（二）项规定，加强企业职工退休审批工作的管理，坚决制止和纠正违反国家规定提前退休的行为。"参见青岛市中级人民法院（2016）鲁02行终203号行政判决书。

策在行政系统内部往往比法律更具有影响力。另一方面，行政机关并非以法的正确认知为唯一、主要目的，通过何种手段能更好地完成行政任务是行政机关区别于法院的核心特征。而单个的行政机关显然无法承担辨明国家发展方向、统筹多方利益的任务，所以中央以及上级机关制定的政策将为基层行政机关以及下级行政机关提供指引。因而，"政策"基于其事实权威性成为行政机关制定规范性文件的重要依据。

从司法的维度来看，政策是法院司法裁判的补充依据。中国是一个以成文法为核心的国家，成文法规范具有稳定性，亦具有天然的不完满性与局限性，甚至会出现法律漏洞，在某些情况下"政策"可以纾解成文法源规范的局限。同时法院不仅要审查规范性文件的合法性，还要审查其合理性，政策将成为法院有效监督规范性文件的重要维度。

综上，区别于法律原则具有稳定性与合法性，公共政策具有灵活性与易变性。基于公共政策自身具有的事实权威性，其往往是行政机关不同时期行政任务、国家大政方针的体现，因而应当成为判断规范性文件制定是否合理的重要依据。

2. 不得违反公共政策的判断方法

首先，"公共政策"合法性的初步识别。"行政浓厚的政治色彩已逐渐成为行政法学研究必须直面的事实，但这并不意味着政策可随意左右行政行为。"[①] 虽然基于"科层制"独特的支配力，下级行政机关对于上级的政策"几乎"不打折扣地执行，但是对于明显违法的政策与指示下级机关仍要拒绝。而区别于行政机关，司法机关"依法独立行使审判权"。"行政诉讼是由法院对行政行为进行合法性审查的一种法律制度，其中内容之一就是对行政机关作出的行政行为所适用的法规范进行复审，这种复审其实蕴含着对现代行政法源本身是否合法的审查功能。法院对行政机关行使职权所引用的法源，在司法审查中需要接受法院的审查。"[②] 所以判断规范性文件是否违反了公共政策，法院要先对"公共政策"本身是否合法进行判断。但是基于司法能力的限制以及避免介入"政治问题"，法院只能对"公共政策"是否合法进行最基本的底线判断，即是否"明显"违背公平正义等理念。由于公平正义是法律的基本价值与社会的基本理念，所以"公共政策"不得对公平正义等理念造成威胁和损害。诚如博登海默所言：

---

① 郑春燕：《现代行政中的裁量及其规制》，北京，法律出版社，2015，第112页。
② 章剑生：《现代行政法基本理论》（上卷），北京，法律出版社，2014，第2版，第141页。

"尽管应当认为公共政策乃是一种非正式法律渊源,这一渊源在实在法表示出模棱两可或沉默时法官可适当地使用,但如果执行的公共政策与正义的基本标准发生冲突,那么法官应有否决的权力。"① 因此,法院应当对公共政策进行"最初步"的公平正义底线识别。

其次,判断规则。在对公共政策本身进行基本的合法性识别后,紧接着就是对规范性文件是否违反公共政策进行判断的基本规则。一是公共政策的法源地位,即仅作为判断规范性文件合法与否的辅助依据。法源分为正式法源与非正式法源。正式法源主要是指那些以成文法规定出现的具有普遍约束力的权威性法律规范,非正式法源主要是指那些在相对意义上讲具有法律意义或值得司法裁判引用的资料。由此,基于法源效力的内容进行区分,正式法源具有拘束力,非正式法源具有说服力。公共政策属于非正式法源,更多的是对法律规范的弥补或辅助,是对个案正义的追求。因此,规范性文件是否与公共政策相抵触只是作为判断规范性文件合法与否的一个辅助性理由,这也是为什么司法审查实践中,法院的表述均为:"不违反上位法法律和政策"。

二是具体个案的价值衡量。由于公共政策是国家为了施政而制定的原则性、概括性、指导性和灵活性的社会规范,所以究竟应该如何在具体案件中进行价值评价,需要借由规范性文件是否与公共政策的价值取向一致进行判断。比如在"丹阳市珥陵镇鸿润超市与丹阳市市场监督管理局行政登记案"中,《商务部等13部门关于进一步加强农产品市场体系建设的指导意见》(商建发〔2014〕60号)第 7 项"积极发展菜市场、便民菜店、平价商店、社区电商直通车等多种零售业态"的指导意见体现了国家对零售业态积极发展的政策,而争议的规范性文件丹政办发〔2012〕29号文件中"菜市场周边 200 米范围内不得设置与菜市场经营类同的农副产品经销网点"的规定虽有禁止同类竞争的目的,但与国家积极发展零售业态的政策相违背,也违反了国家对个体工商户实行的市场平等准入、公平待遇的原则,法院将公共政策作为认定规范性文件合法与否的一个"补强理由"②。

---

① 〔美〕博登海默:《法理学——法律哲学和方法》,张智仁译,上海,上海人民出版社,1992,第 422 页。
② 江苏省丹阳市人民法院(2015)丹行初字第 00052 号行政判决书。

第五节　合法性审查要件（三）：程序合法审查

由于规范性文件附带审查制度是聚焦到具体条款进行审查的，所以对制定程序是否应该进行审查，学界一直存在争论。大部分学者对此持肯定态度，仅有部分学者基于可能存在脱离个案案情变成相对抽象、全面的规范性文件审查，遭遇来自民主性、合宪性的拷问①以及实践可操作性差②等问题认为不宜进行程序审查。上述观点显然限缩了《行政诉讼法》关于合法性审查内涵的理解。《行政诉讼法》第 6 条确立了"合法性审查原则"，第 70 条将"违反法定程序"作为法院撤销判决的理由，显然"合法性"包括实体合法与程序合法两个维度。而在对规范性文件附带审查制度进行规定的《行政诉讼法》第 53 条、第 64 条中，依然使用的是"不合法"的表述。基于体系解释，为维护法秩序的统一，按照"同一术语同一解释规则"的基本要求，第 53 条、第 64 条中的"合法性"内涵同样应当包含"程序合法"的维度。同时，虽然规范性文件附带审查制度是对行政行为所依据的具体条款进行审查的，但是具体条款是整体规范性文件的一部分，对整体规范性文件具有依附作用，整体规范性文件的合法性对具体条款具有"担保作用"。如果规范性文件程序违法，那么具体条款的合法性亦不存在，正所谓："皮之不存，毛将焉附？"而 2018 年《行诉适用解释》第 148 条亦规定，"未履行法定批准程序、公开发布程序，严重违反制定程序"属于规范性文件不合法的情形之一，更是从规范文本上进行了肯定。虽然对规范性文件制定程序的审查涉及规范性文件制定过程中各类证据材料的举证，尤其当被诉行政机关与规范性文件制定机关不一致时，确实会增加法官的审查难度，但是不能基于操作上的难题直接否定对规范性文件的程序进行审查，而是应通过相关配套制度的完善予以化解。因此，对于规范性文件的程序合法性法院应当进行审查。但是，由于中国没有统一的行政程序法规定，这就使得如何对规范性文件进行程序审查没有达成共识：规范性文件制定程序违法的判断依据是什么？哪些情形构成违

---

① 夏雨：《行政诉讼中规范性文件附带审查结论的效力研究》，《浙江学刊》2016 年第 5 期。
② 王红卫、廖希飞：《行政诉讼中规范性文件附带审查制度研究》，《行政法学研究》2015 年第 6 期。

反制定程序？是否只要违反了制定程序均构成违法？这是本节所要回答的问题。

一、程序违法的判断依据

程序违法的判断依据关键在于确定"法"的外延，即人民法院以什么来判断规范性文件程序违法，这是首先需要解决的问题。

（一）法定程序

基于依法行政原理，行政机关实施行政行为所遵循的行政程序均应该接受监督。但是从司法审查的角度看，只有将行政程序限定在法定范围内来讨论认定其违法标准才具有法律意义。① 这在规范性文件制定程序的审查中，同样适用。法定程序之"法"如同一个可以不断拉伸或收缩的"菜单"，向上拉伸可以将宪法纳入适用的范畴，向下拉伸，又似乎可以将规范性文件甚至行政机关制定的内部规则和行政规则纳入范畴，"法"的菜单的不断拉伸，无疑彰显了"法定程序"范畴界定的难题。而这一"难题"在规范性文件制定程序的审查中表现得更为突出：从中国中央立法层面来看，规范性文件的制定程序似乎是一个空白，《立法法》（2000年）制定后分别出台了《行政法规制定程序条例》（2001年）和《法规规章备案条例》等调整行政立法的制定程序，并没有对规范性文件的制定程序进行具体规定，这也是许多学者主张不应对规范性文件进行程序审查的一个理由。而在主张对规范性文件制定程序进行审查的学者论述中，也大多语焉不详。反观司法实践，法院在对规范性文件的程序审查中，经常会使用"符合相关程序规定""未违背法定程序"的笼统表述，但何谓"相关程序"、何谓"法定程序"大多没有明确的说明，均暴露了规范性文件程序审查中对判断标准"法定程序"界定的难题。

其实在对规范性文件程序违法讨论之前，学界就有关于行政行为程序违法的讨论，大概有以下四种观点："法律、法规规定说""法律、法规、规章规定说""法律、法规、规章和宪法规定说""重要程序说"。四种观点的不同在于对"法"的范畴大小认识不同，学界的基本共识是"法律、法规、规章"属于"法"。在规范性文件制定程序的审查中，结合理论与司法实践的观察，"法定程序"包含以下类别：

---

① 章剑生：《现代行政法基本理论》（下卷），北京，法律出版社，2014，第2版，第940页。

1. 授权规范中的"法定程序"

部分授权条款本身就包含对规范性文件制定程序的要求，这是判断规范性文件制定程序是否合法的"直接依据"，亦是法院审查的重点依据。如在"胡某与佛山市公安局禅城分局交通警察大队强制措施案"中，原告请求对"佛山市人民政府作出的《佛山市人民政府关于部分区域禁止电动自行车和其他安装有动力装置的非机动车上路行驶的通告》（佛府〔2008〕117号）"进行合法性审查，法院依据授权条款《广东省道路交通安全条例》（2006年）第14条的规定："地级以上市人民政府在本行政区域内对电动自行车和其他安装有动力装置的非机动车不予登记、不准上道路行驶作出规定的，应当公开征求意见，报省人民政府批准……"对佛府〔2008〕117号文件的制定程序进行合法性审查，认为该文件已经通过电台声讯、互联网、征询意见会、向社会派发调查问卷等方式公开征求意见，并已经报送广东省人民政府并获得了批准，符合上述法规的规定，程序合法。① 再如在"班某、贵定县公安局交通警察大队道路交通管理案"中，原告请求对《贵定县关于启用全县电子警察监控系统的公告》中的第2条"贵定县县城城区道路、国道、省道、县道等其他道路限速40公里/小时"进行审查，在程序审查部分，法院审查的依据就是授权条款《贵州省道路交通安全条例》（2007年）第28条第2款"在道路设定限速的，公安机关交通管理部门应当征求道路主管部门和社会公众意见"中的程序规定。② 由此可见，授权条款中的制定程序条款是必须遵守的，是判断规范性文件程序违法与否的核心依据。

2. 法律、法规、规章中的"法定程序"

并不是所有的授权规范均对被授权规范性文件的制定程序进行了规定，那么法院应当依据什么进行审查？根据《行政诉讼法》第63条规定："人民法院审理行政案件，以法律和行政法规、地方性法规为依据。地方性法规适用于本行政区域内发生的行政案件。人民法院审理民族自治地方的行政案件，并以该民族自治地方的自治条例和单行条例为依据。人民法院审理行政案件，参照规章。"所以法院应当"依据法律与法规"中关于规范性文件制定程序的规定进行审查，这是毋庸置疑的。但是"规章"中有关规范性文件制定程序的规定是否要遵守，存在争议，关键即在于对

---

① 广东省佛山市禅城区人民法院（2015）佛城法行初字第469号行政判决书。
② 贵州省黔南布依族苗族自治州中级人民法院（2017）黔27行终6号行政判决书。

"参照"的理解。否定观点大多基于《行政诉讼法》本身对"规章"的定位,即认为规章只具有"参照"地位,并不具有法律、法规的"依据"地位,故无须遵守。肯定观点大多基于三方面的考量。一是基于"实用主义"认为:何种行政程序为法定程序,不应取决于法院对具体行政行为进行合法性审查的依据范围,而是设定行政程序规范的实际效力。中国现阶段大多行政程序出自规章,且规章在行政权运作中均产生一般意义上的法律约束力。所以,法定程序应是法律、法规、规章所设定的行政程序。①二是既然是"参照规章",那么"审查行政程序时,自然也应当参照规章中的有关程序规范"②。三是规范上的支持,《立法法》明确将规章列为"法"。本研究赞同将"规章"中的程序规定纳入"法定程序"的范围。

事实上,法定程序并不一定要以统一的行政程序法典形式予以体现,在许多没有制定统一的行政程序法典的国家也存在许多单行的或与行政实体法规范相混合的程序法规范。中国亦是如此,虽然没有制定统一的行政程序法,但是行政实体法中已经作出了相关程序性规定,比如《行政处罚法》《行政许可法》《行政强制法》分别规定了行政处罚、行政许可、行政强制三个行政行为的行政程序,可见中国采用的是"分散型的程序立法路径"。

具体到规范性文件的制定程序,虽然没有全国统一的规范性文件制定程序规定,但是部分地区的地方性法规或者政府规章已经对规范性文件的制定程序问题进行了规定,可以作为法院的审查依据。结合司法实践,主要包括以下类别:一类是地方制定的专门的行政程序法规或行政程序规定中对规范性文件制定程序的规定,比如《湖南省行政程序规定》第三章第二节"制定规范性文件"、《兰州市行政程序规定》第三章"行政规范性文件制定程序"等分别设置专节、专章对规范性文件的制定程序进行规定。另一类是部分地区制定的专门的规范性文件制定程序规定,如《上海市行政规范性文件制定和备案规定》《海口市规范性文件制定与备案管理办法》。司法实践中法院审查的规范性文件"是否经过人民政府的同意印发"③、"是否经过备案、政府批准"④ 等事项,在上述地方性法规、地方政府规章中均有规定。因此,对于这些在地方性法规、地方政府规章中已有规范性文件制定程序规定的地区可以优先适用这些规定进行审查。

---

① 章剑生:《论行政程序违法及其司法审查》,《行政法学研究》1996年第1期。
② 罗豪才:《中国司法审查制度》,北京,北京大学出版社,1993,第376页。
③ 浙江省绍兴市上虞区人民法院(2016)浙0604行初19号行政判决书。
④ 重庆市高级人民法院(2017)渝行终56号行政判决书。

3. 规范性文件中的程序规定

对于规范性文件中的相关程序规定是否应当纳入"法定程序"的范畴，学界一直存有争议。否定论者认为：规章以下的规范性文件所设定的行政程序，因其制定主体的零乱性、形式的不规范性而导致在适用上的冲突，使人们有足够的理由将其排除在法定行政程序的界限之外。① 而赞成论者则认为：在中国这类规范众多，对人们的行为有直接的规范作用和约束力，这些规范中若有为行政机关设定程序义务的，即应纳入法定程序的范畴。② 司法实践中，规范性文件属于"法定程序"中的"法"的范畴被广泛地适用，如：在"中海雅园管委会诉海淀区房管局不履行法定职责案"中，法院依据当时建设部《城市新建住宅小区管理办法》、北京市人民政府《北京市居住小区物业管理办法》两个行政规章以及北京市房屋土地管理局、国土资源和房屋管理局、北京市人民政府办公厅的规范性文件，认为房屋管理局的程序不作为违法。③ 而在规范性文件的审查中，在"刘某不服孙吴县物价监督管理局行政收费案"中，法院认为，争议的规范性文件孙价发（2014）46号《关于海峰热电供热价格批复》没有进行"公示"程序，不予适用，所适用的判断依据《黑河市人民政府关于调整黑河市区供热价格的批复》是市物价局制定的规范性文件。④ 由此可见，在规范性文件的程序合法审查中，法院也将规范性文件中的程序规定纳入"法定程序"的范畴。

但是需要注意的是，即使是赞同将规范性文件中的程序规定作为程序审查依据的学者也大多是"有限"地承认的，即认为作为程序审查依据的规范性文件需要符合一些最低限度的要求：一是具有外部性；二是合法有效，符合规范位阶的不抵触原则；三是内容方面，对相对人有益，⑤ 或者对行政机关设置自我约束的程序义务。⑥

4. 参照《规章制定程序条例》

《规章制定程序条例》第36条规定："依法不具有规章制定权的县级以上地方人民政府制定、发布具有普遍约束力的决定、命令，参照本条例

---

① 章剑生：《论行政程序违法及其司法审查》，《行政法学研究》1996年第1期。
② 王万华：《行政程序法研究》，北京，中国法制出版社，2000，第250页。
③ 祝铭山：《房产行政诉讼》，北京，中国法制出版社，2004，第15页。
④ 黑龙江省孙吴县人民法院（2015）孙行初字第4号行政判决书。
⑤ 杨伟东：《行政程序违法的法律后果及其责任》，《政法论坛》2005年第4期。
⑥ 王万华：《行政程序法研究》，北京，中国法制出版社，2000，第250页。

规定的程序执行。"何谓"参照"？从文义上理解，即"参考并仿照"，那么对应到此处，至少可以包含以下几种含义：一是参照对象与被参照对象的内容不完全一致，否则即可表述为"直接适用"；二是参照对象与被参照对象的内容又不能完全不一致，否则就完全背离了"参考并仿照"之含义；三是参照对象与被参照对象的相似性与差异性的程度需要根据具体情景来进行解释。根据《规章制定程序条例》第36条的规定，可以确定该处"参照"的一些基本要素：首先，在参照的对象上，仅限于"不具有规章制定权的县级以上地方人民政府"制定、发布的规范性文件。其次，在参照的范围上，基于该条款规定在《规章制定程序条例》的"附则"部分，附则是法律规范形式结构的组成部分，所以该条例的主文部分都可以参照。最后，在参照的结果上，参照适用不等于直接适用，可以基于二者的相似性与差异性进行适度的调试，那么法院在审查规范性文件程序的时候，也无须完全按照该条例进行审查，允许适度的差异，要在比照的基础上展开适用。

综上，基于《规章制定程序条例》第36条的规定，法院可以"参照"该条例对"不具有规章制定权的县级以上地方人民政府制定、发布"的规范性文件进行程序审查，并作出违法判断。

（二）正当程序

在没有法定程序的情况下，行政机关行使行政权必须遵守一种最低限度的程序公正要求，即正当程序。① 2004年国务院《全面推进依法行政实施纲要》最早在规范意义上将"程序正当"列为依法行政的基本要求，并提出了一些具体要求。"正当程序核心所要表达的是国家在作出对相对人不利决定之前，必须给予一个最低限度的公正程序"②，即听取意见与防止偏见。这在最高人民法院的公报案例中并不少见，比如田某诉北京科技大学案"首开"正当程序之讨论，而后在张某诉徐州市人民政府房屋登记行政复议决定案等案件中均得到了运用。正当程序具有保障行政行为结果公正、尊重行政相对人的主体地位、监督行政机关依法行政的功能。那么，在规范性文件制定程序的合法性审查中，是否可以以"正当程序"作为依据？

学界大多赞同将正当程序作为判断规范性文件制定程序合法与否的依

---

① 章剑生：《现代行政法总论》，北京，法律出版社，2014，第230页。
② 章剑生：《对违反法定程序的司法审查——以最高人民法院公布的典型案件（1985～2008）为例》，《法学研究》2009年第2期。

据。比如姜明安教授认为："合法的行政规范性文件不得有违背法定程序的情形。广义法定程序，不仅包括法律、法规、规章和行政规范性文件规定的程序，还包括正当程序。"① 再如张浪教授认为："在行政规范性文件制定程序中，有一系列的顺序、步骤、方法、时限的程序要求，尽管具体文件的制定程序有所差别，但应遵循最低限度的正当程序要求，即制定过程中是否提前预告通知，是否给予公众有效参与的机会，对反馈的意见是否进行应有的评价考虑，文件是否公布等，作为判断程序合法的基本要件。"② 在对规范性文件进行程序合法的审查过程中，应当审查其是否遵守正当程序。"首先，规范性文件的制定应遵循正当程序原则。尽管有别于立法程序，但为了增强规范性文件的科学性和相对人的可接受性，必须适当引入具有他律元素的相对或有限的公众参与机制。一方面，要广泛征求、听取一线行政执法人员和行政相对人的意见。另一方面邀请专家参与规范性文件的起草和论证，也有助于理性化和正当化。其次，规范性文件的发布应遵循正当程序原则，由制定机关的行政首长签署发布，通过报刊、网络、电视等公共媒介予以公开发布，并在发布日与生效日之间留一段合理的时间，使相对人预先知晓文件的内容。再次，规范性文件的变更应遵循正当程序原则。根据法的安定性原则，行政机关将规范性文件向社会公众公布以后，不得随意变更适用。"③

综上，本研究认为规范性文件的制定应当符合最低限度的"正当程序"要求，这不仅是对中国没有统一的行政程序法、部分地区甚至没有地方程序规定的填补；而且更为重要的是，在中国基于规范性文件在国家治理中的重要作用，以及行政权的强大，借由规范性文件进行行政管理与侵害公民权利的情况大量存在。因此借由最低限度的"正当程序"要求进行审查，有利于监督行政机关，遏制违法的规范性文件，促进规范性文件的合法性与合理性。

二、程序违法的认定

区别于行政行为，规范性文件的制定程序大多并不具有外部性；区别

---

① 姜明安：《行政法与行政诉讼法》，北京，北京大学出版社、高等教育出版社，2015，第6版，第181页。
② 张浪：《行政规范性文件的司法审查问题研究——基于〈行政诉讼法〉修订的有关思考》，《南京师大学报（社会科学版）》2015年第3期。
③ 周游、张涤：《规范性文件的司法审查》，《人民司法》2017年第31期。

于立法，对于规范性文件制定程序的要求一般并不如立法程序那般严格，这就使得如何判断规范性文件"程序违法"存在难度。学界与实务界对此大多泛泛而论，语焉不详。比如程琥法官认为："规范性文件的制定程序包括规划、起草、征求意见、审查、通过、公布等阶段。人民法院在审查时，可以参考上述规范性文件的制定程序标准进行审查。"① 相对而言，姜明安教授的观点较具有可操作性与启发性，其认为应当对以下三类程序进行审查：一是未给公众和有关机关听证和参与机会，二是未经上级机关批准，三是未对外发布。② 任何一个国家的法治发展均具有自身独特的法治背景与属性，规范性文件是否构成程序违法需要根据法律规范并结合自身的法治传统来进行判断，司法实践中的个案亦勾勒出一幅真实的图景。下面将结合学理、规范与司法实践的发展进行分析：

（一）程序违法的价值取向：正义与效率的博弈

"行政行为构成违反法定程序的，是行政行为违反法所规定的程序达到了一定的程度，或者具有一定的严重违法性质。"③ 在规范性文件制定领域同样如此，并不是所有违反制定程序的规范性文件均构成违法，这一问题的背后隐含着"正义与效率"双重价值的博弈。

没有现代行政程序，法治作为一种社会秩序将无法维系。美国学者萨默斯将程序的价值评判标准分为两类："好结果效能标准"与"程序价值标准"。"好结果效能标准"是指若程序是对实现好结果有意义的手段，则可对该程序作出积极评价。④ 法律必须设置一定的方式、步骤、手续等来实现结果，所以程序自产生就具有服务于实体结果的价值。同时人们逐渐认识到程序还具有另外一种"程序价值"，即独立于实体结果之外，程序"本身"所具有的价值，如程序理性、可接受性等。⑤ 现代行政程序均具有独立的程序正义与辅助实体公正的双重正义价值。在现代程序法治发展的今天，对程序正义的要求日益提高，程序合法性审查亦成为与实体合

---

① 程琥：《新〈行政诉讼法〉中规范性文件附带审查制度研究》，《法律适用》2015年第7期。
② 姜明安：《行政法与行政诉讼法》，北京，北京大学出版社、高等教育出版社，2015，第6版，第181页。
③ 应松年、杨小君：《法定行政程序实证研究》，北京，国家行政学院出版社，2005，第70页。
④ 陈瑞华：《通过法律实现程序正义》，载《北大法律评论》（第1辑），北京，法律出版社，1998，第183～184页。
⑤ 陈瑞华：《通过法律实现程序正义》，载《北大法律评论》（第1辑），北京，法律出版社，1998，第183～184页。

性审查同等重要的控权模式。

但是"与秩序、正义和自由一样,效率也是一个社会最重要的美德。一个良好的社会必须是有秩序的社会、自由的社会、公正的社会,也必须是高效的社会"①。"行政效率是行政权的生命",尤其伴随着社会福利国家的发展,形成了行政国家,行政需要积极地介入社会生活的各个方面,只有"高效率"的行政权才能积极、主动地完成现代行政任务,从而在最大限度内保障公民合法权益的实现。程序正义固然重要,但是如果事无巨细、不论程序违法程度的轻重,均予以撤销,无疑将影响行政效率。同时,司法权监督行政权的深度和广度亦需要保持一个限度,司法在控制行政恣意的同时,亦需要保障行政权的行使有一个足以控制社会秩序的基本效率,为行政权保留一个相对自由的空间,以维持基本的社会秩序。

"审查标准在司法审判中的运用,实质上是对多重价值进行衡量后的取舍。"② 因此,对程序违法的认定背后隐藏着正义与效率价值的博弈,如果只要存在程序违法,不论轻重一律撤销重作,则会导致撤销重作判决的空转,不仅意味着相对人提起诉讼没有实质意义,不利于化解行政争议,同时也浪费了司法资源与行政资源,与"诉讼经济原则"相违背。在规范性文件程序违法的审查中同样存在,如何实现二者的平衡是对规范性文件制定程序违法进行认定与类型化的关键。

(二) 规范性文件程序违法之限度:严重违法

程序违法审查标准的确立是将行政程序、法的安定性、信赖保护利益和公共利益等多重价值列为"魔术多角形"中的各个顶角,取其平衡中心点后,使行政程序发挥恰当效益的后果。③ 程序违法根据违法程度的不同可以划分为不同的类型,其一直是整个行政诉讼制度的难题。《行政诉讼法》已经形成了一个程序审查的整体框架,同时 2018 年《行诉适用解释》第 148 条更是针对规范性文件程序问题的审查作出专门的规定,只有"严重违反制定程序的"规范性文件,法院才能认定为违法。而司法实践大多采取谨慎的态度,对规范性文件的程序问题一般不认定为违法。那么,《行政诉讼法》关于程序违法的框架为何?在规范性文件的审查中,采用"严重违反制定程序"的价值取向是否妥当?如何判断制定程序违法达到

---

① 张文显:《法哲学范畴研究》,北京,中国政法大学出版社,2001,第 217 页。
② 章剑生:《再论对违反法定程序的司法审查基于最高人民法院公布的判例(2009~2018)》,《中外法学》2019 年第 3 期。
③ 傅玲静:《论德国行政程序法中程序瑕疵理论之建构与发展》,《行政法学研究》2014 年第 1 期。

"严重程度"？上述问题有待回应。

1. 《行政诉讼法》的程序违法框架

"在没有行政程序法且单行实体法律缺乏的情况下，行政诉讼法担纲了对行政行为违法的后果承担加以规范的重任。"① 2014年《行政诉讼法》修改，第74条"确认违法"判决增加了"行政行为程序轻微违法，但对原告权利不产生实际影响"的情形，由此《行政诉讼法》对广义的程序违法问题区分了"违反法定程序"与"程序轻微违法"两种情况。"程序轻微违法"反映了2014年《行政诉讼法》旨在通过对程序违法行为的纠正，从而保障程序正义的价值目标，以彰显程序的独立价值，维护客观法秩序。而"对原告权利不产生实际影响"则侧重于对原告诉讼请求的回应，并通过对原告权利影响的程度决定程序违法效果的处理方式，从而实现"正义与效率"的平衡。因此，2014年《行政诉讼法》第74条规定反映了立法者兼顾程序正义与效率，既重视程序法治，又兼顾行政效率，可谓是进步之举。由此《行政诉讼法》以"程序违法程度"与"对原告权利的影响程度"为调控因素，形成了一个程序违法的判断框架。

一是违反法定程序，达到"重大且明显违法"的程度，认定为无效。《行政诉讼法》第75条规定，行政行为有实施主体不具有行政主体资格或者没有依据等重大且明显违法情形，行政行为无效。虽然该条文没有明确说明是否同样适用于程序违法领域，但是从学理上应该说并无多大的法律障碍。一方面，部分法律规范中规定了"重大且明显"的"违反法定程序"的行政行为无效，比如《行政处罚法》第38条第2款规定："违反法定程序构成重大且明显违法的，行政处罚无效。"《土地管理法》第79条规定，"违反法律规定的程序批准占用、征收土地的，其批准文件无效"。需要注意的是，有的单行法中对"无效"的规定并非完全符合行政行为无效的一般理论，即对于无效的行为当事人有权拒绝、无效行为不受起诉期限的限制、无效行为不得被强制执行，② 因此需要结合具体的条文、具体情景进行区分。③ 另一方面，司法实践中已有法院对程序严重违法作出无

---

① 林莉红：《行政程序违法司法审查的理想与现实》，载《审判独立与权利救济、行政诉讼之发展与变革：海峡两岸公法学论坛论文集（三）》，台北，新学林出版股份有限公司，2016，第313页。

② 何海波：《行政诉讼法》，北京，法律出版社，2022，第491页。

③ 以行政处罚为例，执法人员未告知当事人实施主体或未制作和送达处罚决定书却实施处罚的，行政处罚应当无效。但行政机关仅依据规范性文件作出处罚、依法应当听证而未听证，行政处罚是否无效，大可商榷。参见何海波：《行政诉讼法》，北京，法律出版社，2022，第491页。

效判决，代表着司法实务的态度。如在 1989 年《行政诉讼法》时期，在"四川省南充市顺庆区源艺装饰广告部诉四川省南充市顺庆区安全生产监督管理局行政处罚案"中，法院认为顺庆区安监局邮寄送达《行政处罚决定书》因原址查无此人和原写地址不详被退回，顺庆区源艺装饰广告部未收到该行政处罚告知书，故法院以顺庆区安监局未履行《行政处罚书》的告知义务，认定行政处罚不能成立。① 在"唐某诉遂昌县国土资源局不履行行政协议案"中，法院认为，被告未履行法律、法规规定的报批等程序，就事先在征迁补偿安置协议中对唐某作出"拆迁安置地 90 平方米属国有出让性质"的承诺，该约定明显超越了被告职权，违反了法定程序，属于重大且明显违法的情形，应当确认无效。②

二是违反法定程序，适用可撤销判决。主要针对两种情形：其一，违反法定程序（未达到无效程度），无论是否对原告实体权利产生影响，都适用撤销判决。其二，程序轻微违法，且对原告权利产生实际影响，亦适用撤销判决，此种情形是根据《行政诉讼法》第 74 条反推而来的。

三是程序轻微违法，且对原告权利不产生实际影响，属于违法状态，适用《行政诉讼法》第 74 条确认违法判决。确认违法判决的特点在于虽然行政行为被确认违法，但是其法效力仍然存在，这充分彰显了立法者在对程序违法采取严格审查立场的同时，兼顾效率。

2. 以"严重违法"作为规范性文件程序违法标准的正当性

《行政诉讼法》对程序违法问题作了"违反法定程序"与"程序轻微违法"之二分，在法律后果上留有无效、可撤销与确认违法的余地。③ 然而具体到规范性文件，《行诉适用解释》第 148 条第 2 款对规范性文件的程序违法情形进行了专门规定，"未履行法定批准程序、公开发布程序，严重违反制定程序的"规范性文件违法。可见《行诉适用解释》第 148 条以"严重违反制定程序"作为规范性文件程序违法的程度限制，即必须达到"严重违法"的程度。那么这里就涉及一个问题：违反法定程序（未达到无效程度）也涉及对当事人程序性权利的实质侵害，对规范性文件违反法定程序（未达到无效程度）的情形不认定为"违法"是否妥当？程序具有双重价值。"除了具有服务于一定实体结果的工具价值之外，还具有其

---

① 最高人民法院行政审判庭：《中国行政审判指导案例》（第一卷），北京，中国法制出版社，2010，第 204～208 页。
② 浙江省松阳县人民法院（2016）浙 1124 行初 14 号行政判决书。
③ 梁君瑜：《行政程序瑕疵的三分法与司法审查》，《法学家》2017 年第 3 期。

独立的价值,这些价值包括参与、个人尊严、理性、程序和平等等。"①这些价值能够在法律程序的运作过程中得以实现,不论对结果是否产生影响以及产生怎样的影响。因此,《行诉适用解释》第148条将规范性文件制定程序违法仅局限于"严重违反制定程序"是否妥当,有待进一步深入分析。

对于该问题需要结合规范性文件以及规范性文件司法审查的特点来进行分析。首先,区别于行政行为,规范性文件更加强调"法的安定性"。规范性文件在接受审查之前已经被广泛应用,产生了信赖利益,形成了一定的社会秩序,所以如果仅因规范性文件违反了法定程序而不论违法程度轻重,就将其认定为违法不予适用,无疑将有损法的安定性。最高法院亦秉持这一观点,其指出:"一般行政行为指向对象单一,一事一处理,影响面较小,人民法院对于一般的行政行为可以直接予以撤销。但规范性文件的适用面广,对社会生活的影响较大,启动废止步骤往往要经过一定的程序和行政机关内部的审批等,所以在处理上需要更加周全,只有在规范性文件的制定程序存在严重问题的时候且无法及时补正,又对当事人的合法权益产生了不可弥补的损害时,人民法院方可建议有权机关对该规范性文件予以废止或宣布无效。"② 其次,规范性文件制定程序的内部性特点。就规范性文件的制定程序而言,基本上均由立项、起草、组织、报送、审查决定与公布等环节组成,虽然每一个环节都规定了大量明确责任机构以及责任机构程序性义务的内容,但是诚如朱芒教授在评论行政立法程序时一语中的指出,"目前已经成立的行政立法程序制度基本体现为强化行政内部立法流程环节职责的功能,其主要目的在于强化行政立法过程的流程管理责任,注重的是行政过程的内部管理,因此可以说是一种属于行政立法运营过程的管理程序制度"③。规范性文件的制定程序亦是如此,具有"内部性程序"的特点。因此,对于这种内部性的制定程序法院一般不介入,除非内部性程序具有外部化的法律效果。最后,域外对于抽象规范制定程序的审查大多采取宽松的态度。美国行政机关在制定规章时,除非有

---

① 陈瑞华:《通过法律实现程序正义——萨默斯"程序价值"理论评析》,载《北大法律评论》(第1辑),北京,法律出版社,1998,第182页。
② 最高人民法院行政审判庭:《最高人民法院行政诉讼法司法解释理解与适用(下)》,北京,人民法院出版社,2018,第699页。
③ 朱芒:《行政立法程序调整对象重考——关于外部效果规范与程序性装置关系的考察》,《中国法学》2008年第6期。

特别法律规定,制定规章程序基本上是有关行政机关自己的事;除非法律另有规定,否则不得以行政机关在颁布某项规章以前没有举行听证会、没有与受此规章影响的各方协商或通过其他方式征求他们的意见为由宣布规章无效。① 英国素来重视程序正义,但对行政规章制定程序违法,法院提供救济也比较谨慎,比如在一个案件中,部长在制定住房福利规章时没有履行法定的咨询义务,但法院担心撤销该规章将引起混乱,因此没有判决撤销。韦伯斯特法官指出,除非有特殊情况,法院撤销行政规章比较少见。②

概言之,规范性文件涉及面广、利害关系复杂,为了维护法的安定性以及基于规范性文件制定程序内部性等特点,参考其他法治国家经验,规范性文件只有达到"严重违反制定程序"才予以否定评价较为妥当。

3. 程序"严重违法"的认定

如何判断规范性文件制定程序"严重违法"? 基于正义与效率价值的博弈,不同程序瑕疵的判断与引发的违法后果,一直是学界争议的焦点,主要有利害关系人权益影响说③、程序、实体关联说④、程序价值说⑤、

---

① 〔美〕施瓦茨:《行政法》,徐炳译,北京,群众出版社,1986,第148页。
② 何海波:《论法院对规范性文件的附带审查》,《中国法学》2021年第3期。
③ 该学说认为对于违反法定程序的行政行为如何处理,应当考虑以下两个标准:第一,是否损害了行政相对人的合法权益。如果行政机关作出的行政行为违反法定程序,损害了行政相对人的合法权益,那么法院应当依法判决撤销或者确认违法;反之,法院应当在判决中认定行政行为已构成程序违法,依法判决维持或者驳回诉讼请求,但法院可以通过司法建议给行政机关必要的警示。第二,是否产生了有利于行政相对人的法律后果。如果行政机关作出的行政行为违反法定程序,产生了有利于行政相对人的法律后果且行政相对人保留这一法律后果并不违反法律、法规和规章的规定,也不损害国家、社会或者其他公民的合法权益,那么法院不应当依法判决撤销或者确认违法。参见章剑生:《对违反法定程序的司法审查——以最高人民法院公布的典型案例(1985—2008) 为例》,《法学研究》2009年第2期。
④ 该学说主张:如果程序违法,实体处理也违法,应撤销行政行为。如果程序违法,实体处理真实,则要区别对待。对于程序违法轻微的,原则上可维持被诉的具体行政行为,但要指出该程序瑕疵,限令行政机关改正;如果程序违法情形严重的,即使实体处理真实,也要予以撤销。参见张步洪、王万华:《行政诉讼法律解释与判例述评》,北京,中国法制出版社,2000,第422页。
⑤ 该学说认为,一个违反法定程序的行政行为的后果,关键要看被违反的程序的价值追求、被违反的程序的重要性和违反程度,其具体标准是:第一,法律出于某种目的规定某一程序被违反,法院必须宣布其无效或予以撤销的,法院必须遵守;第二,违反了某一程序并且因此可能影响行政行为实质内容的具体行政行为,法院应当撤销;第三,不可能对具体行政行为产生任何实质影响的并可以即时补正的程序被违反时,法院不应撤销此种具体行政行为;第四,在上述三种标准基础上,对于个案,法院适当保持司法能动性是必要的。参见朱新力:《司法审查的基准》,北京,法律出版社,2005,第397页以下。

等等。上述观点均具有合理性，区别只在于各自的侧重点。

当前《行政诉讼法》所确立的程序违法框架，是以违反法定程序与程序轻微违法二分为出发点的，根据违法程度以及对公民权利的影响架构起撤销、确认违法、确认无效等法律后果。《行政诉讼法》第74条规定，"行政行为有下列情形之一的，人民法院判决确认违法，但不撤销行政行为：……（二）行政行为程序轻微违法，但对原告权利不产生实际影响的"。《行诉适用解释》第96条进一步对"程序轻微违法"进行解释："有下列情形之一，且对原告依法享有的听证、陈述、申辩等重要程序性权利不产生实质损害的，属于行政诉讼法第七十四条第一款第二项规定的'程序轻微违法'：（一）处理期限轻微违法；（二）通知、送达等程序轻微违法；（三）其他程序轻微违法的情形。"由此围绕"程序的双重价值"与"对相对人的权利影响"，可以反向推论出判断规范性文件制定程序"严重违法"的标准：（1）当规范性文件违反了法定制定程序，影响了成立，构成严重违法，不予适用。（2）当规范性文件违反了法定制定程序，并且对原告实体权利产生严重的实际影响，构成严重违法，不予适用。（3）当规范性文件违反了法定制定程序，对重要程序性权利产生实质损害，构成严重违法，不予适用。其中重要程序性权利与当事人基于正当程序所享有的程序性权利相近似，判断程序违法是否对重要程序性权利产生实质损害，当以设定相关程序性权利的目的能否实现作为判断标准。①

（三）核心审查的程序类型

《行诉适用解释》第148条第2款在确立了审查规范性文件程序"严重违法"的价值取向下，列举了两类审查程序：法定批准程序、公开发布程序。那么上述两种类型的程序具有什么特征？是否还隐藏着"其他"类型程序的审查？以下将进行详细分析：

1. 列举程序的特征

规范性文件的制定一般包括规划、起草、征求意见、审查、通过、公布、备案等环节，为何第148条的前半句仅列举了"法定批准程序"与"公开发布程序"，其相较于规划、起草、备案等其他制定程序具有什么特点，是所要分析的第一个问题。

首先，"法定批准程序"强调了所审查的规范性文件程序的第一个特

---

① 陈振宇：《行政程序轻微违法的识别与裁判》，《法律适用》2018年第11期。

征——法定程序。法定程序具有强制性,是行政机关必须遵守的程序。与法定程序相对的是"自主程序",即:"根据行使行政权的需要而自行设定的程序,其功能在于通过强化行政机关在行政程序上的自律能力,以达到保护行政相对人合法权利和提高行政效率的双重目的。"① 自主程序往往具有裁量性,需要根据具体情况酌情决定,是基于行政效率的要求而赋予行政机关自主空间的,所以对于自主程序"一般"不进行审查。② 其次,主要程序。"行政程序以对相对人合法权益所产生的影响性质和影响程度为标准可以分为主要程序和次要程序。"③ 主要程序是指行政机关不遵守可能对行政相对人合法权益产生影响的行政程序,次要程序是指行政机关不遵守并不会对行政相对人合法权益产生实质影响的行政程序。违反主要程序构成撤销或无效的理由,对次要程序的违反由于其不影响实体权利义务,不一定撤销相应行为。第 148 条列举的"法定批准程序"与"公开发布程序"均具有"主要程序"的特征,一般来说,法定批准程序"涉及规范性文件在行政机关内部的被认可性、权威性和慎重性以及行政机关本身的一致性"④。而未经过"公开发布"的规范性文件不具有外部效力,属于内部文件,二者都将影响规范性文件的成立与规范性文件的效力,决定是否会对相对人合法权益产生影响,具有主要程序的特征。最后,强制性程序,以行政机关遵守行政程序是否具有一定的自由选择权为标准,可以划分为强制性程序与任意性程序。强制性程序是指:"行政机关在实施行政行为时没有自主选择的余地,必须严格遵守,不得增加或减少行政行为的步骤、方法、时限,也不得颠倒顺序。无选择性是强制性程序最大的特征。"⑤ 任意性程序是指行政机关具有选择适

---

① 章剑生:《现代行政法基本理论》(下卷),北京,法律出版社,2014,第 2 版,第 944 页。

② 但是,这并不绝对。章剑生教授认为,如果自主程序涉及行政相对人的合法权益的,应当接受正当程序原理的检验。参见章剑生:《现代行政法基本理论》(下卷),北京,法律出版社,2014,第 2 版,第 945 页。余军教授认为:由于行政管理的复杂多变,行政法不可能对所有的行政程序进行规范,因而意定行政程序在行政管理领域中是广泛存在的,司法机关不可能也不应该对所有的意定程序行政行为进行审查。但若将所有的意定行政程序都排除在司法审查的范围之外,有可能使相对人的合法权益得不到应有的保障。参见余军:《对"违反法定程序"的若干问题的思考》,《浙江省政法管理干部学院学报》1994 年第 4 期。

③ 姜明安:《行政法与行政诉讼法》,北京,北京大学出版社、高等教育出版社,2015,第 6 版,第 326 页。

④ 最高人民法院行政审判庭:《最高人民法院行政诉讼法司法解释理解与适用》(下),北京,人民法院出版社,2018,第 698 页。

⑤ 姜明安:《行政法与行政诉讼法》,北京,北京大学出版社、高等教育出版社,2015,第 6 版,第 327 页。

用自由的程序，不具有强制性。纵观地方程序规定或专门的规范性文件程序规定，就规范性文件的制定程序而言，既规定了强制性程序规定，又规定了任意性程序规定，其中法定批准程序与公开发布程序均属于强制性程序。综上所述，第148条前半句列举的"法定批准程序"与"公开发布程序"具有法定程序、主要程序、强制性程序的特征，基于同类解释规则，如果违反其他具有上述特征的制定程序，将同样可能构成制定程序严重违法。

2. 司法实践的扩张与分歧

任何国家法治的发展均具有浓厚的"本土化"特色，在《行诉适用解释》出台之前以及之后，司法实践均对规范性文件的程序违法问题进行了探索，通过这些案例的分析可以为规范的理解提供注脚。

在所检索的司法案例中，涉及对程序问题进行审查的案件共66件，总体上看，法院对规范性文件程序的审查采取的是消极态度。在进行审查的66件案件中，只有2件单独对规范性文件的程序问题进行审查，其余64件均将程序问题作为实体合法的辅助审查标准；在审查结果方面，只有3件认定为违法，其余63件均认定为合法。由此可以看出，法院对规范性文件制定程序的审查相对谨慎。在这66件案件中，排除说理不明（仅仅表述为"程序合法""不违反程序"）的案件，法院进行说理并可以管窥法院思路的有45件，下面将选取其中具有代表性的理由予以列举说明（见表4-3）：

表4-3 程序合法的裁判理由

序号	案件名称	裁判理由	法效果
一	胡某与佛山市公安局禅城分局交通警察大队强制措施案（2015）佛城法行初字第469号	法院认为：佛府〔2008〕117号……已经通过电台声讯、互联网、征询意见会、向社会派发调查问卷等方式公开征求意见，并已经报送广东省人民政府并获得了批准，符合上述法规的规定	合法
二	李某与井研县应急管理局案（2020）川11行终59号	法院认为：根据《四川省行政规范性文件管理办法》之规定，制定规范性文件应当经过必要性和可行性研究、征求意见、合法性审查、集体讨论决定、主动向社会公布等程序，但经询问与致函，井研安办并未提交证据证明其履行了前述制定程序义务……严重违反制定程序	违法

续表

序号	案件名称	裁判理由	法效果
三	刘某不服孙吴县物价监督管理局行政收费案（2015）孙行初字第4号	法院认为：在制定辖区供热价格时应依据相关法律规定按照法定程序进行，2014年9月30日制定的孙价发〔2014〕46号《关于海峰热电供热价格批复》所依据的是《黑河市人民政府关于调整黑河市区供热价格的批复》第4项的规定执行，即"必须将调整后的……非居民用户建筑层高超高供热费收费标准进行公示，主动接受社会监督"。这一公示义务应由第三人海峰公司完成，第三人对该公示内容不进行公示，不能作为该项收费的依据	违法
四	邵阳市环保能源发展有限公司与城步苗族自治县农业农村水利局案（2020）湘0581行初223号	法院认为：城步苗族自治县水利局所作出的城水农电字〔2007〕15号《城步苗族自治县水利局关于巫水流域羊石段水电开发规划设计的有关规定》，被告未提交证据证明履行了报本级人民政府或者其授权的部门批准的法定程序，视为未获批准，不具有法律效力	违法
五	班某、贵定县公安局交通警察大队道路交通管理案（2017）黔27行终6号	法院认为：被告贵定县公安局交通警察大队在贵定县金南大道作出限速之前，先征求了道路主管部门意见，尽管未征求社会公众意见存在瑕疵，但其在贵定县金南大道设定限速40公里/小时，符合《贵州省道路交通安全条例》（2007年）第28条第1款中"城市未封闭的机动车道路最高车速为每小时60公里"上限范围内的规定	合法（虽有瑕疵，但合法）
六	蔺某与广东省中医药局行政确认案（2020）粤71行终1675号	法院认为：粤中医〔2018〕29号文系被上诉人省中医药局根据国家卫计委15号令第3条规定，作为省级中医药主管部门依法制定的本省实施细则，并按法定程序报请省政府法制办审核后公布施行，制定权限及程序均不违法	合法
七	祝某、铅山县房屋征收补偿办公室城乡建设行政管理案（2020）赣11行终159号	法院认为：征收补偿方案进行了讨论、论证并征求了公众的意见，且进行了公告，程序符合法律规定	合法

续表

序号	案件名称	裁判理由	法效果
八	垫江县东盛燃气有限公司与重庆市经济和信息化委员会等天然气供气区域划分案（2019）渝 05 行终 564 号	法院认为：渝经信运行〔2017〕43 号通知经过了公开征求意见、合法性审查等程序，并经重庆市人民政府审查同意予以备案后公开发布，其不存在严重违反制定程序的情形	合法
九	陈某、天津市公安交通管理局河东支队公安行政管理案（2016）津 02 行终 485 号	法院认为：该文件是天津市公安局依据《道路交通安全法》（2011 年）制定，并于 2016 年 4 月 1 日在《今晚报》向社会公开的规范性文件	合法
十	陵水黎族自治县优质特色产品推广协会与陵水黎族自治县农业农村局案（2021）琼 96 行终 373 号	法院认为：陵水县政府在发布陵府办规〔2020〕2 号办法之前，已经在政府网站公开征求意见并经过政府常务会议审议同意。而后，陵水县政府及时向社会公开发布了陵府办规〔2020〕2 号办法。因此，陵水县政府制定陵府办规〔2020〕2 号办法程序合法	合法
十一	杨某与大连市市场监督管理局质量监督检验检疫行政管理案（2020）辽 0203 行初 74 号	法院认为：大价发〔2014〕50 号和大价发〔2016〕19 号文件不存在与上位法相抵触的情形，且履行了法定批准程序、公开发布程序	合法
十二	廖某诉龙南县社会保险事业管理局、龙南县人力资源和社会保障局案（2016）赣 0727 行初 5 号	法院认为：龙南县人民政府在制定《龙南县被征地农民养老保险办法（试行）补充细则》《龙南县被征地农民参加基本养老保险实施细则》时，均已向县城周边涉及征地的乡镇以召开座谈会的形式广泛征求意见，并经龙南县人大、县委等审定通过	合法

（1）法院审查程序的特征分析。上述案件中，法院对这 12 个规范性文件制定程序审查的内容如下：案例一公开征求意见并获得批准；案例二未提交证据证明履行了征求意见、合法性审查、集体讨论决定、主动向社会公开等程序；案例三不进行公示；案例四未提交证据证明履行了报本级政府批准的法定程序；案例五先征求了道路主管部门意见，未征求社会公众意见存在瑕疵；案例六报请省政府法制办审核后公布施行；案例七征求了公众意见，进行了公告；案例八公开征求了意见、进行了合法性审查等，并经过政府审查同意备案后公开发布；案例九在《今晚报》向社会公

开；案例十公开征求意见，经过政府常务会议审议同意，向社会公开发布；案例十一履行了法定批准程序、公开发布程序；案例十二已向县城周边涉及征地的乡镇以召开座谈会的形式广泛征求意见，并经龙南县人大、县委等审定通过。涉及的制定程序包括：公示，政府会议审议、备案，公开征求意见，政府同意，印发，公开。

看似杂乱无章，但是仔细观察依然可以看出法院的审查偏好，主要集中于下列三种类别程序的审查：一是公众与有关机关参与类程序，二是批准类程序，三是公开发布类程序。尤其对于"公开发布类"程序的审查最为严格，在基于"制定程序"而认定规范性文件违法的案件"刘某不服孙吴县物价监督管理局行政收费案"中，授权规范《黑河市人民政府关于调整黑河市区供热价格的批复》第4项明确规定，"必须将调整后的……非居民用户建筑层高超高供热费收费标准进行公示，主动接受社会监督"，但是涉案规范性文件没有"公示"，法院据此认定涉案规范性文件违法。同时，在规范性文件制定程序的合法性审查中，被告或者规范性文件的制定机关负有举证责任，如果二者无法举证则将会被认定为违法，这也是"李某与井研县应急管理局案""邵阳市环保能源发展有限公司与城步苗族自治县农业农村水利局案"中法院认定规范性文件违法的原因。此外，需要注意的是，上述三类程序均是授权规范以及地方程序规定中规定的程序，因此均属于法定程序。

（2）审查结果分类。结合表4-3，可以观察到法院对于规范性文件程序的审查结果，分为三种情况。

一是在大部分案件中，法院认为规范性文件制定程序合法。比如在"胡某与佛山市公安局禅城分局交通警察大队强制措施案"中，法院认为："佛府〔2008〕117号……已经通过电台声讯、互联网、征询意见会、向社会派发调查问卷等方式公开征求意见，并已经报送广东省人民政府并获得了批准，符合上述法规的规定。"

二是仅有三个案件，法院认为"程序违法，不予适用"。在"刘某不服孙吴县物价监督管理局行政收费案"中，法院认为：孙价发〔2014〕46号《关于海峰热电供热价格批复》依据的是《黑河市人民政府关于调整黑河市区供热价格的批复》第4项的规定执行，即"必须将调整后的……非居民用户建筑层高超高供热费收费标准进行公示，主动接受社会监督"。这一公示义务应由第三人海峰公司完成，第三人对该公示内容不进行公示，不能作为该项收费的依据。① 规范性文件没有进行公示，所以"违法，不予适用"。而在"李某与井研县应急管理局案""邵阳市环保能源发展有限公司与城步苗族自治县农业农村水利局案"中，由于原告或者规范性文件的制定机关没有举证证明规范性文件制定程序符合法定程序要求，所以法院将规范性文件认定为违法。

三是程序瑕疵，可以补救，规范性文件仍有效可以适用。在"班某、贵定县公安局交通警察大队道路交通管理案"中，授权规范《贵州省道路交通安全条例》（2007年）第28条第2款明确规定，"在道路设定限速的，公安机关交通管理部门应当征求道路主管部门和社会公众意见"，被告仅征求了道路主管部门的意见，未征求社会公众意见，原告认为规范性文件"程序违法"。一审法院认为，尽管未征求社会公众意见存在瑕疵，但其将贵定县金南大道设定限速40公里/小时，符合《贵州省道路交通安全条例》（2007年）第28条第1款中"城市未封闭的机动车道路最高车速为每小时60公里"上限范围内的规定。二审法院则认为："被上诉人未征求公众意见虽然未完全符合法律规定，但该程序瑕疵可以用补救方式来完善，该路段限速设置已在黔南日报进行公告，既保障公民的知情权，同时对行政机关起到了监督作用，在公告期间，公众亦可向被上诉人提出异议，一审法院认定未征求公众意见程序有瑕疵并无不当，本院予以维持。"② 可见，法院将"未征求公众意见"视为"可以补救"的程序瑕疵，并不导致规范性文件违法。然而在本案中，一方面，"征求公众意见"是授权规范中的法定程序；另一方面，意见的有效表达是公民重要的程序性权利，那么"未征求公众意见"是否属于"程序瑕疵"以及是否可以"补救"，仍有待商榷。

以上就是对司法实践中规范性文件程序违法问题审查案例的梳理，总体而言，法院采取相对谨慎的审查态度，主要审查法定程序，集中于公众与有关机关参与类程序、批准类程序、公开发布类程序。在审查结果方面，法院很少基于程序违法而否定规范性文件的效力，在样本数据中认定为程序违法的案件仅有三件，对于程序违法情况的认定区分为违法不予适用与虽有程序瑕疵可以补正，仍可以适用两种情况，但是对于"公众与有关机关参与类程序"是否属于可以补正的程序瑕疵，有待商榷。

---

① 黑龙江省孙吴县人民法院（2015）孙行初字第4号行政判决书。
② 贵州省黔南布依族苗族自治州中级人民法院（2017）黔27行终6号行政判决书。

3. 最低限度的共识：法定批准程序、公开发布程序、公众与有关机关参与程序

《行诉适用解释》第 148 条仅列举了"批准类程序"与"公开发布类程序"，而司法实践中法院主要聚焦于"批准类程序""公开发布类程序""公众与有关机关参与类程序"。可见规范层面与司法实践层面对于"批准类程序""公开发布类程序"的审查形成了一定的共识，此外司法实践还会聚焦于"公众与有关机关参与类程序"进行审查。其中"批准类程序"涉及规范性文件在行政机关内部的被认可性、权威性和慎重性以及行政机关本身的一致性，"公开发布类程序"涉及规范性文件的正式性以及对外的效力性。① 对二者的违反均将导致规范性文件不成立，导致规范性文件严重违法不能适用，对二者进行审查没有异议。关键在于对违反"公众与有关机关参与类程序"该如何进行认定，尚需探讨。

在"班某、贵定县公安局交通警察大队道路交通管理案"中，授权规范明确要求应当征求社会意见，但是贵定县公安局交通警察大队在设置道路限速规定前未依法征求公众意见，法院认为属于程序瑕疵，可以补救，不影响规范性文件的效力。② 一方面，从程序的双重价值来看，"公众与有关机关参与类程序"无疑具有独立的程序价值，其核心在于确保公民可以就拟制定的规范性文件表达自己的意见，从而尊重程序参与者的尊严，确保公民的参与权。如果没有听取公众意见无疑会影响当事人意见的有效表达，难以实现该程序机制设置的目的，对公民的重要程序性权利产生实质影响。所以"公众与有关机关参与类程序"与"批准类程序""公开发布类程序"具有一定的相似性，均属于正当程序的范畴、具有独立的程序价值，对其违反难以称为程序轻微违法抑或程序瑕疵。另一方面，区别于行政行为，规范性文件的制定本质上是一个需要在多元利益之间作出衡量、作出行政决策的过程，通过公众与有关机关的参与无疑将有助于获取更多的信息。但是不可否认的是，正是由于规范性文件的制定是一个多元利益博弈的过程，确实很难判断公民与有关部门的意见是否会影响最终的结果抑或对结果的影响有多大，加之规范性文件影响面广，在被诉至法院前已经普遍适用，如果仅依据此理由认定规范性文件违法将"向外传递出

---

① 最高人民法院行政审判庭：《最高人民法院行政诉讼法司法解释理解与适用（下）》，北京，人民法院出版社，2018，第 698 页。
② 贵州省黔南布依族苗族自治州中级人民法院（2017）黔 27 行终 6 号行政判决书。

法院对于相关公共政策的司法判断讯息,从而影响诉讼当事人乃至公共政策潜在影响者的规范认知"①,引发实践混乱,所以在美国等国家往往不会基于没有举行听证会、没有征求意见而直接宣布规范性文件违法。

由此可见,违反了"公众与有关机关参与类程序"是否属于"严重违反制定程序"处于左右拉锯的局面,一方面其属于重要的程序性权利,另一方面其是否会对实体结果产生影响又难以判断。所以如何进行认定凸显了各个国家在法政策方面的不同考量,同时亦受制于地域法治状况发展的历史因素和地域法治环境的空间因素影响。伴随着现代国家功能的扩展,行政机关制定行政规范已经不是单纯地执行立法机关的意志,行政机关自身的意志也会参与其中的裁量过程。"如何保障具有各种价值观和拥有各种自身利益的国民能够参与至立法程序中,防止行政机关单独性立法决定的恣意性,便是现代法治主义对行政立法程序建设的基本要求。"② 长久以来,中国的包括规范性文件在内的行政规范制定属于"行政主导型的模式"③,制定程序具有封闭性的特点,"公众与有关机关参与类程序"无疑有助于打破规范制定程序的封闭性,使得行政机关之外的公众意见能够进入行政系统内部,规范制定机关可以因此获得外部成员的信息来修正规范内容,改变专家立法的相对封闭性与部门立法的利益化,由此实现了行政系统内部与外部的双向互动,这对于不具有悠久程序法治传统的中国具有尤为重要的意义。而由于规范性文件存在着民主正当性不足的问题,借由公众与有关机关参与程序有助于增强规范性文件的正当性与合法性,公民不再是行政权任意支配的客体,而是可以参与到规范制定过程中进行利益表达的主体,这不仅是对现代民主社会公民参与权的回应,而且有助于提高规范性文件可接受性,降低后续的执行成本。同时,将严重违反"公众与有关机关参与类程序"认定为违法,亦契合中国立法者对程序违法采取

---

① 卢超:《规范性文件附带审查的司法困境及其枢纽功能》,《比较法研究》2020年第3期。
② 朱芒:《行政立法程序调整对象重考》,《中国法学》2008年第6期。
③ 学者毕雁英对各国行政立法制度的实践进行分析,抽象出行政立法程序的三种制度模式:行政主导型模式、议会主导型模式、公众参与型模式。其中,行政主导型行政立法模式是指在分享立法权的过程中,或是基于宪法的明确规定,或是基于实践惯例,行政机关在国家政治架构中渐渐获得了超越立法机关的地位,在事实上主导行政立法的进程。此种模式的典型国家是法国、日本、中国。从权力配置来看,议会对行政立法的前期干预较少,不强调授权环节的意义,法律的明确授权不是证明行政立法合法性的必要条件。通常忽视或缺少系统的、外部的、详尽的以监督和控制为目的的程序规范,偏重于行政效率,注重行政机关的社会监管职能,强调集体利益,忽视程序价值,从而相应地忽视了对公民个人自由、财产权、知情权和民主参与权的保障。

的比较严格的审查立场。① 综上，对于严重违反"公众与有关机关参与类程序"认定为违法更有助于促进中国规范性文件制定程序的民主化与法治化，而非仅将其认定为程序瑕疵。

但是需要注意的是，既有法律规范对"公众与有关机关参与类程序"的规定有两种表现形式——"强制性"的"公众与有关机关参与类程序"与"裁量性"的"公众与有关机关参与类程序"。前者如《贵州省道路交通安全条例》（2007年）第28条第2款规定，"在道路设定限速的，公安机关交通管理部门应当征求道路主管部门和社会公众意见"；后者如《四川省工商行政管理机关规范性文件制定和备案管理办法》第6条规定："起草制定规范性文件应当对其制定的必要性和可行性进行研究论证，必要时应当征求相关机关、社会组织、管理相对人及专家、学者意见。制定重大的或涉及人民群众切身利益的规范性文件，应当采取听证会、论证会等形式向社会公众征询意见。"这些程序义务履行的前提是在制定者认为"必要""重大"或涉及人民群众"切身利益"时，这些不确定法律概念所描述的情况需要由规范制定者自主判断决定，具有裁量的空间。因此，对于"公众与有关机关参与类程序"需要区分对待：（1）对于"强制性"的"公众与有关机关参与类程序"，严重违反的应当作出规范性文件违法评价。（2）如果是"裁量性"的"公众与有关机关参与类程序"，那么不遵守将不构成规范性文件违法。当然基于行政的效率要求，对于依法不得公开以及应急性的事项，可以不受此限制。

综上所述，结合规范与司法实践，对规范性文件程序严重违法审查主要集中于批准类程序、公开发布类程序、公众与有关机关参与类程序，其中对前两者的违反直接影响到规范性文件的成立，必然构成违法，而对于公众与有关机关参与类程序应当予以区分对待。法院集中于上述三类程序对规范性文件进行审查将有助于降低法院的审查成本。当然，对于其他制定程序，只要达到严重违反制定程序的程度，同样应当认定为违法，这便需要法院在具体个案中根据具体情况予以判断。

---

① 比如：2014年《行政诉讼法》修改之前，司法实践中已经创造性地提出了"程序瑕疵"的概念，将不影响原告权利的程序违法视为程序瑕疵，进而驳回原告的诉讼请求已经成为一种相对普遍的做法。而在2014年《行政诉讼法》修改时，立法者将对原告权利不产生实际影响的程序轻微违法行为确认违法，而非驳回原告诉讼请求，虽然在法律效果上同样没有否定行政行为的效力，但是对行政机关而言确认违法却是一个败诉案件。通过否定性的判决，而不是补正的方式处理程序轻微违法，体现了立法者对程序违法依然采取了比较严格的立场。参见陈振宇：《行政程序轻微违法的识别与裁判》，《法律适用》2018年第11期。

（四）小结：与相关问题的再深入

对规范性文件程序违法的认定背后隐藏着正义与效率价值的博弈，如何实现二者的平衡是关键。基于规范性文件涉及面广、利害关系复杂，为了维护法的安定性，以及基于规范性文件制定程序的内部性特点，借鉴域外国家、地区对规范性文件制定程序大多采取宽松审查的经验，《行诉适用解释》第148条规定，规范性文件制定程序违法只有达到"严重违反制定程序"才予以否定评价较为妥当。而对于制定程序"严重违法"的判断标准，应主要围绕"程序的双重价值"与"相对人的权利影响"展开，当规范性文件违反了法定程序，影响了规范性文件的成立，对重要的程序性权利产生实质损害，抑或对公民的实体权利产生严重的实际影响，均有可能构成"严重违反制定程序"。在这一价值取向下，结合规范与司法实践，法院应主要集中于批准类程序、公开发布类程序、公众与有关机关参与类程序的审查，对于其他制定程序达到严重违法程度的审查则需要法院在具体个案中根据具体情况予以判断。

不可否认，对于规范性文件制定程序的审查会涉及规范性文件制定过程中各类证据材料的举证，尤其当被诉行政机关与规范性文件制定机关不一致时，法院应当如何审查存在难题，因此对于相关配套制度的完善至关重要。《行诉适用解释》第147条规定了规范性文件制定机关参与制度："人民法院在对规范性文件审查过程中，发现规范性文件可能不合法的，应当听取规范性文件制定机关的意见。制定机关申请出庭陈述意见的，人民法院应当准许。"上述规定将有助于缓解当被诉行政机关与规范性文件制定机关不一致时，规范性文件制定机关的举证问题，减轻法院的审查负担。但是一方面上述制度并非强制性制度，另一方面对于制定机关参与庭审后的法律地位等问题，仍有待继续明晰与完善。因此，应当完善规范性文件附带审查的相关配套制度，从而提升规范性文件程序审查的可操作性。

第五章 结果处理：个案效力基础上的拓展与监督机制

法院对规范性文件进行合法性判断后，如何对相关政策条款进行事后处理，是附带审查装置运行体系中最为棘手的难题，个案审查后的处理也被称为"附带审查制度实施的最后一公里"。① 从司法实践来看，规范性文件附带审查后存在效力难题，表现为法院审查结论的效力范围存在争议、违法的规范性文件可能继续存在于法规范秩序中、司法建议效力不彰等。因此，如何对违法的规范性文件进行处理是亟待解决的现实难题。

第一节 规范性文件附带审查结果的个案效力

法院对规范性文件审查后如何处理，不仅关系到当事人行政诉讼案件的裁判，还关系到规范性文件的效力。当前学界存在规范性文件丧失效力说、普遍效力说、个案效力说等不同争论。"规范性文件丧失效力说"认为应赋予法院对于不合法的规范性文件宣告无效的权力与撤销的权力，使得规范性文件归于无效。② "普遍效力说"认为法院对规范性文件审查得出的合法性判断在实务中应具有普遍遵守的效力，如果规范性文件被认定为违法，则应普遍不予适用。③ "个案效力说"认为法院对规范性文件的合法性判断仅具有个案效力，如果认定规范性文件违法，仅具有在本案中不予适用的效力，而不能直接宣布规范性文件无效，或者撤销违法规范性

---

① 卢超：《规范性文件附带审查的司法困境及其枢纽功能》，《比较法研究》2020年第3期。
② 王春业：《实证视角下规范性文件一并审查制度研究》，北京，中国政法大学出版社，2019，第156页。
③ 章剑生：《现代行政法基本理论》（下卷），北京，法律出版社，2014，第2版，第845页。

文件。① 本书认为法院对规范性文件的合法性判断仅具有"个案效力",对此需要结合规范性文件的附带审查方式、回归规范性文件附带审查制度的规范意旨等予以综合考量。

一、个案效力是附带审查方式的应有之义

从世界各国司法审查的实践来看,对规范性文件进行司法审查主要包含抽象审查与附带审查两种方式,两种不同审查方式的审查结果效力并不相同:抽象审查方式的审查结果具有普遍效力,而附带审查方式的审查结果仅具有个案效力。

事实上,附带审查方式的审查结果仅具有个案效力是由该审查模式的特点所决定的。一方面,采用附带审查方式的国家与地区的行政诉讼制度往往采取的是主观诉讼,行政诉讼针对的是对立的两造之间的纠纷解决程序,提起行政诉讼的原告必须是自身权益受到损害的,所以诉讼的效力也仅能拘束诉讼的双方当事人。而规范性文件具有"对世性",如果在附带审查之后直接宣布其违法或者无效将影响到本造诉讼之外的其他相关人,这显然与对立的"两造诉讼"是不相容的。另一方面,由于对规范性文件提出附带审查是基于个案中当事人的权利受到损害,当适用机关与制定机关不一致时,诉讼的被告往往是适用规范性文件的行政机关,而非规范性文件的制定机关,庭审过程中的抗辩亦不是由规范性文件的制定机关进行的,所以规范性文件的制定机关不是本案诉讼的当事人,法院的判决不应对其产生拘束力。所以几乎所有的国家与地区都赋予附带审查结论以"个案效力",这是由附带审查方式所决定的。

二、个案效力契合立法意旨

根据中国宪法体制的制度安排,只有立法机关、行政机关有权撤销或变更违法的规范性文件,法院既无权对行政立法、规范性文件等抽象行政规范直接审查,又无权对规范性文件予以撤销或变更。比如:《宪法》规定县级以上地方各级人大常委会有权撤销本级人民政府不适当的决定命令,县级以上地方各级人民政府有权改变或者撤销工作部门和下级人民政府不适当的决定。《立法法》第五章规定了对规范性法律文件的备案审查,

---

① 应松年:《〈中华人民共和国行政诉讼法〉修改条文释义与点评》,北京,人民法院出版社,2015,第 168 页。

审查主体主要是省级以上人大及其常委会、国务院等相关部门。《中华人民共和国各级人民代表大会常务委员会监督法》第五章规定，各级人大常委会对下级人大常委会及本级政府作出的规范性文件的备案审查。因此，法院并非当然地具有直接审查规范性文件、宣布规范性文件违法的权力。2014年《行政诉讼法》的立法者事实上仍然延续了这一基本制度框架。

一方面，2014年《行政诉讼法》在"受案范围"一章的修改中，涉及规范性文件的规定一字未改，不仅没有采纳诸多修改建议案中以列举的方法规定可以提起行政诉讼的规范性文件的范围，也没有在受案范围排除条款中删除原法第12条规定的人民法院不受理公民、法人或其他组织对"行政机关制定、发布的具有普遍约束力的决定、命令"提起的诉讼，① 可见依然将规范性文件"排除受案范围"。仅在"起诉和受理"一章规定了公民、法人或其他组织可以对规范性文件提出附带审查的请求，所以从本质而言，规范性文件附带审查仅是一个"诉讼请求"，而不是一个独立之"诉"，这在《行诉适用解释》第68条中亦得以确认，"行政诉讼法第四十九条第三项规定的'有具体的诉讼请求'是指：……（七）请求一并审查规章以下规范性文件"。这便意味着仍然不能通过行政诉讼消灭其法律效力，解除其对公民、法人或其他组织的法律拘束力。②

另一方面，在对违法规范性文件的处理上，《行政诉讼法》第64条规定："人民法院在审理行政案件中，经审查认为本法第五十三条规定的规范性文件不合法的，不作为认定行政行为合法的依据，并向制定机关提出处理建议。"《行诉适用解释》第149条规定：人民法院经审查认为行政行为所依据的规范性文件合法的，应当作为认定行政行为合法的依据；经审查认为规范性文件不合法的，不作为人民法院认定行政行为合法的依据，并在裁判理由中予以阐明。作出生效裁判的人民法院应当向规范性文件的制定机关提出处理建议，并可以抄送制定机关的同级人民政府、上一级行政机关、监察机关以及规范性文件的备案机关。对此，《关于〈中华人民共和国行政诉讼法修正案（草案）〉的说明》指出："实践中，有些具体行政行为侵犯公民、法人或者其他组织的合法权益，是地方政府及其部门制定的规范性文件中越权错位等规定造成的。为从根本上减少违法具体行政

---

① 应松年：《〈中华人民共和国行政诉讼法〉修改条文释义与点评》，北京，人民法院出版社，2015，第168页。

② 应松年：《〈中华人民共和国行政诉讼法〉修改条文释义与点评》，北京，人民法院出版社，2015，第168页。

行为,可以由法院在审查具体行政行为时应公民、法人或者其他组织的申请对规章以下的规范性文件进行附带审查,不合法的,转送有权机关处理。这符合中国宪法和法律有关人大对政府、政府对其部门以及下级政府进行监督的基本原则,也有利于纠正相关规范性文件的违法问题。"可见,立法者依然没有赋予法院宣布规范性文件违法的权力,法院的附带审查更类似于一个"违法发现机制",依然将违法规范性文件的撤销与修改权力交由行政机关与立法监督机关来行使。否则便不会设计向规范性文件制定机关发送"司法建议"的制度,并且为了提升司法建议的实效性,可以同时抄送"制定机关的同级人民政府、上一级行政机关、监察机关以及规范性文件的备案机关",而上述被抄送机关从中国的宪法体制上看均具有撤销或改变违法规范性文件的权力。

可见,立法者依然遵循既有制度框架中由行政机关与立法机关撤销或改变违法规范性文件的制度设计,并未赋予法院直接撤销违法规范性文件的权力。诚如部分学者所言:在既有的制度框架内,2014年《行政诉讼法》的规定或许是现有政治框架中立法政策的最好选择。①

三、附带审查结果不具有既判力

有学者试图借助"既判力理论"实现法院对规范性文件附带审查结果的效力扩张。根据《行诉适用解释》第149条第1款的规定:"经审查认为规范性文件不合法的,不作为人民法院认定行政行为合法的依据,并在裁判理由中予以阐明。"可见法院对规范性文件的合法性判断记载于"裁判理由"部分,那么关键即在于"裁判理由"是否会产生既判力。

行政判决的既判力是指法院作出的终局行政判决,对当事人和法院所产生的拘束效力。这种拘束效力包含两个维度:一是形式上的拘束效力,即禁止程序重开,未经法定程序法院不得随便变更或撤销已作出的判决,当事人丧失寻求其他救济的机会;二是实质上的拘束效力,即禁止矛盾判决,后诉法院不得就同一事项作出与前诉相矛盾的判断,当事人也不能就同一事实理由另行起诉或主张相矛盾的内容。② 既判力是对传统"一事不再理"诉讼原则的落实,基础在于对基于诉讼程序所形成的安定性予以维护,考量诉讼经济实现纠纷的一次性解决以及保障国家司法权的有效运行。行政判决的既判力主要包括对人效力、对事效力和时间效力等,分别称

---

① 章剑生:《论行政诉讼中规范性文件的合法性审查》,《福建行政学院学报》2016年第3期。
② 汪汉斌:《行政判决的既判力研究》,北京,法律出版社,2009,第30页。

为行政判决既判力的主观范围、客观范围和时间范围。行政判决既判力的主观范围是指行政判决可以对哪些人产生效力,由于行政判决是对争议的双方进行裁判的,所以原则上行政判决的既判力只及于双方当事人——行政主体与行政相对人,例外情况下可能发生扩张,扩张至诉讼继受人、行政案件标的物持有人和行政机关的"关系机关"等。行政判决既判力的客观范围是指行政判决中的哪些内容会产生拘束力,哪些内容不产生拘束力,即行政判决的对事效力。对产生拘束力的事项,后诉法院不能作出与此相反或相矛盾的判断与认定,当事人也不能在后诉中提出与前诉既判事项相异的主张。行政判决既判力的时间范围是指行政判决于何时产生既判力,既判力的效力在何种情况下于何时消灭。

由于规范性文件附带审查不是一个独立的诉,仅是诉讼请求,法院仅需要在"裁判理由"部分对其合法性予以阐明,而不得在"判决主文"部分对其进行评价,所以法院对规范性文件的合法性判断结果是否具有既判力,关键在于对"既判力的客观范围"的理解,即行政判决理由是否具有既判力。学界对此有以下两种观点:

一是行政判决理由不具有既判力。该观点是当前的主流观点,认为行政判决的既判力遵循既判力的客观范围的一般规则,即判决主文产生既判力,判决理由部分不具有既判力。该观点主要借鉴民事判决的相关原理。其一,从判决理由中当事人的主张与诉讼标的的关系来看,其处于一种手段性的地位,所以当事人在前诉中可能完全没有对此进行考量,如果这样的争点也具有既判力,则会阻断其他诉讼中当事人对其争议的可能性,会造成对当事人的突然袭击。其二,从诉讼效率上与诉讼成本上来看,无论是当事人还是法院对诉讼所投入的成本都是有限的,如果让判决理由中的判断产生既判力,法院就必须对诉讼中所有争点(理由)作出慎重的判断,将导致法院丧失对诉讼标的作出迅速审理的灵活性,影响诉讼效率;同时,当事人的精力是有限的,当事人之间的争议具有主次之分,为在有限的成本内达到解决纠纷的目的,当事人会将有限的成本投入主要争议中,可能基于成本对与诉讼标的较为疏远的事项进行一定的妥协。因此,同时赋予判决主文和判决理由同样的效力是不符合基本的经济理性规律的。[①] 其三,在此基础上,更有学者结合行政诉讼、行政行为的特点认为:行政行为范围广泛,内容复杂,专业性强,且具有易变性的特点,如

[①] 〔日〕高桥宏志:《民事诉讼法——制度与理论的深层分析》,林剑锋译,北京,法律出版社,2003,第505~506页;古强:《"争点效理论"应用的问题及解决》,《河北法学》2018年第8期。

果让判决理由具有既判力或者拘束力,就会妨碍行政主体自由裁量权的依法行使,并且也不一定对行政相对人有利。同时,行政诉讼实行的是职权主义的诉讼模式,法院可以依职权调查收集证据,除少数法定情形外,行政机关负有举证责任,因此判决理由并不完全取决于当事人之间的防御,甚至说缺乏了相互争辩的基础,如果让判决理由具有既判力会缺乏必要的程序法依据。①

二是行政判决理由具有有限的既判力。该观点认为行政判决既判力的客观范围不局限于判决主文,亦会向判决理由扩张,但是扩张的范围是有限的。一些学者基于不同的理由持有该观点。有学者从行政诉讼与民事诉讼区别的角度认为:行政诉讼的证据效力较高,民事诉讼的判决理由是多样的,而行政诉讼中的证据基本上都是法律明确规定的。从诉讼经济的因素来看,行政诉讼固定而低廉的诉讼费用表明行政审判属于一种公共资源,如果对一个争议反复纠结是对司法资源的浪费。从影响当事人的权益方面考虑,只有赋予法定判决理由以既判力,才能在法律上明确其对当事人的权益造成影响,从而在上诉或者再审程序中被认为具有诉的利益而进入新的诉讼程序,使行政纠纷得到彻底解决。② 亦有学者认为一定条件下行政判决理由具有既判力在国外早有先例,比如德国著名诉讼法学家胡芬认为:已有既判力的判决,只要是关于诉讼标的的裁判,就对参加人及其权利承受人具有拘束力。由此,判决及其基本理由在此基础范围内就具有实体上的既判力。③ 在证成行政判决理由具有既判力的基础上,该观点进一步限定了"判决理由既判力的范畴":并非所有的行政判决理由都产生既判力,只有其中的"基本理由"才产生既判力。"基本理由"应具备如下条件:其一是构成双方当事人在诉讼中的重要"争点",尤其成为终局判决基础的"争点"或者对作成终局判决具有决定性意义的论据和论证;④ 其二是作为"基本理由"的这种"主要争点"应经过双方当事人充分的主张和言辞辩论,以及双方已经穷尽各种攻击防御之手段;其三是法

---

① 邓辉辉:《行政判决与民事判决既判力客观范围之比较》,《广西社会科学》2007年第6期。

② 田勇军:《论行政判决之既判力——以与民事判决既判力比较为视角》,载《行政法论丛》(第13卷),北京,法律出版社,2010,第109~134页;田勇军:《论我国行政诉讼中法定判决理由既判力——以撤销诉讼为视角》,《政治与法律》2011年第2期。

③ 〔德〕弗里德赫尔穆·胡芬:《行政诉讼法》,莫光华译,北京,法律出版社,2003,第586页。

④ 陈计男:《行政诉讼法释论》,台北,三民书局,2000,第551页。

院对该"主要争点"必须进行了实质性的审理，并在终局判决中作出了判断；其四是"基本理由"不包括缺席判决的判决理由，以及诉讼中自认的事实不具有既判力；其五是"基本理由"产生既判力仅限于"同一当事人"之间，即"相互性原则"。①

以上述两种观点为基础，结合法院对规范性文件附带审查结果的特点进行分析，可以发现法院仅需要在"裁判理由"部分对规范性文件的合法性予以阐明，而不得在"判决主文"部分对其进行评价。如果采用主流观点，法院在裁判理由部分对规范性文件的合法性判断自然不具有拘束力。如果采用"行政判决理由具有有限的既判力"的观点，那么法院对规范性文件的合法性判断是否具有既判力，关键需要判断法院对规范性文件的合法性判断是否符合"基本理由"的特点，下面进行具体分析：

原告对规范性文件的合法性提起附带审查的诉讼请求，本质上法院是对行政行为作出的依据的合法性进行审查的，而规范性文件是行政行为的依据，所以构成"主要争点"。但是实践中大多数情况下被诉行政机关与规范性文件的制定机关不是同一机关，在诉讼中进行抗辩的不是规范性文件的制定机关，而是依据规范性文件作出行为的适用机关，所以规范性文件的制定机关不是本诉的诉讼当事人。虽然《行诉适用解释》第147条规定：人民法院在对规范性文件审查过程中，发现规范性文件可能不合法的，应当听取规范性文件制定机关的意见。制定机关申请出庭陈述意见的，人民法院应当准许。但是规范性文件的制定机关是否提交意见以及是否出庭陈述意见均属于其自由行为，实践中仅有很少的规范性文件制定机关会提交意见以及出庭陈述意见。这就意味着无法进行充分的辩论，法院几乎是在规范性文件制定机关缺席的情况下作出判断的，并不符合判决理由具有拘束力的条件。因此即使采用"行政判决理由具有有限的既判力"的观点，法院对规范性文件的合法性判断也不具有既判力。此外，在程序上，"目前制度还不能保证规范性文件制定机关和其他受规范性文件影响的人能够参与诉讼。在这种情况下，把法院对规范性文件合法性的认定扩张到当事人以外的人和机关，有违正当程序原则"②。由此，规范性文件附带审查结果因在裁判理由部分，不符合既判力理论而不具有普遍效力，仅具有个案效力。

---

① 汪汉斌：《行政判决的既判力研究》，北京，法律出版社，2009，第172页。
② 何海波：《行政诉讼法》，北京，法律出版社，2022，第570页。

第二节　规范性文件附带审查结果个案效力的拓展机制

法院对规范性文件的合法性判断仅具有个案效力，这无疑内含了"司法裁判终局性"与"规范性文件非终局性"的矛盾，① 即司法裁判具有终局性，然而法院的审查结论仅具有个案效力，法院仅能在个案中不予适用违法的规范性文件，而不能撤销或废止违法的规范性文件，由此导致违法的规范性文件可能仍存在于法秩序中，并未被废止。为了缓解这一张力，《行政诉讼法》第64条规定了法院向制定机关提出处理建议，建议规范性文件制定机关修改不合法的规范性文件。《行诉适用解释》第149条则以此为基础进一步规定了"司法建议抄送制度"，以此来拓展规范性文件附带审查的个案效力，促进制定机关修改、完善相关条款，避免违法的规范性文件继续存在于法秩序中。但是，在现代行政国家背景下，司法权与行政权之间的制衡边界并非泾渭分明，基于"机构能力"的局限，司法判断并不必然处于绝对支配的地位，② 法院的司法建议并不必然为行政机关所接受。因此，行政机关在多大程度上接受法院的裁判和建议，可以说是规范性文件附带审查的"收官之战"，③ 那么为何将司法建议作为拓展规范性文件个案效力的载体？如何采用多元化的方式使司法建议发挥实效？司法建议抄送制度是否还有可能发挥其他功能？本节将以此为基础展开分析。

一、以司法建议作为效力拓展载体的内在机理

司法建议大多是法院基于个案审判，对行政行为的瑕疵进行补正、指出行政管理活动中存在的深层次问题、通过案件发现行政管理方面的漏洞，督促行政机关防患于未然的。④ 伴随着能动司法理念之兴起，司法建议已经成为各级法院服务社会、参与社会管理创新的重要方式。⑤ 面对规

---

① 袁辉根：《我国规范性文件附带审查的实践检视与修正》，《山东科技大学学报（社会科学版）》2017年第4期。
② 卢超：《规范性文件附带审查的司法困境及其枢纽功能》，《比较法研究》2020年第3期。
③ 何海波：《行政诉讼法》，北京，法律出版社，2022，第571页。
④ 董礼洁、周欣：《行政性司法建议的法定功能与事实功能》，《人民司法》2011年第3期。
⑤ 如最高人民法院《关于加强司法建议工作的意见》就提出，司法建议是化解社会矛盾、创新社会管理的重要切入点和有效方法。它能够扩展审判效果，维护社会和谐稳定、推动社会建设。各级法院应当高度重视和充分运用司法建议。

范性文件附带审查结果的个案效力,向规范性文件制定机关发布司法建议有助于有权机关废止违法的规范性文件,从源头解决纠纷。将司法建议作为规范性文件附带审查结果的效力拓展载体具有其内在机理。

一是有助于从源头解决纠纷,实现规范性文件附带审查制度的目的。日本学者棚濑孝雄曾言:"审判的首要任务就是纠纷解决,如何通过审判妥善解决纠纷是法解释学的中心课题。"① 长久以来,基于多重因素的影响,中国行政诉讼制度存在着"案了事不了""程序空转"等问题,难以真正从源头解决纠纷。设置规范性文件附带审查制度的目的即在于:"在实践中不少规范性文件是行政行为的依据和源头,要纠正违法和不当的行政行为,有必要正本清源,从源头开始审查和纠正。"② 然而,由于法院对规范性文件的附带审查只具有个案效力,违法的规范性文件依然存在于法秩序中,仍会继续成为行政机关作出其他行政行为的依据,进而引发其他纠纷,这无疑难以实现"从源头解决纠纷"的制度目的。因此,借由司法建议制度促进规范性文件制定机关修改、完善相关条款,将有助于司法机关与行政机关形成合力,消除法秩序中的违法规范性文件,真正实现从源头解决纠纷的目的。诚如江必新法官所言:"行政机关与人民法院虽然职责分工不同,但在执行国家法律和维护社会稳定等方面的目标是一致的,加强行政执法与行政审判的良性互动,不仅可以从源头上减少和化解行政争议,还可以统一执法和司法尺度,共同推进法治社会的建立。"③

二是彰显回应型司法理念,回应规范性文件治理需求。根据法治发展的不同阶段,可以将法治划分为"压制型法"、"自治型法"与"回应型法"三个阶段。④ 无独有偶,莫诺·卡佩莱蒂结合伯克利学派的法律类型说,同样将司法责任制度划分为压制型(或依赖型)、社团自治型(或隔离型)、回应型(或本位型)三种模式。⑤ 其中回应型司法强调司法不是一个封闭的整体,其需要对民众的诉求、社会进行回应,其"以实现法治

---

① 〔日〕棚濑孝雄:《纠纷的解决与审判制度》,王亚新译,北京,中国政法大学出版社,2004,第1页。
② 全国人大常委会法制工作委员会行政法室:《中华人民共和国行政诉讼法解读》,北京,中国法制出版社,2014,第145页。
③ 江必新:《大力推进行政审判体系和审判能力现代化》,《人民法院报》2017年5月10日,第5版。
④ 〔美〕诺内特·塞尔兹尼克:《转变中的法律与社会:迈向回应型法》,张志铭译,北京,中国政法大学出版社,2004,第3页。
⑤ 〔意〕莫诺·卡佩莱蒂:《比较法视野中的司法程序》,徐昕、王奕译,北京,清华大学出版社,2005,第105~106页。

秩序为理念，以解决实践问题、社会问题为责任，是具有稳定、可靠、可持续发展的回应性和回应机制以及有效回应社会所需回应力的司法"①。当前中国正处于社会转型期，实现"国家治理体系和治理能力的现代化"是中国的发展战略。面对剧烈的社会转型，作为国家公权力的一部分，司法者必须从只有法律条文的纯粹世界跳脱出来，关注经验世界纷繁复杂的变动；司法作为政治权力的分支，要通过对社会问题解决表达适度的关怀。② 司法需要以更加积极、主动的姿态参与到国家治理中来，与其他治理主体相互协作，共同完成国家治理的总体任务。规范性文件违法一直是国家治理的难题，行政规范性文件的法治化水平将直接对中国法治政府建设进程产生决定性影响。③ 然而，当前行政规范性文件的法治化水平依然较低，甚至成为当前法治政府建设的"最后一公里梗阻"。④ 面对当前规范性文件行政自我监督动力不足、立法监督难以落地的窘境，法院需要充分发挥自身的优势实现规范性文件的法治化。法院不仅要通过行政审判找出违法的规范性文件，而且要发挥能动性，在职能范围内通过多元化的方式消除违法的规范性文件，规范性文件附带审查后的司法建议制度则是法院回应国家治理需求积极发挥自身主观能动性、拓展审判职能的结果，是回应型司法理念的彰显。

三是优化司法审判运行环境，与行政机关形成良性互动。"行政审判需要经常与政府和行政机关打交道，能否得到行政机关的理解、信任和支持，对于开展行政审判工作、改善司法环境至关重要。"⑤ 实践中，法院处于相对弱势的地位导致司法功能的发挥受限，因此需要通过多元化的方式来提升自身的制度竞争力。以个案审判为基础通过司法建议来延伸审判功能，具有一定放大司法裁判的功能。而借由相对柔性的司法建议，有助于与行政机关进行沟通交流，不仅能够有效防范行政权运行风险，还能积

---

① 高志刚：《回应型司法制度的现实演进与理性构建——一个实践合理性的分析》，《法律科学》2013年第4期。
② 张天白：《回应型司法：兴起、正当性及中国的实践选择》，《东南法学》2014年。
③ 曹鎏：《新时代行政规范性文件的法治之路》，《中国司法》2019年第3期。
④ 2018年9月20日，中国政法大学法治政府研究院正式发布《中国法治政府评估报告2018》，公开了对100个城市开展依法行政制度体系评估的结果。有关结果显示，被评估政府对于行政规范性文件的概念把握不准、界定不清等问题依旧比较突出；个别地方对行政规范性文件公开征求意见制度还存在认识误区，行政规范性文件监督制度也没有得到严格落实。参见曹鎏：《管好"红头文件"建设法治政府——对推进行政规范性文件法治化的思考》，《紫光阁》2018年第11期。
⑤ 曹建明：《当前行政审判工作中的几个问题》，《法律适用》2007年第5期。

极展示其法治政府"建设者"角色。① 而对行政机关而言,科学、民主、合法的规范性文件是提高其后续执行效率、降低执法成本、获得民众认同的关键。法院位于化解社会矛盾纠纷的最前沿,法院发送的司法建议有助于反馈民众对行政决策的质疑,从而成为新的决策信息进入下一轮规范性文件的制定过程中,而相较于直接宣布规范性文件违法,柔性的司法建议更容易被行政机关所接受。在潜移默化之中,借由司法建议不仅逐渐地提升了法院的政治权威,还反过来优化了审判的环境,促进了司法机关与行政机关的良性互动,有助于法院职能的履行。

综上,作为法院创新社会管理、延伸审判职能的重要方式,司法建议制度有助于解决规范性文件附带审查结果个案效力的难题,实现从源头解决纠纷的制度目的。这不仅彰显了回应型司法理念,以回应规范性文件治理需求,而且有助于优化司法审判运行环境,与行政机关形成良性互动。

二、运用行政自制与外部力量促进司法建议的落实

行政机关在多大程度上接受法院的裁判和建议,将决定规范性文件附带审查制度是否能达到预期的制度目的。遗憾的是,实践中法院附带审查的司法建议运行效果不佳,行政机关对司法建议往往不予答复、违法规范性文件未得到及时清理②、被法院认定为违法的规范性文件再次被提起附带审查③等,因此如何让司法建议充分发挥功能成为拓展规范性文件附带审查结果个案效力的关键。对此可以借由行政自制与外部力量两条路径,促进司法建议的落实。

(一)借助行政自制促进司法建议的落实

中国行政系统采取科层制的组织形式,最大的特点即为下级服从上级,因此借由行政组织的科层压力促使规范性文件的制定机关接受法院的司法建议,进行司法审查与行政自制互动机制的探索有助于形成制度合

---

① 章志远:《中国行政诉讼中的府院互动》,《法学研究》2020年第3期。
② 比如《最高人民法院公报》2014年刊发"陈某案"后,直到2016年司法部才正式废止被法院认定为非法的联合通知。在未被废止的两年内,该联合通知依然具有法律效力,下级行政机关仍然要适用违法的联合通知。
③ 比如:在"徐某与山东省五莲县社会医疗保险事业处不予报销医疗费用案"中,法院认定《2014年五莲县新型农村合作医疗管理工作实施办法》(〔2014〕2号)第5条第2款违法,不予适用。然而在"刘某与五莲县社会医疗保险事业处卫生行政管理案"中,刘某也对《2014年五莲县新型农村合作医疗管理工作实施办法》(〔2014〕2号)第5条第2款提出附带审查请求。这意味着制定机关并未对该违法规范性文件进行清理。

力，亦能彰显司法权与行政权互动的理念。事实上，为了规范司法建议的答复工作，不少地方政府已经进行了探索，可以提供一些制度经验。

一是出台答复、反馈司法建议的专门规定。不少地方政府为了规范司法建议的办理责任、加强司法建议的反馈落实，出台了办理法院司法建议的专门性文件，在其中或是以"号召性""动员性"的口号，或是通过刚性的考核指标，促使行政机关转变以往对司法建议的傲慢、冷漠的态度。① 比如，上海市人民政府制定了《上海市人民政府办公厅关于认真办理司法建议和检察建议进一步规范行政行为的意见》，其中规定：各级行政机关要高度重视司法建议和检察建议的办理工作，将这项工作与本地区、本部门推进依法行政工作有机结合起来。再如，衢州市人民政府制定的《衢州市行政案件败诉责任追究办法》（现已失效）规定，"未按规定反馈落实司法建议书……导致类似问题再次出现而败诉的"，应当追究败诉责任，并且指出要建立司法建议和检察建议的反馈制度：行政机关应当指定专人提出有针对性的整改意见和措施，报行政机关负责人审核，并在15日内向人民法院反馈。各级政府法制部门、人民法院和人民检察院要联合建立履行司法建议书以及检察建议书的落实反馈机制，切实构建包括通报、备案、考核等多项内容在内的监督管理机制，确保反馈率达到100%。因此，地方政府可以通过出台相应的政策文件以推进规范性文件附带审查司法建议的落实。

二是将司法建议答复纳入行政绩效考核体系。绩效考核是行政机关工作人员行动的指挥棒，其对被考核单位的工作评定、行政工作人员的晋职晋升、绩效奖金发放等均具有重要影响，因此将行政机关对司法建议的答复纳入绩效考核机制将有助于司法建议的落实。当前已经有很多地方进行尝试以推动行政机关对司法建议的反馈与落实，比如重庆市政府制定了《重庆市行政机关办理司法建议暂行规定》，指出："行政机关应当积极配合司法机关的回访工作，并如实反馈司法建议办理和落实情况。""行政机关办理司法建议工作的情况，列入年度依法行政工作考评内容。"再如北京市平谷区政府制定了《关于加强办理司法建议工作的意见》，规定各部门办理司法建议的情况将纳入全区年度绩效考评体系，被建议单位如出现无正当理由不办理、拖延办理司法建议的情况，区政府将给予通报批评，

---

① 黄学贤：《行政规范性文件司法审查的规则嬗变及其完善》，《苏州大学学报（哲学社会科学版）》2017年第2期。

造成严重后果的,依据有关法律规定追究相应人员的责任。因此,在行政机关内部的绩效考核体系中增加对司法建议答复的考核内容具有可行性,将忽视法院司法建议、不及时启动对规范性文件复审、不及时进行规范性文件清理等行为均纳入行政机关绩效考核范畴,将有助于规范性文件司法建议的落实。

(二) 运用外部力量助推司法建议的落实

除了与行政自制形成合力对行政机关予以约束,借助更高权威的政治整合压力来迫使规范性文件制定机关作出积极回应,是提升司法建议权威的另一条路径。所以,《行诉适用解释》第 149 条规定:作出生效裁判的人民法院应当向规范性文件的制定机关提出处理建议,并可以抄送制定机关的同级人民政府、上一级行政机关、监察机关以及规范性文件的备案机关。相较于既往法院"自发"发送司法建议,《行诉适用解释》第 149 条无疑借助司法解释实现了成文化,使得规范性文件附带审查的司法建议制度具有正当化的规范依据。而更具有制度创造力的是,该司法解释规定了司法建议抄送制度,法院不仅可以抄送"制定机关的同级人民政府、上一级行政机关",还可以抄送"监察机关""备案机关"。上述机关均对规范性文件的制定机关具有监督职责,其中监察机关具有较高的影响力,可以对履职不力的工作人员进行问责。这充分彰显了立法者试图"不断地吸纳、扩充新的机构变量,来提升法院对于规范性文件合法性判断的实际拘束效果"[①]。同时将司法建议"抄送"至对规范性文件制定机关具有监督职责的机关,将便于上级行政机关对下级行政机关的监督。根据《国家行政机关公文处理办法》的规定,抄送可以是上行文、平行文、下行文,抄送的功能主要是:备案、协调、告知和执行。抄送的意义主要在于知会、提醒、督促。[②] 对于上级行政机关而言,相较于下级行政机关的"汇报",行政诉讼及其衍生的司法建议是对下级行政机关工作的真实反映,由此有助于形成一种全面的信息反馈机制,从而促进实现"科层制"的有力控制。而正是借助于有权监督机关的权威力量,有助于督促制定机关及时修改违法的规范性文件,提升司法建议的权威,落实司法建议。

此外,可以借由公开机制促进规范性文件附带审查司法建议的落实。

[①] 卢超:《规范性文件附带审查的司法困境及其枢纽功能》,《比较法研究》2020 年第 3 期。
[②] 最高人民法院行政审判庭:《最高人民法院行政诉讼法司法解释理解与适用(下)》,北京,人民法院出版社,2018,第 702 页。

"没有公开则无所谓正义"①，将行政机关落实司法建议的情况向社会公开，借助社会监督的压力有助于提高司法建议的实际效果。从根本上来说，公开行政诉讼司法建议既是法院坚持审判公开的题中应有之义，也是行政审判事业积极融入社会治理进程的必然要求。② 当前已经实现裁判文书的公开，可以将司法建议等行政审判的衍生行为也列入司法公开的范围。一方面，司法的运行始终是在司法系统与社会系统之间实现的。司法权威不仅来自国家公权力的授权，还来自人民对司法的制度认同。③ 将司法建议公开"既是人民法院展示自身工作、践行司法公开理念的有效载体，也是评价行政机关、助推依法行政的理性平台"④。公开法院司法建议的内容有助于赢得公众对法院积极拓展审判职能的认同，提升公众对司法的认同。另一方面，通过司法建议的公开能够对行政机关施加压力，迫使其自觉接受司法建议改正违法的规范性文件，同时亦能够对其他机关产生警示作用，在执法过程中不适用被法院认定为违法的规范性文件条款，从而达到拓展规范性文件附带审查结果个案效力的效果，以此促进司法建议的落实。

因此，可以对上述成熟经验进行推广，创新多元化方式，促进司法建议的落实。但是需要注意的是，应当在恪守司法权与行政权界限的基础上，促进上述制度的规范化运行，通过配套制度设计加强监督，进而促进制度功能的良性发挥，防止异化。

三、借由司法建议抄送制度与其他规范性文件监督方式相衔接

完善的行政规范性文件法律监督，应是内部监督与外部监督并存、合法性审查与合理性审查并重、实体审查与程序审查兼顾、主动审查与被动审查相结合的监督体系。⑤ 当前中国已经初步构造出包括立法监督、司法监督、行政监督三位一体，事前、事中直至事后的一整套规范性文件监督机制。除了通过司法建议让规范性文件制定机关修改、废止违法的规范性文件外，结合规范性文件附带审查制度的特点，在宪法的整体框架下将其

---

① 〔美〕伯尔曼：《法律与宗教》，梁治平译，北京，中国政法大学出版社，2003，第46页。
② 章志远：《我国行政诉讼司法建议制度之研究》，《法商研究》2011年第2期。
③ 杨铜铜：《法官绩效考核制度的非司法化困境及其调试》，《法制与社会发展》2022年第3期。
④ 章志远：《我国行政审判白皮书研究》，《行政法学研究》2018年第4期。
⑤ 孔繁华：《行政规范性文件法律监督机制探究》，《法学杂志》2011年第7期。

与其他规范性文件监督方式衔接起来，形成制度合力同样可以达到修改、废止违法规范性文件的目的。颇值得关注的是，虽然《行诉适用解释》第149条的司法建议抄送制度是为了对规范性文件制定机关产生外部压力以迫使制定机关接受司法建议，但是某种程度上司法建议抄送制度同样有助于建立起规范性文件附带审查与其他监督制度之间的正式勾连，有望打通规范性文件司法控制与备案审查等制度之间的枢纽通道，① 具有与规范性文件监督体系形成有效衔接的"结构性意义"。

一方面，有助于规范性文件司法监督与行政监督的衔接。法院司法建议的抄送对象之一为"制定机关的同级人民政府、上一级行政机关"，二者均为规范性文件制定机关的上级机关，其中"制定机关的同级人民政府"还可能是规范性文件的行政备案机关。基于行政一体化原则，上级行政机关对下级行政机关具有监督权，包含对下级行政机关制定的规范性文件的监督，这在《地方各级人民代表大会和地方各级人民政府组织法》第73条中有所规定，"县级以上的地方各级人民政府行使下列职权：……（三）改变或者撤销所属各工作部门的不适当的命令、指示和下级人民政府的不适当的决定、命令"。同时，地方程序规定和备案规定中也大多规定了规范性文件备案审查制度，比如《上海市行政规范性文件管理规定》第36条规定，"区人民政府、市人民政府工作部门、市人民政府派出机构制定的规范性文件报市人民政府备案"。所以当法院将对规范性文件处理的司法建议抄送至"制定机关的同级人民政府、上一级行政机关"，则上述机关可以基于对下级行政机关的监督权以及备案审查权，展开行政机关内部的自我监督，撤销或改变下级行政机关制定的违法的规范性文件，从而实现规范性文件司法监督与行政监督的衔接。

另一方面，有助于规范性文件司法监督与人大备案审查的衔接。《行诉适用解释》第149条将司法建议的抄送对象扩张至规范性文件的备案机关，从文义范围上自然包含"立法备案机关"。《宪法》第104条、《地方组织法》第11条、《中华人民共和国各级人民代表大会常务委员会监督法》第30条规定，县级以上地方各级人民代表大会常务委员会有权撤销本级人民政府发布的决定、命令。规范性文件的备案审查一直存在着审查动力不足、覆盖范围有限的困境，法院在对规范性文件附带判断之后，将司法建议抄送至备案机关的模式，可以有效起到案件筛选的聚焦作用，督

---

① 卢超：《规范性文件附带审查的司法困境及其枢纽功能》，《比较法研究》2020年第3期。

促备案机关加强对特定规范性文件的集中监督。① 尤其自党的十八届四中全会提出"加强备案审查制度和能力建设,把所有规范性文件纳入备案审查范围,依法撤销和纠正违宪违法的规范性文件"以来,各地积极推进备案审查制度建设。党的十九大报告指出,"加强宪法实施和监督,推进合宪性审查工作,维护宪法权威"。党的二十大报告再次重申,"加强宪法实施和监督","完善和加强备案审查制度"。可见各级人大建立健全行政规范性文件备案审查制度已经成为推进依法行政、加强宪法实施的一项迫切任务。相应地,地方各级人大也将在备案审查过程中发挥主导作用,加强对行政规范性文件的监督,保障中央令行禁止,保障宪法法律法规有效实施,维护国家法制统一。② 因此,法院的司法建议抄送制度,有助于为规范性文件的人大备案审查提供信息来源,从而与人大备案审查相衔接,有助于激发人大监督制度的活力。

第三节 规范性文件附带审查结果司法内部的统一与监督机制

"同案同判"是法律上"同等情况同等对待"正义原则的司法体现,也是维护法律平等、公正等价值的需要。③ 然而由于法院对规范性文件的审查结果仅具有个案效力,对其他法院没有拘束力,这便存在同一规范性文件被不同法院附带审查的情况。如果不同法院对同一规范性文件的认定结果不一致该如何处理?如何对法院的规范性文件附带审查结果进行监督?上述两个问题亟待解决。

一、规范性文件附带审查结果司法内部的统一机制

中国法院向来高度重视矛盾判决之避免,而判决理由中的核心判断往往是判决主文的直接基础,与这些判断相冲突的裁判一般被视为矛盾判

---

① 孙首灿:《论我国行政规范性文件的监督体系及其完善》,《华南理工大学学报(社会科学版)》2019年第4期。

② 宋智敏:《论以人大为主导的行政规范性文件审查体系的建立》,《法学论坛》2020年第6期。

③ 杨知文:《"同案同判"的性质及其证立理据》,《学术月刊》2021年第11期。

决。① 仅具有个案效力的规范性文件附带审查结果可能会导致不同法院对同一规范性文件的审查结果不一致，不仅会导致"同案不同判"，影响社会公众对司法公正成效的认知，而且更为关键的是，司法裁判具有公共属性，法院的裁判会影响公众对于规范性文件的认知，差异化的评价无疑会导致规范性文件的效力处于"事实上"的不确定状态，影响法秩序的统一。因此，探索规范性文件附带审查结果司法内部的统一机制极为关键。

（一）通过审查结果共享机制实现审查结果的统一

"科技信息化的运用，对审判管理，乃至审判活动的影响是方方面面的，将会潜移默化地改变传统法院管理模式以及审判活动的运作方式"②。为实现法院系统内部审查结果的统一，节约审判资源，提高审判效率，法官与学者大多认为可以通过建立审查结果的信息共享平台予以实现。当前主要有两种思路：一是在全国法院系统内部建立行政规范性文件审查评判信息平台，将全国各地法院对行政规范性文件的审查结果输入该系统，以便法院查询相关效力信息，作出统一的司法认定。二是在法院系统之外建立行政规范性文件审查评判信息平台。根据《中华人民共和国政府信息公开条例》的规定，行政规范性文件大多数属于应当主动公开的范畴，因而制定机关接到法院提出的司法建议后有义务在政府信息公开平台上公布有关处理结果，便于相关人员依法查询。③ 其中第一种思路获得较多学者的支持，学者大多认为建立法院系统内部的信息共享机制更加符合司法裁判的现实需要，同时由法院牵头组织也更具有可行性。④

本研究亦赞同上述观点，建立审查结果的信息共享平台不仅可以减少法官的工作量，而且有助于在审查结论上推进规范性文件附带审查结果的统一。在具体的方案设计上，本研究更倾向建立"法院系统内部"的信息共享平台，对此可以尝试建立最高法院与高级法院的信息共享平台。根据规范性文件制定主体的级别，进行如下尝试：国务院部门制定的规范性文件被认定为违法，在最高法院的信息共享平台上予以发布；地方人民政府及其部门制定的规范性文件被认定为违法，由于该类文件往往在地方进行

---

① 严仁群：《既判力客观范围之新进展》，《中外法学》2017年第2期。
② 左卫民：《信息化与我国司法——基于四川省各级人民法院审判管理创新的解读》，《清华法学》2011年第4期。
③ 程琥：《新〈行政诉讼法〉中规范性文件附带审查制度研究》，《法律适用》2015年第7期。
④ 耿玉娟：《规范性文件附带审查规则的程序设计》，《法学评论》2017年第5期。

适用，所以在各省高级法院的信息共享平台上予以发布即可。

但是需要注意的是，法院的审查结果对其他法院仅具有"参考"意义，这并不意味着完全豁免其他法院对规范性文件相关条款进行审查的义务。"司法权是一种对当事人之间纠纷加以裁判的能力，因而为了保证这种裁判具有公正性，裁判的主体应当能够排除来自各方面的干涉，而只是依照法律来进行裁判，这就要求司法活动必须体现其独立性。"① 而确保独立性的关键则在于排除外界干扰，其他法官的认知与判断仍只能是参考。因此，即使建立了法院系统内部的审查结果共享机制，也只能供其他法院进行参考，其他法院不能完全放弃对规范性文件的个案审查。

（二）借由审查结果备案机制促进审查结果的统一

《行诉适用解释》第 150 条规定："人民法院认为规范性文件不合法的，应当在裁判生效后报送上一级人民法院进行备案。涉及国务院部门、省级行政机关制定的规范性文件，司法建议还应当分别层报最高人民法院、高级人民法院备案。"该条是关于认定规范性文件不合法时的备案程序规定，法院内部备案的意义在于便于上级法院掌握下级法院对规范性文件合法性审查的基本情况，便于对下指导和监督，防止规范性文件合法性判断不统一导致司法适用的不统一。② 可见，司法解释关于规范性文件不合法时备案程序规定的目的即在于统一法律适用，同时监督下级法院。

然而遗憾的是，司法实践中下级法院将规范性文件审查结果向上级法院备案往往运行效果不佳，并出现异化：一是上级法院只是发挥归档备查的作用，并没有进一步督促制定机关纠正违法的规范性文件；③ 二是层报备案制度从规范表述层面来看似乎仅是一种事后的备案流程，但在实践中，所谓的层报备案通常会以科层系统事前的内部请示为最终状态，在正式判决之前法官通过报送请示行为来提前确定规范性文件的合法性判断，由此便压缩了法官的自主裁判空间，导致审级制度的虚置，加剧了司法系统内部的科层化。④ 因此，为充分发挥"备案机制"的功能，借由法院系统内部的层级监督实现规范性文件附带审查结果的统一，应当从以下方面进行完善：

---

① 王申：《司法行政化管理与法官独立审判》，《法学》2010 年第 6 期。
② 最高人民法院行政审判庭：《最高人民法院行政诉讼法司法解释理解与适用（下）》，北京，人民法院出版社，2018，第 704 页。
③ 王春业：《论行政规范性文件附带审查的后续处理》，《法学论坛》2019 年第 5 期。
④ 卢超：《规范性文件附带审查的司法困境及其枢纽功能》，《比较法研究》2020 年第 3 期。

首先，明晰不合法规范性文件的备案规则与特定司法建议的备案规则。《行诉适用解释》第 150 条事实上包含双重备案机制。其一是违法规范性文件的上级备案机制，即"人民法院认为规范性文件不合法的，应当在裁判生效后报送上一级人民法院进行备案"，对此报送规范性文件备案的法院应当是作出生效裁判的法院，例如：二审法院作出生效裁判的，由二审法院报送；一审法院作出生效裁判的，由一审法院报送。① 其二是特定司法建议的报送机制，即"涉及国务院部门、省级行政机关制定的规范性文件，司法建议还应当分别层报最高人民法院、高级人民法院备案"。由于国务院部门、省级行政机关制定的规范性文件的涉及面广，涉及的行政管理领域众多，如果不同法院的认定结论不统一将引发既有社会管理秩序的混乱，所以应当分别层报最高人民法院、高级人民法院进行备案。

其次，充分发挥上级法院的备案监督功能。根据《宪法》第 132 条"上级人民法院监督下级人民法院的审判工作"之规定，上下级法院之间是监督与被监督的关系。备案的上级法院应当充分发挥监督功能，不能仅作归档备案之用，而是要监督下级法院对规范性文件的合法性判断是否合法，与规范性文件的再审监督程序衔接。尤其要注意是否存在不同的下级法院对同一规范性文件作出差异化的判断。

最后，持续推进司法改革，改变司法行政化的组织格局，防止事后层级报备的异化。事后层级报备异化为事前的内部请示，根源在于中国法院系统内部的行政化。司法行政化是指以行政的目的、构造、方法、机理及效果取代司法自身的内容，形成以行政方式操作的司法。② 司法行政化具有多重表现维度，在案件审判活动中的表现之一就是下级法院向上级法院请示汇报、上级法院给予指导，由此替代法官的自主判断。司法具有亲历性、独立性等特征，法官必须亲自参加证据审查、聆听法庭辩论，凭借其拥有的法律知识和经验独立地、不受干预地认定事实与适用法律。因此，事前的内部请示制度无疑违背了审判的独立性、亲历性等特征，虚置上诉审程序，侵害当事人的诉权。自党的十八届三中全会以及《人民法院第四个五年改革纲要（2014～2018）》发布之后，以尊重审判权独立、中立行使，破解体制性障碍和制约法院能力的深层次问题为目标导向的司法改革

---

① 最高人民法院行政审判庭：《最高人民法院行政诉讼法司法解释理解与适用（下）》，北京，人民法院出版社，2018，第 705 页。
② 龙宗智：《深化改革背景下对司法行政化的遏制》，《法学研究》2014 年第 1 期。

持续推进。法院进行了一系列的"去行政化"改革，比如推行法官员额制与司法责任制，废除裁判文书层层审批、层层请示制度，等等，促使"审判者裁判，裁判者负责"，有助于形成以审判权力运行为重心的组织结构，实现审判权力下沉。① 当前"去行政化"的改革已经取得了一定成效，但是"隐性"的行政化方式依然存在，因此应持续推进法院的"去行政化"改革，回归上下级法院之间的监督与被监督关系，由此真正解决规范性文件附带审查结果事后层级报备的异化问题。

（三）运用指导案例、典型案例等统一裁判思维与裁判方法

司法裁判乃是需要法官发挥主观能动性的高度智识化活动，共识性的裁判思维、裁判方法才是真正实现裁判结果统一的关键。相较于前述"审查结果共享""审查结果备案"两种机制"直接"实现审查结果的统一，指导案例、典型案例等更多侧重于通过"裁判思维、裁判方法"的统一来实现"同案同判"，从而"间接"地实现裁判结果的统一。

在不断深入的司法改革中，案例指导制度从酝酿到运作都备受关注。案例指导制度是指为统一法律适用，由最高人民法院按照一定程序在全国各审级法院生效判决中选取编发的并在今后的裁判中具有"应当参照"效力的案例的制度。② 案例指导制度具有"总结审判经验、统一法律适用、提高审判质量、维护司法公正"的多种功能，其中"从最为直接而显著的意义上来说，案例指导制度或指导案例所追求的价值目标就是'同案同判'"③。自《人民法院第二个五年改革纲要（2004~2008）》建立案例指导制度以来，案例指导制度一直在不断发展。2010年《最高人民法院关于案例指导工作的规定》对构建中国特色的案例指导制度进行了较为全面的规定，第7条更是明确指出，"最高人民法院发布的指导性案例，各级人民法院审判类似案例时应当参照"，由此确立了指导性案例对后案法官的"应当参照"效力。虽然对于这种"参照效力"学界多有分歧，存在"事实拘束力""法律渊源"说等不同争论，但是从人民法院组织体系的角度分析，司法系统内部协调统一的原则要求各级法院的法官在审理同类或类似案件时，必须充分注意经最高人民法院审判委员会讨论通过的指导性案例；如果没有充分理由背离指导性规则，法官将有可能面对来自上级法

---

① 苏杭：《法院管理与法官策略二重作用下的司法决策——以组织社会为分析视角》，《理论月刊》2019年第12期。
② 张志铭：《中国法院案例指导制度价值功能之认知》，《学习与探索》2012年第3期。
③ 张志铭：《中国法院案例指导制度价值功能之认知》，《学习与探索》2012年第3期。

院审判监督与本院审判管理的双重约束。①

但是，由于被遴选的指导案例的数量毕竟相对较少，因此，除了指导案例之外，最高人民法院还建立了案例"月发布制度"，每个月固定发布典型案例，同时，最高人民法院还授权各省级高级人民法院发布参照性案例或参考性案例，亦可以在各级法院内部着力培育精品案例等。② 事实上，早在 2018 年 10 月最高人民法院就已发布了"行政诉讼附带审查规范性文件典型案例"以为各级人民法院附带审查规范性文件提供参考，虽然不是采用指导案例，但是同样可以为各级人民法院提供可推广的审判经验。

无论是指导案例还是典型案例，更加侧重的都是借由"裁判要点"对"裁判方法"进行指导，通过裁判思维与裁判方法的统一来实现法院系统内部的统一。具体而言，要尤为注意以下两点：一是被遴选的规范性文件附带审查指导案例、典型案例要具有释法功能。虽然《最高人民法院关于案例指导工作的规定》第 2 条规定了指导性案例的类型，包括社会广泛关注的、法律规定比较原则的、具有典型性的、疑难复杂或新类型的、其他具有指导作用的案例，但是需要注意的是，案例指导着眼于法律的正确适用和对审判工作的指导，本身是一种法律解释机制。因此成为指导性案例的判决必须具有"释法"的功能，即包含有关对法律规范进行解释的内容，或者是对有关法律或司法解释尚无规定或者规定不清楚、不一致的法律问题的实际解决方案，如果缺乏法律适用解释意义的裁判，可以说基本上没有指导性而难以成为指导性案例。③ 被遴选的规范性文件附带审查指导案例要具有释法功能，对司法实践中规范性文件附带审查过程中出现的争议性情况所在的法条予以解释。同时，注重被遴选的规范性文件附带审查指导案例本身裁判说理的合法性与正当性，审理法官要具备良好的法律解释和法律论证素养，审慎审查规范性文件的合法性。④ 二是规范性文件附带审查指导案例、典型案例裁判要点的归纳总结要具有指导性。裁判要点是指导性案例要点的概要表述，是法官在具体案件中对法律适用、裁判方法、司法理念等方面问题的判断，进而可以为其他法院或法官审理类似

---

① 胡云腾、罗东川、王艳彬，等：《〈关于案例指导工作的规定〉的理解与适用》，《人民司法》2011 年第 3 期。
② 徐钝、詹王镇：《论司法认知的制度激励》，《北方法学》2018 年第 5 期。
③ 于同志：《案例指导研究：理论与应用》，北京，法律出版社，2018，第 139～140 页。
④ 马得华：《我国行政诉讼规范性文件附带审查的模式与效力难题》，《政治与法律》2017 年第 8 期。

案件提供具有指导意义的法律解决方案和裁判思路，是"案例的灵魂所在"。① 裁判要点一般由类型化事实的抽取、定型化结论的提取以及两者的关联作业三个步骤组成，② 采取一种类似于抽象规则的表达形式，从而对后案法官发挥指导作用。在规范性文件附带审查指导案例、典型案例裁判要点的归纳过程中，要尤为注重对规范性文件附带审查的裁判方法予以提炼总结，通过裁判方法的统一进而实现裁判结果的统一，培养法官的裁判思维。

由此，运用指导案例、典型案例的方式有助于逐步推进规范性文件附带审查司法系统内部的统一，而这种内部统一的实现是借助于"裁判方法""裁判思维"的统一来实现的。

二、规范性文件附带审查结果司法内部的监督机制

由于规范性文件涉及面广，如果法院认定错误不仅将对个案产生影响，而且会在一定地域范围内影响规范性文件的适用，因此对规范性文件附带审查的结果进行监督至关重要。尤其是伴随着新一轮司法改革的逐步推进，健全司法系统内部的监督制约机制逐步被提上日程，对规范性文件附带审查的结果进行监督不仅是确保法院附带审查权合法运行的保障机制，而且是健全审判监督权运行机制的应有之义。

（一）审级监督

从组织社会学的视角来看，法院是一个组织系统。③ 在复杂的组织社会关系网络中，上下级法院之间是监督与被监督的关系，上级法院应充分运用审级监督发挥对下级法院的指导与监督功能。然而在规范性文件附带审查制度中，规范性文件附带审查不是独立之诉仅是原告的诉讼请求之一，这便导致上级法院对于下级法院遗漏原告附带审查请求、下级法院认定规范性文件错误等情形，如何处理出现分歧。以"遗漏原告附带审查请求"为例，部分二审法院将其认定为"程序违法、发回重审"，部分二审法院则仅在判决中予以指正。前者如在"王某不服平度市人民政府行政征收案"中，原告申请对"《山东省征地补偿安置标准争议协调裁决暂行办法》第十六条第（一）项"规定的合法性进行一并审查，一审法院遗漏了

---

① 蒋惠岭：《认真对待作为"动态法典"的案例》，《中国法院报》2005年8月1日，第B1版。
② 于同志：《案例指导研究：理论与应用》，北京，法律出版社，2018，第157页。
③ 方乐：《法官责任制度的功能期待会落空吗?》，《法制与社会发展》2020年第3期。

该诉讼请求，二审法院认为："被上诉人在原审中申请对《山东省征地补偿安置标准争议协调裁决暂行办法》第十六条第（一）项规定的合法性进行一并审查，因此对该规范性文件是否合法进行审查既是被上诉人诉讼请求之一，也是判断本案被诉《协调申请告知书》是否合法的前提。故，原审法院应当对《山东省征地补偿安置标准争议协调裁决暂行办法》第十六条第（一）项规定是否合法以及能否作为认定被诉《协调申请告知书》合法性的依据进行审查，但原审法院未对该规范性文件进行审查评判，属于《中华人民共和国行政诉讼法》第八十九条第一款第（四）项规定的遗漏诉讼请求严重违反法定程序的情形，应当发回重审。"① 后者如在"梁某与石河子市人力资源和社会保障局、石河子市社会保险管理局退休行政审批案"中，原告请求附带审查新疆生产建设兵团办公厅《关于原国有企业职工下岗失业后退休年龄问题的通知》和新疆生产建设兵团人力资源和社会保障局《关于当前养老保险几个具体问题的通知》第 3 条的合法性，一审法院遗漏了该诉讼请求，二审法院仅在裁判文书中指出："一审判决未予明确回应和说理，存在不当之处，本院予以纠正。"② 可见，对于下级法院遗漏原告附带审查请求的情形，上级法院存在差异化的做法，尚未充分发挥审级监督功能。

事实上，上级法院对下级法院遗漏原告附带审查请求，抑或认定规范性文件错误，应当予以纠正。虽然规范性文件附带审查不是独立之诉只是原告的诉讼请求之一，但是《行诉适用解释》第 109 条规定，原审判决遗漏了必须参加诉讼的当事人或者诉讼请求的，第二审人民法院应当裁定撤销原审判决，发回重审。同时，从行政过程来看，由于行政行为是依据规范性文件作出的，审查规范性文件的合法性本质上是审查行政行为的法律适用问题，遗漏对规范性文件的审查或者对规范性文件认定错误，均难以确保行政行为审查的合法性。而更为关键的是，如果上级法院对遗漏规范性文件附带审查请求或认定错误不予评价，这便意味着不会产生计入败诉率等司法责任，由此会对下级法院产生不良导向。尤其在当前"案多人少"的压力下，会诱发法院催生"求快思维"进而规避原告的规范性文件附带审查请求，将无法实现"监督规范性文件、从源头解决纠纷、保障公民权利"的制度目的。所以对于遗漏规范性文件附带审查请求的，应当发

---

① 山东省高级人民法院（2018）鲁行终 1073 号行政裁定书。
② 新疆生产建设兵团第八师中级人民法院（2019）兵 08 行终 14 号行政判决书。

回重审；对于认定规范性文件错误的，应当改判或发回重审。这不仅符合中国既有的行政诉讼法理，而且有助于对法院不审查规范性文件的行为、认定错误的行为予以评价，实现规范性文件附带审查制度的预期制度目的。

（二）再审监督

《行诉适用解释》第151条对生效判决、裁定中规范性文件合法性认定错误时如何纠正进行了程序规定。司法实践中，发现规范性文件审查错误的途径多样，如在审理关联案件、后案中发现关联案件或者前案判决或裁定对规范性文件相关条款的合法性认定错误，包括对规范性文件制定机关权限认定错误、对与上位法的关系判断不正确等。

由于规范性文件涉及面广，对公民权益的影响范围较大，因此如果发现生效判决对规范性文件的合法性认定错误，应当予以纠正。但是需要注意的是，由于启动再审程序需要耗费额外的司法资源重新对案件进行审理，因此，需要慎之又慎。在满足规范性文件认定错误条件的基础上，还需要满足"认为需要再审"的条件，即具有启动再审的必要，比如法院院长发现本院已生效判决对规范性文件审理错误，但是该规范性文件已经被行政机关清理，则无须启动再审。

在启动再审的程序方面，各级人民法院院长认为本院已生效的判决、裁定对规范性文件认定错误的，认为需要再审的，应当按照正常程序，提起本院审判委员会讨论后决定是否再审；最高人民法院及上级法院发现已经发生法律效力的判决、裁定对规范性文件认定错误的，可以通过裁定提审案件或指令下级人民法院再审，来启动再审程序。需要注意的是，实践中很多情况下是行政审判人员发现本院已经生效的判决、裁定存在对规范性文件合法性认定错误的情况，对此法律、司法解释没有明确予以规定。按照人民法院内部的工作惯例，行政审判人员或其他人员发现本院已生效的判决、裁定确实存在问题时，首先还是应在合议庭内部进行讨论，然后经过审判业务部门全体法官会议讨论后再层层上报审批，院长审批后，提交本院审判委员会讨论后决定是否予以再审。①

---

① 最高人民法院行政审判庭：《最高人民法院行政诉讼法司法解释理解与适用（下）》，北京，人民法院出版社，2018，第709页。

第六章 规范性文件附带审查制度的运行实效与提升路径

法律文本与社会实践之间始终存在差距,法律实效反映着这种差距。[1] 前文对规范性文件附带审查制度及其框架进行了详尽的剖析,然而法律的生命在于实践,法律的尊严、权威及作用的发挥是在实施过程中和取得有效的结果上体现出来的,[2] 因此应当进一步观察这一增加的制度在司法实践中的运行实效。那么规范性文件附带审查制度在司法实践中是否能达到预期的立法目的?运行实效如何?本章将从事实层面对规范性文件附带审查制度的运行实效进行考察,以充分认识行政诉讼制度运行的实然与应然,了解规范性文件附带审查制度运行所面临的制度环境与社会因素,为该制度未来的发展指明方向。

第一节 规范性文件附带审查制度的运行实效考察

"立法文本中的法律只有得到实施和遵守,才能从应然转化为实然,才能实现立法目标。"[3] 因此,本部分将首先对规范性文件附带审查制度在司法实践中的运行现状进行考察。根据对所检索案件的梳理与分析,发现司法实践中规范性文件附带审查制度的启动率低、违法认定率低,法官倾向于采取特定的行为模式来回避适用规范性文件附带审查制度。本节将对这一运行现状予以呈现,揭示规范性文件附带审查制度的运行实效困境,从而为后文分析奠定基础。

---

[1] 陈柏峰:《乡村基层执法的空间制约与机制再造》,《法学研究》2020年第2期。
[2] 夏锦文:《法律实施及其相关概念的辨析》,《法学论坛》2003年第6期。
[3] 夏锦文:《法律实施及其相关概念辨析》,《法学论坛》2003年第6期。

一、规范性文件附带审查制度的运行现状

作为全国司法裁判案例统一公布平台,"中国裁判文书网"的案例来源具有权威性、确定性与公信力,本研究将以"中国裁判文书网"为案例检索平台,检索规范性文件附带审查的相关案例,共获得有效裁判文书1155份(具体检索条件参见第四章第二节)。其中,法官对原告的附带审查请求不予回应的案件为92件,占比8.0%;驳回原告附带审查请求的案件为803件,占比69.5%;经审查认定规范性文件合法的案件为234件,占比20.3%;认定规范性文件违法的案件为26件,占比2.3%(见图6-1)。①

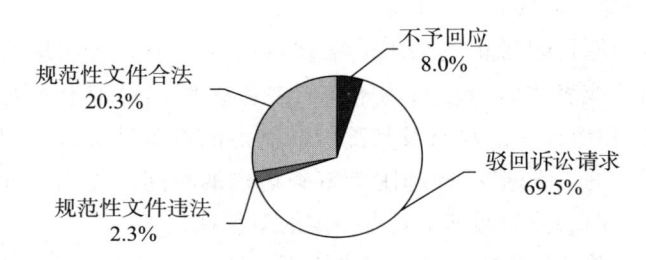

图6-1 规范性文件附带审查制度的运行现状

(一)规范性文件附带审查制度的启动率低

在所检索的1155份裁判文书中,法官对原告的附带审查请求不予回应的案件为92件,占比8.0%;驳回原告附带审查请求的案件为803件,占比69.5%。法官对规范性文件进行附带审查的案件仅为260件,这意味着只有22.5%的案件法官会启动对规范性文件的附带审查,由此呈现出

---

① 这一检索结果亦可与其他学者、法官的研究相互印证。王春业教授的检索结果显示,2015年、2016年、2017年、2018年规范性文件未进入合法性审查的案件比例为82.2%、55%、70%、70.1%,规范性文件被认定为违法的案件比例分别为8%、2%、5%、6%。参见王春业:《论规范性文件一并审查制度的实践偏离与矫正——以907个案例为研究样本》,《浙江大学学报(人文社会科学版)》2021年第1期,第84页。卢超副研究员通过梳理发现,法院裁定驳回的案件占比32%,拒绝审查的案件占比31%,最终进入实质审查的案件仅占比16%,被认定具有合法性瑕疵的案件占比2%。参见卢超:《规范性文件附带审查的司法困境及其枢纽功能》,《比较法研究》2020年第3期,第128页。王全泽法官对2015~2019年上海市涉及规范性文件附带审查的行政案件进行梳理发现,对原告的附带审查请求未予处理的案件占比15.79%,对规范性文件未予审查的案件占比63.16%,认定规范性文件违法的占比0%。参见王全泽:《行政诉讼规范性文件一并审查制度实证分析与完善》,http://www.360doc.com/content/12/0121/07/70808058_1004389085.shtml,最后访问2022年6月14日。

规范性文件附带审查制度的"启动率低"。

1. 对原告的附带审查请求不予回应

基于"不得拒绝裁判"原则的基本要求，无论原告是否符合附带审查的启动要件，法官均需要对原告的附带审查请求予以回应。然而在样本数据中，有8.0%的案件法官对原告的附带审查请求不予回应，这意味着法官可能直接拒绝了原告的附带审查请求，而未说明任何理由。如在"黎某与广州市增城区新塘镇人民政府等行政处理案"中，原告请求一并对《新塘镇新何村股份合作经济社章程》进行合法性审查，法院对原告的审查请求未予回应。① 这种情况在"赵某与泰州市姜堰区人民政府行政撤销案"②等案件中均存在。

2. 驳回原告的附带审查请求

法官驳回原告附带审查请求的案件占比69.5%，驳回理由包括单独提出审查请求或者主诉行政行为不符合受案范围，附带审查对象不属于"国务院部门和地方人民政府及其部门"制定的规范性文件，规范性文件不是行政行为的"依据"，提起附带审查请求的时间不妥当、诉讼请求不明确，等等，但部分驳回理由具有一定的争议性。

一是基于单独提出审查请求或者主诉行政行为不符合受案范围，驳回原告的附带审查请求。规范性文件附带审查制度的"附带性"，决定公民不能单独对规范性文件提起审查，只能依附于行政行为提起附带审查请求，如果单独提出审查请求或者主诉行政行为不符合受案范围，那么法官则会驳回原告的附带审查请求。比如在"黄某与罗甸县人民政府行政赔偿案"中，原告单独请求对〔2014〕18号《房屋征收补偿补充规定》的合法性进行审查，法院指出，对规范性文件的附带审查，必须在审查行政行为合法性过程中进行，即公民、法人或其他组织不能单独就规范性文件提出审查请求，由此驳回了原告的单独审查请求。③ 再如在"陈某、齐某等与龙游县自然资源和规划局资源行政管理案"中，原告请求对《龙游县城东新区村庄搬迁改造实施方案》（龙政办发〔2017〕62号）进行附带审查，法院认为："因规范性文件一并审查具有附带性，即需依附于被诉行政行为，在涉案补偿安置决定书已被撤销的情况下，对该文件的附带审查

---

① 广州铁路运输中级法院（2020）粤71行终232号行政判决书。
② 江苏省泰州市中级人民法院（2019）苏12行初61号行政判决书。
③ 贵州省黔南布依族苗族自治州中级人民法院（2020）黔行赔终131号行政赔偿判决书。

缺乏行政行为基础，本院不予审查。"①

二是基于附带审查对象不属于"国务院部门和地方人民政府及其部门"制定的规范性文件，驳回原告的附带审查请求。根据《行政诉讼法》第53条的规定，法院只能对"国务院部门和地方人民政府及其部门"所制定的规范性文件进行审查，实践中法院会基于所请求附带审查的对象不符合上述要求而驳回原告的审查请求。其一，基于所请求附带审查的文件不属于规范性文件而驳回原告的审查请求。比如规范性文件具有外部性、不特定性、反复适用性等特点，实践中法官往往基于所请求审查的文件不符合上述特点而驳回原告的审查请求。在"梁山县拳铺镇郭堂村民委员会与梁山县人民政府土地处理案"中，原告请求对国土资源部办公厅〔2007〕60号复函进行附带审查，法院以〔2007〕60号复函是国土资源部办公厅对江苏省国土资源厅请示问题的答复意见，不属于规范性文件而不予审查。② 该复函虽然是内部文件，但是当被告梁山县人民政府直接依据〔2007〕60号复函作出不予受理原告的处理土地权属争议申请的决定时，该复函事实上已经效力外化成了规范性文件，法院以该复函不是规范性文件而驳回审查请求有待商榷。其二，基于制定主体不适格而排除审查。比如在"杨某与海安市人力资源和社会保障局劳动和社会保障行政纠纷案"中，原告请求附带审查69号文和156号文，法院基于二者均属于党委和政府联合发布的文件，并非《行政诉讼法》第53条第1款所规定的规范性文件，由此驳回原告的附带审查请求。③ 事实上，根据《党政机关公文处理工作条例》第9条的规定，"联合行文时，发文机关标志可以并用联合发文机关名称，也可以单独用主办机关名称"。虽然党政联合发文具有双重性质，但并不意味着其内容不涉及行政职责，法院这一做法极可能会诱发行政机关通过党政联合发文途径来逃逸附带审查的控制，④ 因而亦需进一步讨论。

三是基于规范性文件不是行政行为的"依据"，驳回原告的附带审查请求。中国对规范性文件的司法审查采用的是附带审查模式，必须是行政行为所"依据"的规范性文件法院才能附带审查。实践中法院往往基于规范性文件不是行政行为的"依据"而驳回原告的审查请求。该驳回理由也

---

① 浙江省衢州市柯城区人民法院（2019）浙0802行初157号行政判决书。
② 山东省高级人民法院（2016）鲁行终1429号行政判决书。
③ 江苏省南通市中级人民法院（2019）苏06行终19号判决。
④ 章剑生：《论行政诉讼中规范性文件的合法性审查》，《福建行政学院学报》2016年第3期。

是法官使用频次最高的理由。比如在"武汉信诚同创置业有限公司与国家税务总局武汉经济技术开发区（汉南区）税务局税务管理案"中，原告请求附带审查《湖北省地方税务局湖北省国家税务局关于明确营改增后若干业务问题的通知》（鄂地税发〔2016〕117号）第2条第2款，法院认为："因被告经开区税务局作出被诉税务事项通知书时并未援引上述规范性文件，被告武汉市税务局也未将该规范性文件作为判断原行政行为合法性的依据，故不符合《中华人民共和国行政诉讼法》第五十三条、《最高人民法院关于适用〈中华人民共和国行政诉讼法〉的解释》第一百四十五条关于规范性文件的附带审查的规定，本院不对该规范性文件合法性予以审查。"① 再如在"张某诉合肥市企业养老保险管理中心案"中，原告请求附带审查《关于企业职工退休时执行〈安徽省计划生育条例〉有关退休待遇问题的通知》，法官认为该通知尚未在行政决定书中载明，被告仅是在答辩状中提出的，故该通知不是作出行政决定的依据，法院不予审查。② 然而将行政机关"未在行政决定书中载明、在答辩状中提出"的规范性文件排除"依据"的范围不予审查，是否妥当有待考量。

四是基于提起附带审查请求的时间不妥当、诉讼请求不明确而驳回原告的审查请求。根据《行政诉讼法》及司法解释的规定，公民应当在"一审开庭前"或者"有正当理由的，在法庭调查中"提起规范性文件附带审查请求，实践中法官会基于公民提起诉讼请求的时间不妥当而驳回诉讼请求。比如在"房某与济南市市中区人民政府行政补偿纠纷案"中，法官指出：房某提出依法审查《〈济南市国有土地上房屋征收与补偿办法〉实施细则》《济南市国有土地上房屋征收评估技术规范（试行）》《济南市评估办法》等文件合法性的诉讼请求，并未在一审开庭审理之前提出，其在庭审质证辩论阶段提出，却未向法院说明有延期提出的正当理由，故对其附带审查规范性文件的诉讼请求，应不予受理。③ 由此驳回原告的附带审查请求。同时，根据规范性文件附带审查制度的特点，公民只能对行政行为所依据的规范性文件的具体条款提出附带审查请求，所以法官时常会基于公民提起的附带审查请求没有指明具体审查条款而驳回原告的审查请求。如在"王某与复旦大学教育行政案"中，原告请求对相关暂行规定进行合

---

① 湖北省武汉市江汉区人民法院（2020）鄂0103行初10号行政判决书。
② 安徽省合肥市蜀山区人民法院（2015）蜀行初字第00033号行政判决书。
③ 济南铁路运输中级法院（2021）鲁71行终7号行政判决书。

法性审查，法院认为，原告未能明确指出适用该暂行规定作出被诉取消学籍决定的具体条文，故上诉人的申请于法不合，由此驳回原告的附带审查请求。① 然而法院具有释明义务，法院直接放弃自身释明义务以诉讼请求不明确排除附带审查是否妥当值得考量。

3. 小结

可见，规范性文件附带审查制度的启动率低，法官往往对原告的附带审查请求不予回应，或者以单独提出审查请求或者主诉行政行为不符合受案范围，附带审查对象不属于"国务院部门和地方人民政府及其部门"制定的规范性文件，规范性文件不是行政行为的"依据"，提起附带审查请求的时间不妥当、诉讼请求不明确等理由驳回原告的审查请求。而在上述驳回理由中，除了主诉行政行为不符合受案范围、单独提出审查请求等少数理由不存在争议外，"不是规范性文件""不是依据""延迟申请无正当理由"等大部分的驳回理由往往具有一定的争议性，有待商榷。比如前文"梁山县拳铺镇郭堂村民委员会与梁山县人民政府土地处理案"中，法官仅基于〔2007〕60 号复函的表现形式为具有内部性的复函而不予审查，忽视了其已经效力外化的情况；"杨某与海安市人力资源和社会保障局劳动和社会保障行政纠纷案"中，法官基于 69 号文和 156 号文属于党政联合发文而直接排除审查，忽视了从文件的内容是否涉及行政管理事项方面进行实质判断；"张某诉合肥市企业养老保险管理中心案"中，法院将行政机关"未在行政决定书中载明、在答辩状中提出"的规范性文件排除"依据"的范围不予审查，忽视了行政机关可能为了规避附带审查而故意不在行政决定书中载明的情形。所以上述情形无疑具有一定的争议性，也反映了法官在启动规范性文件附带审查时的"谨慎"态度。

（二）规范性文件附带审查制度的违法认定率低

在所检索的 1155 份样本数据中，法官启动对规范性文件附带审查的案件仅为 260 件。而在这 260 件案件中，法官大多不进行论证说理直接认定规范性文件合法，经审查认定规范性文件违法的案件仅为 26 件，占比 2.3%，由此呈现出规范性文件附带审查制度的违法认定率低。

1. 不进行说理直接认定规范性文件合法

司法裁判的本质是一种论证说理的活动，裁决的作出并不意味着裁判

---

① 上海市第三中级人民法院（2020）沪 03 行终 527 号行政判决书。

过程的终结，裁判者还负有为裁决提供论证的义务。① 规范性文件附带审查制度的确立，实现了法官对规范性文件审查从"隐性"到"显性"的转变，其核心即在于要求法官对原告的审查请求予以回应，对裁判理由进行说明，从而改变先前以法律无明确规定为由拒绝审查的样态。同时，《行诉适用解释》第149条更是明确规定了法官在附带审查规范性文件时的理由说明义务。然而，实践中不少的案件法官以"不与上位法相抵触""不违反上位法"等理由直接认定规范性文件合法，但是对于符合哪些上位法、合法性判断是如何展开的等并未作出任何理由说明。比如在"戴某等与南安市洪濑镇人民政府案"中，原告要求附带审查《南安市石结构房屋改造实施意见》，法院认为该意见属于规划道路控制区的，不予就地翻建，不违反上位法律、法规或规章的规定。② 而更有甚者，在对没有上位法依据的规范性文件的审查中，法官依然以"不与上位法相抵触"而认定规范性文件合法。③ 由此，不仅违反了法官的法定论证说理义务，而且影响了裁判的可接受性与司法权威。

2. 对规范性文件的审查要件进行随机性审查

根据《行诉适用解释》第148条的规定，法官应当从主体合法、内容合法、程序合法三个要件进行合法性审查。然而实践中，法官大多不会对上述三个要件全部进行审查，往往仅对其中的某一个要件或两个要件进行随机审查。根据法官对规范性文件进行合法性审查要件的不同，可以划分为以下两种情形：

一是对上述三个要件或其中的两个要件进行"多要件"的合法性审查。在进入法院合法性审查的260个案件中，有52个案件法官对上述三个要件全部进行审查，有64个案件法官仅对上述两个要件进行审查。在使用频次上，基于"不与上位法相抵触"等进行内容合法审查的案件占比57.7%，进行程序合法审查的案件占比18.4%，进行主体合法审查的案件占比20.3%。如在"垫江县东盛燃气有限公司与重庆市经济和信息化委员会等天然气供气区域划分案"中，法官从三个要件进行审查，即重庆经信委制定该文件未超越法定职权，渝经信运行〔2017〕43号通知不与上位法相抵触，渝经信运行〔2017〕43号通知经过了公开征求意见、合

---

① 孙海波：《司法义务理论之构造》，《清华法学》2017年第3期。
② 福建省泉州市鲤城区人民法院（2020）闽0502行初154号行政判决书。
③ 广东省佛山市顺德区人民法院（2017）粤0606行初429号行政判决书。

法性审查、重庆市人民政府审查同意予以备案后公开发布等程序，进而认定涉案规范性文件合法。① 在"芦某与北京市海淀区退役军人事务局案"中，法官从北京市人民政府军队离休退休干部安置办公室具有制定涉案规范性文件的职责、不违反上位法两个要件进行审查。②

二是仅对规范性文件的某一个要件进行随机审查，由此也降低了发现违法规范性文件的概率。在上述 260 个进入法院合法性审查的案件中，有 144 个案件法院仅适用其中一个要件进行审查，即仅对规范性文件的主体进行合法性审查，或者仅对规范性文件的内容、程序进行合法性审查，由此限缩了对规范性文件进行合法性审查的维度，进而降低了发现违法规范性文件的概率。而在不同审查要件的使用频次上，会发现对规范性文件的内容进行单独合法性审查的频次最高，占比 72.9%，对规范性文件的程序、主体要件进行单独审查的频次较低，分别为 3.5%、23.6%。比如在"杨某与南宁市公安局交通警察支队二大队公安行政管理案"中，原告要求对《关于加强南宁市城市道路交通管理的通告》的合法性进行附带审查，法官仅从内容角度，即该通告不存在与《道路交通安全法》（2011年）及《广西道路交通安全条例》等相抵触的情形，认定规范性文件合法，而没有对该规范性文件的制定主体、制定程序进行审查。③ 在"邵阳市环保能源发展有限公司与城步苗族自治县农业农村水利局案"中，法官则仅对《城步苗族自治县水利局关于巫水流域羊石段水电开发规划设计的有关规定》的制定程序是否合法进行审查，忽视了主体与内容合法的审查。④

3. 法官认定规范性文件违法的理由类型

在样本数据中，法官认定规范性文件违法的案件仅有 26 件，占比 2.3%。其中 21 个案件基于规范性文件内容违法而被认定为违法，具体包括"与上位法相抵触""增加了当事人的义务""限缩了当事人的权利"；仅有 5 个案件基于规范性文件程序违法、超越职权而被认定为违法。比如：在"王某与义乌市教育局、金华市教育局教育行政管理案"中，原告申请附带审查浙江省教育厅作出的浙教函〔2018〕133 号《浙江省教育厅关于教师资格体检标准有关问题的复函》，法官经审查后指出，"涉案文件

---

① 重庆市第五中级人民法院（2019）渝 05 行终 564 号行政判决书。
② 北京市第一中级人民法院（2020）京 01 行终 207 号行政判决书。
③ 广西壮族自治区南宁市西乡塘区人民法院（2019）桂 0107 行初 249 号行政判决书。
④ 湖南省武冈市人民法院（2020）湘 0581 行初 223 号行政判决书。

认为'青光眼；视网膜、视神经疾病在眼科疾患中较为严重、存在较大发展和迁延可能，致盲率较高，难以依法履职，因外伤或其他原因而导致眼球缺失等情形，完全丧失视力，同样属于不具备相应身体条件'，该解释扩大了原《浙江省教师资格认定体检标准和操作规程》第一条第（十一）项及《中等师范学校招生体检标准》第一条第 12 点规定的体检不合格情形，同时违反了《中华人民共和国残疾人保障法》第三条、第三十八条关于保障残疾人平等就业权利的规定"，由此认定规范性文件违法。① 在"邵阳市环保能源发展有限公司与城步苗族自治县农业农村水利局案"中，法院认为："城步苗族自治县水利局所作出的城水农电字（2007）15 号《城步苗族自治县水利局关于巫水流域羊石段水电开发规划设计的有关规定》，被告未提交证据证明履行了报本级人民政府或者其授权的部门批准的法定程序，视为未获批准，不具有法律效力。"② 在"李某与井研县应急管理局案"中，法院认为，井安办〔2018〕33 号文件的制定主体"井研安办"不属于《四川省行政规范性文件管理办法》第 6 条规定的制定主体范畴，因而不具有制定案涉规范性文件之法定职权。③

二、规范性文件附带审查制度的运行实效困境

法律制度的实效反映着一国法律制度在实践中被执行、适用与遵守的状况。通过对上述司法案例的梳理，可以发现当前规范性文件附带审查制度在实践中呈现出"启动率低、违法认定率低"的状态，尚未实现预期立法目的。而通过对裁判文书的梳理发现，这种运行样态很大程度上是法官不予适用，或者形式适用该制度所导致的，由此呈现出法官"回避"适用该制度的实效困境。

详言之，所谓的"回避"附带审查规范性文件，是指法官采用特定的行为模式，对于符合启动要件本应启动附带审查程序的而不予启动，以及虽然启动了附带审查程序，但实际上并没有对规范性文件的合法性进行全面且实质性的审查。结合司法实践，可以提炼出法官"回避"附带审查规范性文件的三种行为模式：不予审查模式、形式审查阻却实质审查模式、诉诸法外因素替代合法性审查模式。

---

① 浙江省金华市婺城区人民法院（2018）浙 0702 行初 357 号行政判决书。
② 湖南省武冈市人民法院（2020）湘 0581 行初 223 号行政判决书。
③ 四川省乐山市中级人民法院（2020）川 11 行终 59 号行政判决书。

（一）不予审查模式

不予审查模式是指法官不履行自身的审查义务，直接回避对规范性文件的附带审查。在司法实践中，主要表现为不回应原告的附带审查请求、不履行释明义务驳回附带审查请求两种样态。

1. 不回应原告的附带审查请求

为避免私力救济的无序性与反复性，解决纠纷以及维系社会秩序，国家建立了以诉讼制度为代表的私法干预制度。一般而言，为切实保障当事人获得实体审理的权利，在当事人提起诉讼后，法官不得"非法"拒绝受理，这不仅是司法程序机制设置的题中之义，而且是实现诉讼制度功能的内在要求。然而从规范性文件附带审查实践来看，约 8.0% 的案件法官直接漠视原告的附带审查请求，对原告的附带审查请求不予以任何回应，由此直接导致当事人诉权的落空，回避了对规范性文件的附带审查。

2. 不履行释明义务驳回附带审查请求

为确保当事人享有诉讼程序的实质参与权，保障当事人诉讼过程中的主体地位，法律规定了法官的"释明义务"，即在当事人的主张不明确、不完全或不充分的情况下，通过提示、发问等方式促使当事人完善主张。① 比如《行政诉讼法》规定了审查起诉时的释明义务、庭审程序中的释明义务、诉讼类型转换中的释明义务等。释明义务不仅为当事人诉权的行使提供了便利，而且保障了当事人诉讼程序的实质平等性。然而在规范性文件的附带审查中，部分法官常常不履行释明义务直接驳回原告的附带审查请求，进而直接回避审查规范性文件。最为典型的是，根据《行政诉讼法》的规定，公民只能对行政行为所依据的规范性文件的具体条款提请附带审查，实践中存在大量当事人虽提出附带审查请求但没有指明规范性文件具体条款的情形，法官大多不履行释明义务直接驳回原告的附带审查请求。比如在"铅山县葛仙山乡项源村四组与铅山县人民政府资源行政管理案"中，原告在对行政行为提起诉讼时附带请求对《林木和林地权属登记管理办法》《江西省林业产权制度改革确权发证操作规范》进行审查，法官认为原告未明确所要审查的被诉行政行为所依据的条款，不符合审查

---

① 唐力：《司法公正实现之程序机制——以当事人诉讼权保障为侧重》，《现代法学》2015年第4期。

请求，由此驳回了原告的附带审查请求。① 然而事实上，早在 2015 年《最高人民法院关于适用〈中华人民共和国行政诉讼法〉若干问题的解释》第 2 条第 2 款就曾指出，当事人未能正确表达诉讼请求的，人民法院应当予以释明。法官完全有能力根据案件情况释明所需附带审查的具体条款，然而却不履行释明义务直接驳回原告的附带审查请求，实际上回避了审查规范性文件。

（二）形式审查阻却实质审查模式

区别于不予审查模式，实践中部分法官虽然会对原告的附带审查请求予以回应，但是只是进行"形式审查"，看似回应了当事人的附带审查请求，实际上则是以形式审查阻却实质审查，回避对规范性文件进行全面且实质性的合法性审查。主要表现为两个方面：一是法官采用机械的审查思维，仅以上位法的法律规则作为审查规范性文件合法性的依据，排除对规范性文件的实质合法性审查。二是法官僵化地进行演绎推理，仅运用文义解释方法，不对不确定法律概念进行具体化与合理解释。这种形式审查方式实际上是"司法形式主义"的缩影，体现了当下法官依据规则主义进行自我防卫的思维路径。

1. 机械地以上位法的法律规则作为审查依据回避实质合法性审查

基于规范性文件的附带审查实践，法官认定规范性文件合法的理由多是"不与上位法相抵触""符合上位法"，而对于"上位法"范畴的理解则集中于"法律规则"，即只要规范性文件符合上位法相关规则的规定便为合法，不对规范性文件是否符合上位法的法律原则、立法目的等进行实质合法性审查。这种形式审查方式事实上将法律体系视为一个封闭的、自足的、逻辑自洽的规则体系，机械地寻求与适用法律规则并将其作为唯一审查依据，由此可能导致司法裁判出现荒谬性与不可接受性。比如在"李某诉宁波市鄞州区首南街道新村建设办公室行政征收案"中，原告李某要求附带审查相关实施细则中关于"男性社员达到法定结婚年龄可扩户而女性社员必须招'上门女婿'并办理公证手续才可扩户"的内容，法官认为该规定事实上是在申购政策方面对"户"所作的扩大规定，既未与上位法相抵触，也未超越权限或剥夺公民、法人和其他组织的合法权利，或者增加公民、法人和其他组织的义务，该规定合法有效。② 而事实上，该条款明

---

① 江西省高级人民法院（2017）赣行终 145 号行政判决书。
② 浙江省宁波市镇海区人民法院（2017）浙 0211 行初 102 号行政判决书。

显违背"平等原则",法官并未对该条款内容进行实质性判断与价值性考量,机械地以未与上位法相抵触而认定其合法。

更有甚者,面对大量立法滞后、社会变革以及概括授权条款所导致的上位法规定不明确的规范性文件,法官仍然以"不与上位法相抵触"为由,直接认定规范性文件合法。比如在"梁某与佛山市南海区里水镇人民政府案"中,原告请求附带审查南府〔2013〕239号文件中关于"土地出让价款的分配比例"规定的合法性,法官直接认定,该规范性文件中的任何条款均未与现行法律、法规、规章相违背,不存在规范性文件不合法情形。① 然而上位法并没有对土地出让价款的分配比例进行任何规定,法官却依然以"不与上位法相抵触"为由认定该文件合法,表面上似乎是在严格地执行法律,实际上则很可能既达不到法律的目标,也无助于实现社会正义。② 事实上,部分法官可能根本就没有对规范性文件的合法性进行实质审查,只是用"不与上位法相抵触"这一"万能理由"回应原告,这不仅违反了法官的法定论证说理义务,而且影响裁判的可接受性与司法权威,或隐或显地表现出法官对规范性文件的合法性不予实质审查。

2. 僵化地解释不确定法律概念进行形式审查

行政法律法规的庞杂及概念的不确定,致使法律中的争议性问题随处可见。③《行政诉讼法》第53条、第64条以及《行诉适用解释》第145～151条设定了规范性文件附带审查的基本制度框架,但是其中蕴含了大量的不确定法律概念,如规范性文件、依据、正当理由等,这促使法官负有相关的解释、论证义务。然而实践中,部分法官仅进行形式审查,即僵化地进行演绎推理,而不论推理前提是否明确与具体,笼统地将法律概念、法律规则作为推理的前提,不对它们的规范含义进行合理解释,也不对推理过程进行有效论证。

一方面,过于强调条文的字面含义,僵化适用法律进行形式审查。法条的字面含义虽然是理解法条的起点,但是有时并非它的规范含义,立法者所言与立法者欲言并非总是一致的,因而需要综合运用文义解释、体系解释、目的解释、历史解释等方法探寻条文的规范含义。这不仅为获取法律条文的规范含义提供可行路径,而且为司法论证的可接受性提供合理化

---

① 广东省佛山市顺德区人民法院(2017)粤0606行初429号行政判决书。
② 侯淑雯:《司法衡平艺术与司法能动主义》,《法学研究》2007年第1期。
③ 亓晓鹏:《行政法官疑难案件审理模型的建构》,《清华法学》2018年第6期。

证成。然而实践中，部分法官在适用附带审查制度时，严格按照法律条文的字面含义进行解释，排斥其他解释方法的运用。这在规范性文件附带审查的启动要件中表现得最为明显，当前规范性文件附带审查制度的启动率低，约69.5%的案件法官驳回原告的附带审查请求，其中除了少数主诉行政行为不符合受案范围、原告单独提起审查规范性文件等不存在争议的理由外，法官大部分以"不是依据""延迟申请无正当理由""不是规范性文件"等具有争议性的理由驳回原告的审查请求。问题的根源在于，部分法官局限于文义解释，僵化适用法律进行形式审查，比如关于"行政行为所依据的规范性文件"中的"依据"解释问题，一些法官根据字面含义将其解释为行政机关在行政决定书中"直接引用"的"显性依据"，排除被告在答辩或法庭调查等诉讼过程中出示的规范性文件。在"张某诉合肥市企业养老保险管理中心案"中，原告请求附带审查《关于企业职工退休时执行〈安徽省计划生育条例〉有关退休待遇问题的通知》，法官认为该通知尚未在行政决定书中载明，被告仅是在答辩状中提出的，故不是作出行政决定的依据，法院不予审查。① 事实上，规范性文件附带审查制度的立法目的在于"监督规范性文件、从源头解决纠纷、保障公民权利"，将行政机关"漏引"或者为了逃避司法审查故意在行政决定书中隐藏而在答辩状或法庭调查中出示的规范性文件等"隐性依据"纳入"依据"的范围，符合上述立法目的，而本案中法官简单地采取文义解释方法无疑限缩了立法目的，导致本应启动附带审查程序而未启动。

另一方面，缺少不确定法律概念的具体化解释。作为一种立法技术，不确定法律概念乃是一种立法者的刻意安排，即将其具体化含义授权给法律适用者在个案中予以阐释。因而，法官需要通过具体列举和类型化的方式，以及根据具体案情、社会情势等各种个案特殊因素对不确定法律概念进行具体化解释，② 使其与个案的情形相结合。然而实践中，法官往往不履行不确定法律概念的具体化义务，形式性地进行审查。比如关于审查对象"规范性文件"的认定问题，由于"对外发生效力"是规范性文件的核心要素，因而法官对上级复函、会议纪要、裁量基准等文件，大多基于它们"形式"上的"内部性"而直接排除审查，忽视具体个案中行政机关将

---

① 安徽省合肥市蜀山区人民法院（2015）蜀行初字第00033号行政判决书。
② 王利明：《法律解释学导论——以民法为视角》，北京，法律出版社，2017，第500~506页。

它们对外公布、适用它们对外作出行政行为时产生"效力外化"而由此使它们具有规范性文件属性的特殊情形。比如在"梁山县拳铺镇郭堂村民委员会与梁山县人民政府土地处理案"中，原告请求对国土资源部办公厅〔2007〕60号复函进行附带审查，法院以〔2007〕60号复函是国土资源部办公厅对江苏省国土资源厅请示问题的答复意见，不属于规范性文件而不予审查。① 不可否认，〔2007〕60号复函是2007年国土资源部对下级机关关于"土地登记发证后提出的争议能否按权属争议处理"请示作出的复函，该复函原则上乃是内部文件。但是该问题具有普遍性，〔2007〕60号复函在后续执法实践中被其他行政机关反复适用，所以当被告梁山县人民政府直接依据〔2007〕60号复函作出不予受理原告的处理土地权属争议申请的决定时，该复函事实上已经效力外化成了规范性文件。法官仅仅基于文件的外部表现形式驳回了原告的审查请求，而未结合个案情境予以具体化，显然法官在机械解释、僵化裁判，仅形式性地适用附带审查制度。

（三）诉诸法外因素替代合法性审查模式

区别于不予审查模式与形式审查阻却实质审查模式，实践中亦有部分法官发挥主观能动性积极回应原告的附带审查请求，但是在审查过程中伴随着法外因素的考量，看似积极回应，实质上是以"法外因素"的考量替代"合法性审查"，事实上同样造成了回避对规范性文件进行全面且实质性的合法性审查的客观后果，本部分将其称为"诉诸法外因素替代合法性审查模式"。这种替代审查路径，事实上彰显了后果导向的裁判思维，即法官通常预设了排除规范性文件附带审查、规范性文件合法的结果，而后寻找一些法外因素来支撑其判断，或者不重视"规范性的证立"过程，直接以发现的法外因素作为规范性文件合法的判断依据，以回避合法性审查。②

1. 基于政策考量替代法律判断

基于后果导向的裁判思维，法官根据的首先不是法律、法理和逻辑推理，而是特定条件下的现实需求和政策导向。③ 这在涉及公共政策的规范性文件附带审查中体现得最为明显。

---

① 山东省高级人民法院（2016）鲁行终1429号行政判决书。
② 王彬：《司法决策中的效用考量及其偏差控制》，《暨南学报（哲学社会科学版）》2020年第8期。
③ 孔祥俊：《论裁判的逻辑标准与政策标准——以知识产权法律适用问题为例》，《法律适用》2007年第9期。

其一，法官对涉及地方政策的规范性文件倾向性地采取回避审查态度，往往直接认定此类规范性文件合法，甚至有些法官直言对此类规范性文件不予审查。比如在"胡某与缙云县人民政府不履行法定职责案"中，原告请求附带审查《缙云县好溪水利枢纽工程建设指挥部专题会议纪要》，法官认为，该文件是针对移民安置政策有关问题所作的解释，不属于行政诉讼的受案范围排除审查。① 虽然有关征收补偿、社会保障领域的规范性文件通常涉及当地的财政状况、社会发展情况、历史遗留问题等，需要结合各地的实践进行制定，具有浓厚的地方性政策色彩，法官应当予以适度尊让；但是在全面推进依法治国的进程中，公共政策亦应依法制定与执行，当其对公民的权益产生影响时，法官应当对其进行"最低限度"的合法性审查，以保障公民权利，而非基于其属于地方公共政策直接不予审查。

其二，法官基于规范性文件的政策权威而认可其合法性。由于立法存在着缺漏、模糊与滞后性问题，为顺应社会管理的现实需求，大量规范性文件是在没有上位法依据或上位法规定比较抽象的情况下，由行政机关根据自身管理经验总结提炼而来的，② 甚至一些规范性文件承载着先试先行的政策试验功能，由此导致实践中存在大量不具有明确上位法依据但具有政策权威的规范性文件。对于此类规范性文件的合法性审查颇为复杂，法官显然不能简单地局限于直接的上位法规定，而是应当在更为宏观的法秩序当中寻找上位法依据，包括借助由法律规则构造的外部秩序体系中更高位阶的法律规定，以及通过由法律原则构造的内部秩序体系中相关的法律原则等，并综合运用法律解释、法律论证等方法实现对该类规范性文件的合法性审查。然而实践中，法官大多回避对该类规范性文件的合法性审查，一般基于其政策权威替代法律判断，认定其合法。比如在"吴某与嘉善县人民政府行政征收案"中，双方对"改变房屋用途并以改变后的用途延续使用房屋的补偿问题"存有争议，原告请求对《嘉善县国有土地上房屋征收涉及改变用途房屋的认定和补偿暂行办法》中关于《城市规划法》施行后改变房屋用途的补偿问题的规定进行附带审查。上位法对此种情况如何进行补偿没有规定，面对这一不具有直接上位法依据又涉及地方征收政策的规范性文件，法官一方面未进行法释义学层面的反思，直接以其

---

① 浙江省高级人民法院（2019）浙行终90号行政判决书。
② 张婷：《行政诉讼附带审查的宪法命题及其展开》，《法学论坛》2018年第3期。

"不与上位法冲突"认定该规范性文件合法,另一方面则基于该规范性文件是以《国务院办公厅关于认真做好城镇房屋拆迁工作维护社会稳定的紧急通知》为依据而制定的,以及该规范性文件"从2002年延续执行至今,政策具有连续性"等政策性事实证成其政策权威。① 这显然是"基于政策考量替代了法律判断",借由政策考量而回避了对规范性文件的合法性审查。

2. 基于制定机关权威替代合法性审查

基于整体性的国家治理视阈,不同国家机关在国家治理结构中发挥着不同功能,并具有不同的机关权威。尤其是在科层体制中,下级机关对上级机关的服从不只体现在同质机关的内部,在异质机关之间亦会如此。在规范性文件附带审查实践中,法官对党委以及高位阶行政机关制定的规范性文件通常倾向于回避审查,或者直接以它们自身所具有的权威认定为合法而不进行实质性的合法性审查。

一方面,法官对党政联合发文或者接受党政机关双重领导的行政机关制定的规范性文件回避审查。上述两类规范性文件是否属于附带审查的范畴存在一定争议,法官大多基于上述两类文件的制定主体中有党组织或其使用了党组织的发文机关、发文字号等排除审查。比如在"张某诉嵊州市国土资源局案"中,法官认为《中共嵊州市委办公室、嵊州市人民政府办公室关于全面整治农村非法"一户多宅"的通知》系嵊州市委办公室文件,不属于规范性文件附带审查的范围。② 事实上,虽然党政联合发文具有双重属性,与单纯的党务文件不同,但是这并不意味着仅仅基于其制定主体中有党组织就应排除审查,而是应借助于文件内容是否属于单纯的党内事务、是否涉及行政职责等进行判断。同时,发文机关、发文字号并不能决定党政联合发文的性质,根据《党政机关公文处理工作条例》第9条的规定:"联合行文时,发文机关标志可以并用联合发文机关名称,也可以单独用主办机关名称。"可见,法官仅仅基于发文机关标志便认定其不属于行政规范性文件,显然缺乏法律依据。

另一方面,法官将高级别行政机关制定的规范性文件认定为行政规章回避审查。基于《行政诉讼法》第53条的规定,法官仅能附带审查"国务院部门和地方人民政府及其部门"制定的规范性文件,而不能审查行政

---

① 浙江省嘉兴市中级人民法院(2017)浙04行初115号行政判决书。
② 浙江省诸暨市人民法院(2017)浙0681行初120号行政判决书。

规章、行政法规等行政立法性文件。由于具有行政立法权的行政机关同样可以制定规范性文件，实践中部分法官会将具有规章制定权的行政机关所制定的规范性文件认定为行政规章，以此回避审查，尤其在位阶较高的国务院部门制定的规范性文件中表现得最为明显。比如在"嘉通石油贸易有限公司与沙县市场监督局质量监督案"中，原告要求对署厅发〔2003〕389号《关于严格查禁非法运输、储存、买卖成品油的通知》第3条进行附带审查，法院认为署厅发〔2003〕389号通知系根据国务院第十五次常务会议精神，并经过国务院批准下发，虽然为通知，但实际上是国家针对非法运输、储存、买卖成品油问题的处置专门作出的规章，具有规章位阶，不予审查。① 首先，行政规章与规范性文件在制定程序、制定内容、规范形式等方面具有本质的不同，就形式而言，部门规章应当以部门首长签署命令的形式予以公布，显然上述署厅发〔2003〕389号通知是典型的规范性文件，而非部门规章。其次，法官基于该通知经过国务院的批准而下发这一权威事实，认为其"具有规章位阶"的法律属性，但是根据《国务院工作规则》的规定，部门联合制定的重要"规范性文件发布前须经国务院批准"是法定程序，署厅发〔2003〕389号通知由海关总署、公安部、商务部等联合制定，所以"经国务院批准"仅为法定程序，法官据此认定署厅发〔2003〕389号通知具有"规章位阶"显然缺乏说服力。最后，"具有规章位阶"这一模糊的措辞，更体现了法官将这一级别较高的国务院部门制定的规范性文件认定为"规章"的牵强态度，或隐或显地体现了法官对高级别行政机关制定的规范性文件回避审查的态度。这一情形在"辉县市城西机动车检测有限公司与新乡市环境保护局环保处罚纠纷上诉案"②、"柏赛罗药业有限公司诉国家食品药品监督管理总局案"③ 和"张某与安徽省芜湖市烟草专卖局行政管理案"④ 中均有所体现。

综上所述，通过对司法实践中裁判文书的进一步分析，发现当前法官倾向于采用不予审查、形式审查阻却实质审查、诉诸法外因素替代合法性审查等行为模式回避附带审查规范性文件，这是当前司法实践中规范性文件附带审查制度"启动率低、违法认定率低"较为主要的原因，亦是当前规范性文件附带审查制度运行实效的核心困境。

---

① 福建省尤溪县人民法院（2016）闽0426行初39号行政判决书。
② 河南省新乡市中级人民法院（2019）豫07行终58号行政判决书。
③ 北京市第一中级人民法院（2016）京01行初548号行政判决书。
④ 安徽省合肥市包河区人民法院（2016）皖0111行初182号行政判决书。

第二节 规范性文件附带审查制度运行实效困境的制度动因

一般认为，任何一种长期且稳定存在的社会现象背后总会有相应的制度约束条件给予支撑，这些制度约束条件是特定社会现象存续的主要理由，也即特定社会现象的"制度动因"。① 当前规范性文件附带审查制度在司法实践中呈现出"启动率低、违法认定率低"的运行现状，存在法官倾向于采用特定的行为模式来回避附带审查规范性文件的运行实效困境，说明该制度存在着其自身无法摆脱的制度约束条件。对此，既需回归规范性文件附带审查制度的内在属性，又需考量制度所处的权力场域等外部因素对法官审查行为的影响，对这些制度约束条件进行挖掘与分析，将有助于理解规范性文件附带审查制度运行实效困境的制度动因，从而寻求可能的突围方向。

一、附带审查模式的制度局限

从各国司法实践来看，基于审查方式的不同，规范性文件的司法审查可以划分为两种类型：抽象审查制度与附带审查制度。抽象审查制度是指将抽象行政行为直接纳入司法审查的范围，公民可以直接向法院提起诉讼，不需要附随具体的诉讼案件，法官就可以就规范性文件的效力作出最终的认定。附带审查制度是指公民不可对规范性文件直接提起诉讼，只能在对具体行政行为提出审查时，附带对与具体行政行为相关的规范性文件提出审查请求，法官仅具有个案不予适用权，不具有处分权。基于中国长久以来的具体行政行为与抽象行政行为区分的法治传统，以及两造对立的诉讼构造，请求人必须权利受到侵害才能诉讼，而规范性文件仅具有"间接侵害性"，所以中国对规范性文件的司法审查采用了附带审查制度。附带审查制度的确立，实现了对规范性文件从隐性审查到显性审查的转变，推进了法治的发展与进步，然而"附带审查制度"的局限性亦非常明显，为法官的规避审查行为提供了制度空间。

首先，附带审查不是独立之"诉"，暗藏司法责任逃逸空间。法律规范不仅为法官裁判提供合法性基础，而且为法官行为框定制度空间。《行

---

① 黄锫：《为什么选择性执法？——制度动因及其规制》，《中外法学》2021年第3期。

政诉讼法》仅在第六章"起诉和受理"部分增加了规范性文件附带审查制度,但是在第二章"受案范围"中依然排除了规范性文件等抽象行政行为,这意味着规范性文件的附带审查不是一个独立之"诉",不具有独立的诉讼标的,仅是原告的一个"诉讼请求",这在《行诉适用解释》第68条①中已经明确。因此,法官只需对该"诉讼请求"在裁判说理中予以回应即可,即使不予回应或者认定错误,只要不影响主诉行政行为的合法性审查,就不会对法官产生否定性的评价。比如不会被认定为错案而追究法官责任、不会计入法官绩效考核中的败诉率等。这也已经在司法实践中得以印证,一审法官对原告的附带审查请求不予回应或审查有误,二审法官往往不会予以评价,或者仅将其认定为裁判瑕疵补正即可,并不会导致裁判被推翻的风险。② 在检索到的样本中,仅有两个案件被二审法官认定为遗漏诉讼请求,发回重审。③ 可见,这样的制度构造无疑暗藏着司法责任的逃逸空间,即法官不附带审查规范性文件不会引致司法责任,由此则会对法官心理产生直接影响。根据行为认知主义的观察,在作为与不作为导致同等危害后果的情况下,人们会认为作为的可责难程度更高。④ 面对原告的附带审查请求,法官进行附带审查不会额外增加考核绩效,不附带审查也不会引致司法责任,因而法官往往会倾向于回避附带审查。比如对原告的诉讼请求不予回应、放弃自身的释明义务、进行形式审查等。尤其当附带审查的规范性文件涉及政策因素并蕴含政策风险时,这种回避审查的态度则表现得更为明显。加之当前"人案矛盾"突出,法官大多秉持"多一事不如少一事"的心态,在具体案件审理中衍化为"回避审查"。

其次,附带审查模式的个案效力反向消解司法权威。行政诉讼制度建立在行政机关与相对人二元对立关系的基础上,其是对立的两造之间的纠纷解决程序,提起诉讼的人必须自身的权益受到损害,同时诉讼的效力也仅能拘束诉讼的双方当事人。然而规范性文件具有"对世性",如果赋予

---

① 《行诉适用解释》第68条规定,"行政诉讼法第四十九条第三项规定的'有具体的诉讼请求'是指:……(七)请求一并审查规章以下规范性文件"。

② 持有类似观点的,如:"行政诉讼进入二审程序的,上级法院发现下级法院对规范性文件的审查意见错误,可以进行纠正。上级法院应在裁判文书中予以说明。但下级法院对行政的处理结果有错误的,因其属于附带审查,对行政诉讼案件无需改判。"江必新、梁凤云:《最高人民法院新行政诉讼法司法解释理解与适用》,北京,中国法制出版社,2015,第209页。

③ 参见山西省高级人民法院(2018)鲁行终1073号行政裁定书;南通市中级人民法院(2018)苏06行终474号行政裁定书。

④ 白云锋:《如何激励执法者——一个认知行为主义的分析进路》,《法制与社会发展》2020年第6期。

法官确认规范性文件违法或无效的权力将影响到本造诉讼之外的其他相关人，这与行政诉讼制度"两造对立"的诉讼结构是不相容的。同时，由于附带审查的双方当事人是适用规范性文件的行政机关以及行政相对人，规范性文件的制定机关不一定是本案诉讼的当事人，抗辩并不是由规范性文件的制定机关进行的，① 所以几乎所有的国家和地区都赋予附带审查模式中法官的审查结果仅具有个案效力而非普遍拘束力，即法官仅可以在个案中不予适用违法的规范性文件，而不能撤销或废止违法的规范性文件，对规范性文件的制定机关亦不具有直接的拘束力。比如兼具直接审查与附带审查两种模式的法国，在越权之诉的直接审查模式中法官可以撤销违法的行政条例，而在个案违法性抗辩中附带审查行政条例时仅能在具体案件中不予适用，不能撤销。

然而判决的拘束力是司法权威最核心的体现，规范性文件附带审查结论的"个案效力"无疑内含了"司法裁判终局性"与"规范性文件非终局性"的矛盾。② 这便导致违法的规范性文件可能继续存在于法秩序中，司法实践中存在同一个规范性文件被多次诉讼至法院附带审查的情况，亦存在被法官认定违法的规范性文件在法秩序中继续存在的情况，这无疑会消解司法的权威，进而影响法官的审查动力。实践中有法官坦言，这无疑是"自己打自己的脸"，于是为了避免这种尴尬局面的产生，法官倾向于回避审查。虽然《行政诉讼法》和《行诉适用解释》为了缓解这一张力规定了司法建议及抄送制度，法官可以通过司法建议的方式将"不合法"的规范性文件及其处理建议发送给制定机关，并抄送制定机关的同级人民政府、上一级行政机关、监察机关以及规范性文件的备案机关，但是司法建议刚性不足导致行政机关时常置之不理。③ 此外，中国的宪法体制规定了多元

---

① 王必芳：《行政命令的抽象司法审查——以法国法为中心》，《中研院法学期刊》2012年第11期。
② 袁辉根：《我国规范性文件附带审查的实践检视与修正》，《山东科技大学学报（社会科学版）》2017年第4期。
③ 比如在"王某诉上海市社会保险事业基金结算管理中心不予办理提前退休手续案"中，法院经审查认为上海市人力资源和社会保障局制定的沪老保社发〔2003〕第9号《关于外省市转移进沪人员若干问题处理意见的通知》与《国务院关于工人退休、退职的暂行办法》相冲突，存在违法情形，而后向制定机关发送司法建议，并抄送上海市人民政府，但是无论是制定部门还是市政府均没有对司法建议作出回应，9号文至今仍然有效。参见徐肖东：《行政诉讼规范性文件附带审查的认知及其实现机制》，《行政法学研究》2016年第6期。再如2014年《最高人民法院公报》发布的"陈某案"中，法院认为《关于房产登记管理中加强公证的联合通知》不合法，向司法部发送了司法建议，直到2016年司法部才正式废止该联合通知。

化的规范性文件监督机制，包含人大系统的备案审查以及行政系统内部的监督等，极有可能出现法官的判断与其他监督方式之间效力认定不同的情况，从而可能引发整个法律制度处于极度不确定中，反向消解司法判决的权威性，影响法官的审查动力。

最后，附带审查规范体系不完善难以回应司法实践。依法裁判是法官的职责，"唯法律性"是司法的核心特征。然而当前规范性文件附带审查制度的法律规定不明确以及相关配套制度的缺失，无疑加剧了法官对规范性文件回避附带审查的态度。一方面，虽然《行政诉讼法》第53条、第64条以及《行诉适用解释》第145～151条框定了规范性文件附带审查的基本制度框架，但是其中蕴含了大量的不确定法律概念，这就要求法官采用多元法律解释技术予以阐释。而如果无法充分调动法官解释法律的积极性，那么这些不确定法律概念则会为法官消极行使审查权留下逃逸空间。另一方面，自规范性文件附带审查制度产生至今，存在许多争议性问题亟待立法等权威机关予以回应。比如启动要件中，对党政机关联合制定的规范性文件是否可以审查；审查标准中，对规范性文件进行程序合法的审查，可能涉及规范性文件制定过程中各类证据材料的举证，虽然《行诉适用解释》第147条规定了听取规范性文件制定机关意见等机制，[①] 但是规范性文件制定机关的法律地位与参与程序不明，不仅可能无助于问题的解决，还可能诱发新的问题；审查结果处理方面，如何提升司法建议的约束力，下级法院认定规范性文件错误或遗漏了诉讼请求时上级法院应当如何处理，等等均有待明确。虽然法官享有进行法律解释，甚至是填补法律漏洞的权力，但是也不能恣意创造，况且其依赖于法官较高的个人能力，因而基于可能引发的法律与政治风险，法官在具体案件审理中大多衍化为回避审查。[②]

[①] 《行诉适用解释》第147条规定：人民法院在对规范性文件审查过程中，发现规范性文件可能不合法的，应当听取规范性文件制定机关的意见。制定机关申请出庭陈述意见的，人民法院应当准许。行政机关未陈述意见或者未提供相关证明材料的，不能阻止人民法院对规范性文件进行审查。

[②] 王全泽法官在其文章中指出，由于缺乏具体的法律规定，对规范性文件合法性的具体审查方式等由法院自行把握，且法院对规范性文件本身并无处置权限，仅能在个案中排除适用、发送司法建议等，因此法院对规范性文件的审查没有很高的积极性。参见王全泽：《行政诉讼规范性文件一并审查制度实证分析与完善》，https://mp.weixin.qq.com/s/bKOWLdGSKvV5ZhvVqg5x-A，最后访问2022年3月14日。

二、法院科层化管理体制的反向激励

组织要素是制度能否有效实施的决定性因素,并对法官的行为产生制约效果。其中,合理的组织要素及其架构对组织成员具有正向激励功能,而不适宜的组织要素及其架构则会给组织成员带来反向激励,降低组织成员行为动机与行动能力。长期以来,法院系统科层化的管理体制对法官行为产生反向激励,由此诱发法官的回避审查行为。

具体而言,作为国家权力的重要组成部分,中国法院系统始终发挥着保障国家各个时期任务的作用,加之法院系统内部所建立的精细的层级管理体系与结构,致使法院系统内部的组织结构呈现出"科层制"的特点,这种高效率与整齐划一的科层制组织结构,为法院履行国家任务提供了组织保障。尽管新一轮司法改革的目标在于落实司法责任制,破除司法行政化,回归让审判者裁判、由裁判者负责的审判权力运行机制;但是总体而言,中国法院系统内部的科层制结构始终未发生根本改变,法官依然被划分为细密的与权力、福利、待遇相关的层级,并通过竞争上岗的方式予以激活,从而建立起自上而下以"命令-服从"为核心的控制体制。[①] 虽然法院系统破除了各种制度顽疾,但是同时也出台了法官绩效考核制度与司法责任制度等来传递组织意志与指挥法官行动,并发展成为一种隐蔽的内部控制机制。法院既要考核法官的审判数量、审判效率与审判质量,还要考核服务大局、信访投诉、司法为民等审判效果,而考核结果直接决定着法官的等级晋升、岗位调整、奖金分配等;此外,还会对法官涉嫌违反审判职责行为、违纪行为等追究相应的责任。于是在权责压力的捆绑下,产生了组织的负向激励效应,即为了应付上级的检查,避免判决被推翻、被问责,处于司法组织末梢的法官便催生了"规避风险"的思维逻辑与行为方式——"多办案、快结案"的效率导向、形式审查与结果导向的裁判思维,以此应对法院的考核与管理,进而诱发了法官回避附带审查规范性文件的行为。

一方面,法官为提升审判效率而回避审查。当前法院内部管理具有明显的效率导向,办案数量、结案率等是法官绩效考核的核心内容,法院对法官审限管理的目标也从最初的避免法官超期审案转化为鼓励法官"快结

---

① 亓晓鹏:《行政诉讼疑难案件裁判的理念与方法》,吉林大学 2019 年博士学位论文,第 143 页。

案",并在法官的奖励制度中将办案数量、结案率放置首要位置。① 由此便催生了法官"多办案、快结案"的"求快"思维。实践中,对于原告的规范性文件附带审查请求,由于附带审查规范性文件不是独立之诉,不属于一个独立的案件,法官不对其进行审查既不影响主诉具体行政行为的审查,也不会计入败诉率、认定为错案等,对法官产生否定性评价;相反法官对其进行审查,不仅不会增加法官的办案数量,而且在规范性文件合法性判断上会耗费巨大的成本,消耗法官的办案时间而影响到办案效率。因此,基于效率导向与成本-效益的考量,法官对原告的附带审查请求作出不予回应、进行形式审查等行为便顺理成章。

另一方面,法官为避免潜在的风险而回避审查。"保持基本的职业安全,不因裁判案件而被缠访、渎职查办以及问责,甚至保持良好的身体健康状态,实现职业安全,是法官对职业保障的最低程度要求。"② 实践中,法官附带审查规范性文件,不仅面临着规范性文件合法性判断妥当与否的难题,而且可能面临潜在的政策风险与社会风险,为此法官必须寻求相应的裁判进路予以自我保护。面对原告的规范性文件附带审查诉求,法官既要确保裁判行为的合法性,又要避免相关的潜在风险,形式审查无疑是较可靠、较安全的进路。法官既不需要费尽心机地阐明规则或创造规则,也不需要对所适用的规则的真理性、正当性负责。只要演绎推理的形式正确,即使得出的结论明显违背了社会的普遍价值观及合理预期,法官也可以轻易地推卸责任。③ 因此,在规范性文件的附带审查中,法官严格地依据法条裁判,最大限度地克制独立性、自主性和创造性,大多直接以"不与上位法相抵触"认定规范性文件合法,甚至面对没有直接上位法依据的规范性文件,法官仍然会以"不与上位法相抵触"为由认定规范性文件合法。

此外,为了确保治理任务的实施,避免潜在的政策风险、社会风险,对于某些具有政策权威的规范性文件法官也通常会采用后果导向的裁判思维,预设规范性文件合法,考虑法外因素,尽量避免实质性的合法性判断。因而实践中,对于党政机关联合制定的规范性文件、级别较高的国务

---

① 于龙刚:《制度与社会约束下的法官行为——以基层法院的离婚纠纷解决为经验》,《法制与社会发展》2022年第5期。

② 亓元鹏:《行政诉讼疑难案件裁判的理念与方法》,吉林大学2019年博士学位论文,第43页。

③ 孟葆玥:《权利位阶理论的司法适用研究》,吉林大学2019年硕士学位论文,第23页。

院部门制定的规范性文件、涉及地方治理政策的规范性文件、发挥填补法律漏洞功能的规范性文件等,法官往往预设了"不予受理""规范性文件合法"的结果;而对于有政策性事实支撑的规范性文件,法官更是以政策性理由代替法律论证,以"不是规范性文件""不是依据"等理由驳回原告的诉讼请求,以"不与上位法相抵触"认定规范性文件合法,并省略论证过程与裁判说理。

三、司法运行场域的外在因素制约

司法系统是"内嵌"于社会系统的子系统,因而法官所作出的裁判不可能"脱嵌"于社会系统而存在。[1] 深嵌在复杂权力关系所构成的运行场域,法官的决策是在与制度、社会的互动、博弈中完成的,法官的裁判受到权力结构和社会关系的影响,受到正式制度与非正式制度的制约,这正是实践中法官对大量法外因素进行考量而事实上代替对规范性文件进行合法性判断的根源。从"法院所嵌入的现实权力运行场域"对法官的回避审查行为进行解释,有助于呈现规范性文件附带审查过程中法官的多重考量。

第一,法院的政策实施功能促使法官考量裁判的政治效果与社会效果。从中国的政治实践视角观察,"司法的职能构造和角色安排很大程度上取决于制度设计者的现实需求与选择而非司法的自身定位"[2]。由于中国的权力体系架构非源于权力分立视角,而是建基于执政党统一领导下的相互配合机制,因此,中国法院的职能定位不仅是审判机关,而且是实现党和国家意志的政策实施机关,法院必须服从各个时期国家任务的发展需要和政治纲领。人大在评议法院工作时,亦会把法院服务于地方经济发展、社会稳定、廉政建设等情况作为重点评议内容。[3] 为此,法院不仅要实现个案正义,而且需在审判工作中贯彻国家治理意图,确保国家治理的效能,实现政治效果、法律效果、社会效果的统一。法院欲有效发挥自身职能,在外部场域中则需配合党政机关的"中心工作",与其他国家机关

---

[1] 李晓波:《司法裁决构成因素的"影响度"分析——基于三种不同制度的视角》,《法制与社会发展》2021年第2期。

[2] 陆永棣:《从立案审查到立案登记:法院在社会转型中的司法角色》,《中国法学》2016年第2期。

[3] 刘磊:《县域治理中的基层法院:体制结构与制度逻辑》,《法治现代化研究》2021年第3期。

系统有机配合，以保证政府公共政策的顺利实施。

而规范性文件本身就是一种公共政策的表达，其不只是对立法指令的落实，更是行政机关结合社会情势、规制环境、规制结构作出的对国家、地方特定时期治理任务的回应。尤其在涉及拆迁征收、社保领域的政策性规范性文件，以及发挥试点改革作用的政策试验型规范性文件中表现得就更为明显，诚如霍姆斯所言："规则是现行政策的外表皮。"[①] 于是，为了确保国家改革创新任务的顺利推行，保障公共政策、地方治理任务的完成，法官在附带审查规范性文件，特别是涉及地方公共政策的规范性文件时通常采取不予审查的态度。同时，虽然法官附带审查规范性文件的结果仅具有个案效力，无法直接宣布规范性文件违法，但是作为国家公权力机关的代表，其效力认知仍然具有"法律表达功能"，会产生间接的"外部拘束力"。如果规范性文件被认定为违法，则会影响诉讼相对人以及潜在的公共政策影响者的认知，削弱公共政策的权威，影响公共政策的执行。而如果法官之间对同一规范性文件的效力认定不一致，或者法官认定规范性文件违法，行政机关未予采纳，抑或法官的合法性判断与其他有权机关的合法性判断后果不一致，等等，不仅会导致政策认知与适用的混乱局面，侵蚀行政系统的政策统一原则，而且会面临削弱法院的权威、在政治体制中受到否定评价的风险。[②] 因此基于对政治风险与社会风险的后果考量，作为"理性人"的法官对于涉及政策性的规范性文件更倾向于不予审查、形式审查，或者直接以"不与上位法相抵触"的修辞对原告的附带审查请求予以回应，尤其当法官所审查的规范性文件不具有明确的上位法依据但具有政策性事实等权威支撑时，法官选择依据政策而替代合法性审查就顺理成章。

第二，权力结构关系促使法官回避审查权威机关制定的规范性文件。"外部关系视角将司法裁决放在政治权力结构中考虑，认为法官行为要受到制度性分权的制约。这种制约表现为，法官在裁决时必须考虑立法机关和行政机关的偏好，选择一个处在立法机关和行政机关'重叠偏好区间内'的裁决结果，否则，这项裁决就极有可能被立法机关推翻或者因丧失

[①]〔美〕科尼利厄斯·M. 克温：《规则制定——政府部门如何制定法规与政策》，姜培培、田德蓓译，上海，复旦大学出版社，2007，第 2 页。

[②] 卢超：《规范性文件附带审查的司法困境及其枢纽功能》，《比较法研究》2020 年第 3 期。

行政机关支持而出现执行障碍。"① 虽然中国没有制度性分权，但是该情形在中国的政治权力结构中同样存在，并具有自身的特殊性。其一，在中国的政法体制下，"党的领导"是一项基本的政治原则和基础规范，这便决定了党的意识形态及其政策文件具有"隐性权威"，所以法官对于党政联合制定的规范性文件采取不予审查的态度。其二，行政机关事实上的优势地位增加了法官的审判压力。行政机关与法院都由人大产生、对人大负责、受人大监督，二者应处于平等的法律地位。但是中国采用的是以行政为主导的"政府推进型"发展模式，行政机关在社会运行与国家治理中处于核心地位，尤其伴随着"行政国家"的发展，行政机关在国家治理中日益发挥主导作用，具有事实上的优势地位。虽然"依法治国"已经成为当下中国的治国方略，法院通过法律程序解决纠纷的能力在不断增强，但是司法权与行政权之间并非理想状态的制衡关系，法院作为行使国家权力的一个职权部门，时常与政府处于"同一战壕的战友"的角色并未根本性扭转。② 实践中府院联席会议、司法建议、座谈交流等方式成为法院与行政机关沟通协调的重要机制。而在法院人财物由省级统管的改革措施全面落实之前，法院依然要获取地方财政的支持。诚如汪庆华教授所言：法院的人、财、物都控制在党和政府手中，并且深深地嵌在整个党政运行体制中。它和其他部门一样都需要承担国家政权建设，并不断地利用司法的话语为政府再生产其合法性。③ 这便导致法官不愿意审查规范性文件，即使在裁判中发现规范性文件有问题，法官也表示更愿意采用与行政机关私下沟通的方式来解决问题。"在行政审判范畴之内，获得晋升机会较多的往往是服务法治政府建设成效显著的法官，与行政机关互动良好的法官，而不是严厉审查行政机关或者说如同教科书中所说保持中立的法官。"④ 尤其规范性文件的附带审查是依据行政行为来确定法院管辖的，所以存在较低级别的法官附带审查较高级别行政机关制定的规范性文件的情形（如基层法院法官附带审查国务院部委制定的规范性文件），级别的悬殊性更是增加了法官的审查压力。王庆廷法官曾针对"行政级别"这一因素对法官

---

① 李晓波：《司法裁决构成因素的"影响度"分析——基于三种不同制度的视角》，《法制与社会发展》2021年第2期。
② 章剑生：《行政诉讼中的"法"与"理"——基于〈民告官手册〉（Ⅰ-Ⅴ）提供的素材》，《公法研究》2011年第1期。
③ 汪庆华：《中国行政诉讼：多中心主义的司法》，《中外法学》2007年第5期。
④ 亓晓鹏：《行政诉讼疑难案件裁判的理念与方法》，吉林大学2019年博士论文，第149页。

的影响进行调研,在调研问卷所涉及的上海地区 40 位从事行政审判的法官中,有 24 位(占比 60%)表示在审查规范性文件时有"行政级别的顾虑,即对级别高于法院的行政机关发布的规范性文件倾向于不予审查,直接认定(其合法性)。且顾虑程度与行政级别高低呈现正相关态势,级别越高,顾虑越大"。① 由此便诱发了实践中法官附带审查行为的异化,尤其是对高级别行政机关制定的规范性文件回避审查。

第三节　规范性文件附带审查制度运行实效的提升路径

基于前文的分析,当前规范性文件附带审查制度呈现出"启动率低、违法认定率低"的运行现状,存在法官回避附带审查规范性文件的运行实效困境,是规范性文件附带审查模式的制度局限、法院管理体制、司法运行场域的外在因素等多重因素叠加的结果。在全面推进依法治国的语境下,激发法官的审查动力,让规范性文件附带审查制度真正地运转起来,无疑是化解规范性文件附带审查制度运行实效困境、实现该制度设立目的的关键。

一、遵循法律规范主义的进路调试法官裁判思维

规范性文件附带审查模式的制度局限为法官回避附带审查提供了逃逸空间,然而可以预见的是,在近期立法机关不会通过修法方式来改变既有制度框架,这便需要调试法官的裁判思维予以改善。与司法实践中法官不予回应与回避合法性判断的思维进路不同,规范主义的裁判思维,一方面,要求法官应受法律规范的拘束,遵循以法律适用为核心的法治模式,这是确保法的安定性与可预期性、促使司法保持中立、限制法官恣意的关键;另一方面,应当承认,"行政审判中法外因素和效果对于裁判结果有着不可能且不应该抹去的影响,但是这样的影响应当被吸纳到作为过程的司法制度之中,并且应当被规整到规范框架之内"②。这种规范主义的裁判思维,既要遵循依法裁判的逻辑前提,又需合理地运用各种法律方法与

---

① 王庆廷:《隐形的"法律"——行政诉讼中其他规范性文件的异化及其矫正》,《现代法学》2011 年第 2 期。

② 谭清值:《公共政策决定的司法审查》,《清华法学》2017 年第 1 期,第 200 页。

司法技巧,弥补法律规范的不完善,回应社会实践,解决规范性文件附带审查制度的运行实效困境,促进制度的完善与实施。

首先,遵循规范性文件附带审查制度的规范框架积极履行审查义务。依法裁判是现代司法的核心,因而为实现保障公民权利的司法职责,法官应当忠于法律,履行法律所确定的义务,不得回避附带审查规范性文件,这是维护法律权威、确保法律可预测性的关键,是实现"规则之治"美好法治愿景的前提。同时对于法院而言,司法功能的发挥以及相关强度,取决于司法的制度竞争力。① 面对当前司法的制度竞争力相对羸弱甚至影响司法职能履行的现象,规范性文件附带审查制度的设立,能够弥补规范性文件立法监督、行政监督方式的不足,并通过司法建议助推行政机关依法行政,与行政机关形成良好的伙伴关系,从而有助于提升自身的制度竞争力。因此,法官应当转变理念,不得采用司法技术回避审查,如此才能在避免走向法律虚无主义的同时,提升自身的制度竞争力。

其次,通过自觉运用方法论避免形式审查。规范主义的裁判思维不是死抠法律条文的字面含义,僵化地执行法律规定,而是秉持方法论的自觉,合理地运用各种解释方法与技巧,在规范文本与价值判断之间建立起内在意义的勾连。因此,在规范性文件的附带审查中,法官要兼顾法律的内在价值体系与社会效果,尤为注重目的解释与体系解释方法的运用。目的解释与体系解释方法能让法官摆脱狭隘孤立的视野,在关注形式化的外部秩序体系所构造的不同法条之间的逻辑关系的同时,结合实质性的内部秩序体系,通过考量规范性文件附带审查制度所要实现的制度目的与保护的实质价值在整个法秩序中的位置,实现整体法秩序的融贯性要求。②

具体而言,"从源头解决纠纷、弥补既有规范性文件监督制度的不足、保障公民权利"③,是规范性文件附带审查制度的核心立法目的,以上述立法目的为指引,法官对于原告的附带审查请求应采取相对"宽松"的解

---

① 制度竞争意味着在制度体系中提供了一种具有现实性的替代机制,任何一种制度都已经失去了在某一经济或者社会领域中的绝对控制权,某一制度的存在及其实际控制领域仅仅取决于该项制度的生命力,取决于制度优势的对比。参见李厚廷:《制度竞争的制度变革动力效应》,《兰州学刊》2006年第8期。

② 劳东燕:《法条主义与刑法解释中的实质判断》,《华东政法大学学报》2017年第6期。

③ 根据相关立法资料,规范性文件附带审查制度设立的目的在于:规范性文件与行政行为密不可分。"在实践中不少规范性文件是行政行为的依据和源头,要纠正违法和不当的行政行为,有必要正本清源,从源头开始审查和纠正。"全国人大常委会法制工作委员会行政法室:《中华人民共和国行政诉讼法解读》,北京,中国法制出版社,2014,第145页。

释立场，从而让更多的规范性文件纳入审查范围。因此，在面对规范性文件的附带审查请求时，法官应注意以下几点：对于"规范性文件"的认定不能局限于形式，而应进行个案判断，其中"效力外化"的内部文件、行政机关与非行政机关针对行政事务共同制定的规范性文件均应纳入审查范围。为防止行政机关规避司法审查而隐匿行政行为所适用的规范性文件，对于"依据"的认定，不仅应包括"显性依据"，即行政决定书中明示的规范性文件，而且应包括"隐性依据"，即行政机关在作出行政行为时没有明示，其是行政机关在答辩或法庭调查中提出的行政行为所依据的规范性文件。在诉讼请求的明确性方面，对于原告指明所需附带审查的规范性文件名称但是没有明确具体审查条款的，应当行使释明权，而非驳回诉讼请求。

在规范性文件的合法性判断中，《行诉适用解释》第 148 条规定了从主体要件、内容要件、程序要件三个维度进行全面的实质合法性审查。其一，主体合法审查核心在于审查制定主体是否具有职权来源，是否超越法律法规规章的授权范围。其二，内容合法审查核心在于审查规范性文件是否与上位法相抵触，其中的"上位法"并非封闭的体系，而包含由法律规则构成的外部秩序体系与由法律原则、价值等构成的内部秩序体系。法官不仅要审查规范性文件的合法性，还要审查规范性文件的合理性。对于没有明确上位法依据的规范性文件，法官可以从是否违反法律原则、违反立法目的等维度进行审查，而非放弃司法论证义务直接以"不违反上位法"认定合法。其三，程序合法审查核心在于平衡程序公正与效率价值，由于规范性文件制定程序的审查涉及规范性文件制定过程中各类证据材料的举证，为了降低法官的沟通协调成本，尤其是当被诉行政机关与制定机关不一致时，在程序合法的审查中应只审查法定批准程序、公开发布程序等严重程序违法情形，并完善规范性文件制定机关出庭等相关配套制度。

最后，经由法律论证实现法外因素的合理化考量。应当承认，法外因素虽然对规范性文件的附带审查具有不可忽视的影响，但是必须经由法定途径引入司法裁判的框架中才符合法治国家的基本原则与要求。因此，当法官对公共政策、制定机关权威等法外因素进行后果考量时，一方面必须立足于法教义学的解释立场，对法外因素进行分析和评价，从而使对法外因素的考量符合法治原则与精神；另一方面必须恰当地运用法律解释方法，将法外因素进行"转译"而整合进司法裁判之中，将法外因素等后果考量作为对法律解释的补强论证方式或矫正论证方式，而不能超越法律解释径行作出后果考量。① 同时，法官应通过内部证成与外部证成的方式进行说理论证，实现法官附带审查规范性文件的可接受性。由此促使法官将裁判行为始终向外部开放，回应社会改革的目标与要求，确保法律体系的动态开放性，并根据社会发展的需要而不断自我发展、自我更新。

二、借助司法管理体制的改革构造法官激励制度

法院的组织管理方式影响着法官的行为模式与制度的运行。当前科层化司法管理体制侧重采取控制、问责等行政化的管理方式来影响法官的行为模式，致使法官在权责压力捆绑下催生"避责"的思维逻辑与行为方式，从而采用多种方式回避对规范性文件的附带审查，引发运行实效困境。为此，法院需要通过持续性的司法改革改变行政化的组织结构，转变"弱激励、强监督"的内部管理方式，实现激励与监督相平衡，激发法官附带审查规范性文件的动力，提升附带审查制度的运行实效。

一是破解体制性障碍，改善法官行为策略。自党的十八届三中全会召开以及《人民法院第四个五年改革纲要（2014~2018）》发布以来，法院进行了一系列的"去行政化"改革，以破解体制性障碍和制约法官独立审判的深层次问题，形成以审判权力运行为中心的组织结构，逐步实现审判权力下沉。虽然取得了一定成效，但是"隐性"的行政化方式依然存在，上级法院以及各种法官考核制度等在很大程度上依然影响着法官的行为策略。为应对体制内的各种压力，法官看似在附带审查规范性文件，事实上却呈现出一种僵化地理解、解释与适用法律的现象，进而倾向于回避适用规范性文件附带审查制度。为此，一方面应当持续推进法院的"去行政化"改革，破除制约司法改革的体制性障碍，避免司法改革内卷化的风险，② 理顺司法管理权服务于司法审判权的关系，真正实现"以庭审为中心"的司法改革目标，保障法官敢于审查、愿意审查规范性文件；另一方面应当平衡司法公正与司法效率的关系，改变当前各种法官考核制度侧重审判数量、审判效率的面貌，提升法官实质性纠纷解决等权重比例，以规制法官为"求快"而诱

---

① 王彬：《司法决策中的效用考量及其偏差控制》，《暨南学报（哲学社会科学版）》2020年第8期。

② 所谓的"司法改革内卷化风险"是指受制于一系列主客观因素，中国司法改革往往只能在既定框架下，对原有问题进行审时度势、持续不断的修正；尽管改革在相关领域取得显著的成效，却难以完全实现去地方化、去行政化和职业化等司法现代化转型的预期目标；从一个长周期看，相似改革在周期循环中"内卷优化"，改革因成效不均衡而无法全面深化。参见王禄生：《我国司法改革的内卷化风险及其治理》，《法商研究》2022年第3期。

发的各种避责策略，从而推动法官对规范性文件合法性的实质审查。

二是明确审判责任体系，推动法官积极履职。当前"法官责任"类型不清导致了法官问责标准的模糊化与扩大化，除了审判责任之外，亦存在社会责任、组织纪律责任、党风廉政责任、司法伦理责任等多重责任，导致法官在裁判过程中不得不考量法律之外的多重因素，从而诱发了法官的"避险"心理，滋生了后果主义考量。因此，一方面应当明确以"审判责任"为核心的法官责任体系，将法官的审判责任同其他责任类型相区隔，尤其要将它从社会责任中剥离和独立出来，① 避免过多地将审判责任之外的其他责任加之于法官身上，实质性地减轻法官心理压力与行为负担，让法官回归以审判为核心的角色定位；另一方面应当客观评价法官的审判行为，对于法官应当回应原告附带审查请求而不予回应、采用形式审查阻却实质性审查等行为，给予否定性评价，促使法官真正地履行附带审查规范性文件的审判责任，提升审判质效。

三是通过激励机制提升法官附带审查的动力。归根结底，判决是由法官作出的，司法是一种基于实践理性和技艺的高度智识化、个体化的决策模式，因而需要通过制度设计激励法官积极作出裁判。区别于行政行为的审查，一方面从审查内容来看，规范性文件的附带审查需要法官检索更为广泛的法律文本，进行多元利益衡量，实践中法官坦言，附带审查规范性文件会耗费更多的精力与时间；另一方面从审查数量来看，在规范性文件的附带审查案件中，法官既需要审查主诉行政行为的合法性，又需要对规范性文件的合法性进行判断，因此可以通过激励机制来提升审查动力，比如将规范性文件附带审查的案件视为两个等。而在法院去行政化、组织日益扁平化的未来发展趋势中，个人的声誉将日益成为彰显法官能力与认可度的关键标识。因此应继续推进裁判文书公开与法官署名制度，引导法官通过翔实的、具有说服力的论证说理来提升裁判文书的沟通理性，以及通过遴选规范性文件附带审查的优秀案例为指导性案例，② 激励法官积极进行审查。

三、通过国家权力结构的优化改善法官审判环境

权力体系中法院的困窘局面制约了法官的审判行为，因而相较于裁判

---

① 方乐：《法官责任制度的司法化改造》，《法学》2019 年第 2 期。
② 根据《〈关于案例指导工作的规定〉实施细则》第 14 条规定："各级人民法院对于案例指导工作中做出突出成绩的单位和个人，应当依照《中华人民共和国法官法》等规定给予奖励。"

技术的优化与持续的司法改革，只有改变制约法官审判的外部环境，优化整个诉讼制度甚至国家权力结构的构造，才能促使法官不过多地考量法外因素，积极地附带审查规范性文件，提升附带审查制度的运行实效。

首先，党政机关应当支持与维护法院参与国家治理的方式与运行逻辑。主导政治力量对司法的认知与态度将直接影响司法制度的构造，决定社会公众对司法的认知，并对司法权威的树立以及司法公信力的形成产生重要影响。① 在当代中国的权力结构与现实语境中，主导政治力量突出表现为地方党政机关对法院以及法官附带审查行为的尊重与支持。不可否认，作为国家权力体系的一部分，法院需要与其他治理主体协作以完成国家治理任务。各国法院除具有纠纷解决功能外，均具有政策实施功能，但是从权能属性与运行逻辑来看，法院是对冲突的事实与诉求进行判断和处断的，具有中立性、被动性、亲历性，因而定分止争、利益平衡应当是法院参与国家治理的核心场域，法院应当从专业性的技术层面诠释和实践政治需求，通过制度化、程序化的方式参与国家治理、实施公共政策。故此，党政机关必须尊重法院的职权特征与运行逻辑，支持和维护法院在宪法框架中的地位。从宏观上看，社会的发展固然需要行政的强力推行，但也需要社会政策与社会利益的调节与平衡以及社会关系的稳定，这是法院的功能。如果法院没有起码的独立功能，不能发挥调解与平衡的作用，对执政党、国家和人民的全局利益和长远利益是有害无益的。② 因此，为实现法治政府建设目标以及法治中国的宏伟蓝图，地方党政机关必须转变理念，尊重法院参与国家治理、实施公共政策的方式，协助与支持法官附带审查规范性文件。

其次，行政机关通过行政自制制度与规范性文件附带审查制度相衔接。作为附带审查行为的对象，行政机关对法官附带审查规范性文件的态度至关重要。对于行政机关而言，虽然完成行政任务具有优先性，但是法治政府建设的地位同样重要，个案败诉将影响被诉行政机关的执法权威与执法声誉，行政机关需要不断地利用司法的话语为政府再生产其合法性。③ 长久以来，推进规范性文件的合法性一直是法治政府建设的难题，行政系统内部的备案审查等自我规制制度一直存在正当性不足、动力不足

---

① 顾培东：《当代中国司法生态及其改善》，《法学研究》2016 年第 2 期。
② 龙宗智、袁坚：《深化改革背景下对司法行政化的遏制》，《法学研究》2014 年第 1 期。
③ 汪庆华：《中国行政诉讼：多中心主义的司法》，《中外法学》2007 年第 5 期。

的窘境，严重影响了政府权威；加之规范性文件本质属于行政决策，其背后隐藏着多元主体的价值偏好与利益博弈，如何确保其获得民众认同、提高执行效率、减少后续管理成本也尤为关键。而法官对规范性文件进行附带审查能够精准瞄定到规范性文件的具体争议条款与事项，有助于解决行政自制模式聚焦不足与议题宽泛的问题，① 助力法治政府建设，提升政府权威。因而行政机关需要认真对待规范性文件附带审查制度，并通过制度构造实现行政自制制度与规范性文件附带审查制度的有机衔接。在具体的方式上，一方面当法官认为规范性文件可能不合法时，规范性文件制定机关应出庭陈述意见或提供相关书面材料，辅助审查；另一方面行政机关应当对法官的司法审查结果给予应有的尊重，采纳法院出具的司法建议，对违法规范性文件进行修改与废止等。面对当前规范性文件制定机关不采纳司法建议而导致的被法官认定为不合法的规范性文件继续存在于法秩序中的现象，可以基于行政自制的科层压力推动司法建议的落实，比如将对司法建议的反馈落实情况纳入各政府部门法治政府建设的考核范畴等。

最后，有权机关"高位推动"规范性文件附带审查制度的落实。嵌入党政体制中的司法机关直接约束行政机关的制度权威不足，横向司法约束常常需要通过纵向政治约束发挥作用，从而推动地方政府作出积极的法治回应。② 面对规范性文件制定机关不回应司法建议而影响法官审查动力的问题，除了与行政自制制度相衔接，借助更高科层权威的政治压力推进行政机关落实司法建议，是提升规范性文件附带审查制度实效、改变法官回避审查姿态的另一条路径。《行诉适用解释》第 149 条规定，作出生效裁判的人民法院向规范性文件制定机关提出的处理建议，可以抄送"制定机关的同级人民政府、上一级行政机关"和"监察机关以及规范性文件的备案机关"。上述机关对规范性文件的制定机关具有监督职责，会给被建议的规范性文件制定机关造成较大压力，促使其采取相应措施来回应法官的司法建议。这种抄送方式能够实现对各个部门之间的组织、动员和整合，彰显了立法者试图不断地吸纳、扩充新的机构变量，来提升法院对于规范性文件合法性判断的实际拘束效果。③ 为此，上一级行政机关、监察机

---

① 卢超：《规范性文件附带审查的司法困境及其枢纽功能》，《比较法研究》2020 年第 3 期。
② 向淼、郁建兴：《司法如何影响政策过程？——基于对地方政府中心工作的案例比较分析》，《公共行政评论》2022 年第 2 期。
③ 卢超：《规范性文件附带审查的司法困境及其枢纽功能》，《比较法研究》2020 年第 3 期。

关、备案机关等应当充分发挥制度权威，监督规范性文件制定机关积极地对法官的司法建议予以回应，高位推动规范性文件附带审查制度的落实，提升附带审查的权威效力与制度竞争力。

结　语

　　规范性文件的法治化一直是中国全面推进依法治国的核心议题。2014年《行政诉讼法》第53条所创设的规范性文件附带审查制度是《行政诉讼法》的修改亮点之一，承载着监督规范性文件、从源头解决纠纷、保障公民权利之目的，亦具有与其他规范性文件监督制度相衔接，推进规范性文件立体化治理的功能。

　　制度层面上，规范性文件附带审查制度是指法院采用附带审查方式对规范性文件进行审查的制度，即公民、法人和其他组织不可直接对规范性文件提起诉讼，仅可以在对行政行为提起诉讼时，附带对行政行为所依据的规范性文件提出审查请求。规范性文件附带审查制度的本质是司法权对行政权的监督，同时亦需适度尊重行政机关的规范制定权，兼顾中国行政法治实践中司法权与行政权之间所形成的良性互动关系，因而协调好司法权与行政权的关系是该制度运行的核心理念。规范性文件附带审查制度的确立，是由《行政诉讼法》以"行政行为"为审查对象的审查体系、具体行政行为与抽象行政行为分离的行政法治传统，以及法院的司法属性与两造对立的诉讼构造等所决定的。而这也滋生了制度难题：法院在附带审查规范性文件时，如何实现审查逻辑从"行为审查"到"规范审查"的调试，以避免制度的龃龉，进而建立起契合规范性文件属性的"规范审查"制度。结合行政诉讼制度体系，规范性文件附带审查制度具有保障公民权利、维护法秩序统一的直接功能，以及拓展《行政诉讼法》审查体系与行政诉讼制度的间接功能，不仅有助于拓展行政诉讼审查类型与行政诉讼结构，而且有助于提升行政诉讼制度的监督功能与纠纷解决功能，提升法院的地位与制度竞争力。

　　规范层面上，规范性文件附带审查制度规定在《行政诉讼法》第53条、第64条，以及2018年《行诉适用解释》第145条至151条，由此构造出规范性文件附带审查制度体系，主要包括启动要件、审查标准、结果处理三部分。

其一，启动要件部分，中国采用"附带审查模式"，其中：对规范性文件的识别，应当以"对象的不确定性"为核心区别于具体行政行为，以外部性标准排除内部文件，以程序性标准区别于行政规章；在此基础上，结合《行政诉讼法》第53条，对规范性文件的制定主体进行限定，包括国务院部门和地方人民政府及其部门、法律法规规章授权组织、联合制定机关等。对依据要件的判断，可以采用形式判断标准与实质判断标准；同时应当采用相对宽松的解释，即行政行为的任一环节，只要依据了规范性文件，该规范性文件就属于法院附带审查的范围。此外，规范性文件附带审查的启动还应符合程序性要件的要求，比如原告与第三人都是适格的请求主体，原则上应当在一审开庭前提出审查请求，有正当理由的，可以于法庭调查中提出；请求人应当明确地表明所要求附带审查的规范性文件条款，但是如果请求人仅指明所需附带审查的规范性文件，而没有指明审查的具体条款，法院应当行使释明权，而非直接拒绝请求人的附带审查请求；同时对于请求人在庭审过程中变更所需附带审查的规范性文件条款，法院应当根据具体情况区分对待。

其二，审查标准部分，对规范性文件的"合法性审查"应当采用"实质合法性"审查的解释，即形式合法与明显不合理，并应从主体要件、内容要件、程序要件三个要件展开审查。首先，主体要件审查，核心在于"不得超越职权"，具体主要从职权来源合法、不得超越事项管辖权、不得超越规范管辖权等维度进行审查。其次，内容要件审查，不仅应当审查规范性文件的合法性，还应当审查规范性文件的合理性。前者主要表现为不得与上位法条文所构成的外部秩序相抵触，即"不得与上位法相抵触"，包含构成要件的抵触、法律后果的抵触；后者主要表现为不得违反由法律原则、立法目的、公共政策等构成的内部秩序，即"不得明显不合理"。最后，程序要件审查，基于程序正义与效率价值的平衡，结合规范性文件涉及面广、利害关系复杂的特点，以及参考其他国家经验，只有达到程序严重违法的程度才能认定为违法，应集中于"批准类程序""公开发布类程序""公众与有关机关参与类程序"进行审查。

其三，结果处理部分，结合附带审查制度的特点、判决拘束力范围，以及中国法治框架中法院并不具有对规范性文件撤销或改变权力等因素，规范性文件附带审查结果应仅具有个案效力。对此，可以运用司法建议向外部拓展审查结果的效力，借助行政自制与外部力量促进司法建议的落实，建立与其他监督方式之间的衔接机制。同时，亦应建立法院系统内部的信息共享平台与审查结果备案机制，运用指导案例、典型案例等统一裁判思维与裁判方法，完善审级监督与再审监督程序，明晰附带审查结果的监督机制。

　　事实层面上，通过对规范性文件附带审查制度的运行实效进行考察，发现当前规范性文件附带审查制度在司法实践中呈现出一种"启动率低、违法认定率低"的运行样态，法官倾向于采用不予审查、形式审查阻却实质审查、诉诸法外因素替代合法性审查等行为模式回避对规范性文件的附带审查，引发实效困境。究其原因，规范性文件附带审查制度的局限，为法官的回避审查行为提供了逃逸空间；法院的科层化管理体制对法官产生了反向激励，催生了法官为了提升审判效率、避免潜在风险而回避审查的思维逻辑与行为方式。与此同时，法院的政策实施功能、政法体制下党的领导、行政机关的强势地位等所形成的复杂权力场域，促使法官大量考量法外因素，加剧了法官的回避审查行为。面对上述困境，在思维方式上，应遵循规范性文件附带审查制度的规范框架积极履行审判义务，通过自觉运用方法论避免形式审查，经由法律论证实现法外因素的合理化考量。在体制机制上，应持续推进司法管理体制改革，明确审判责任体系，破除影响法官积极履职的体制性障碍，并通过激励机制激发法官附带审查的动力。与此同时，需要依赖于国家权力结构的优化来改善法官审判环境，即主导政治力量应当支持与维护法院参与国家治理的方式与运行逻辑，行政机关则需通过行政自制与规范性文件附带审查制度相衔接，并借由有权机关的高位推动，共同推进附带审查制度的落实。

参考文献

（一）中文著作

1. 章剑生：《现代行政法总论》，北京，法律出版社，2014。
2. 章剑生：《现代行政法基本理论》，北京，法律出版社，2014，第2版。
3. 袁勇：《规范性文件的司法附带审查》，北京，人民出版社，2022。
4. 王春业：《实证视角下规范性文件一并审查制度研究》，北京，中国政法大学出版社，2019。
5. 王贵松：《行政裁量的构造与审查》，北京，中国人民大学出版社，2016。
6. 赵宏：《行政法学的主观法体系》，北京，中国法制出版社，2021。
7. 王名扬：《法国行政法》，北京，北京大学出版社，2016。
8. 王名扬：《美国行政法（上下）》，北京，北京大学出版社，2016。
9. 翁岳生：《行政法》，北京，中国法制出版社，2009。
10. 黄舒芃：《行政命令》，台北，三民书局，2011。
11. 黄舒芃：《框架秩序下的国家权力——公法学论文集》，台北，新学林出版股份有限公司，2013。
12. 王万华：《行政程序法研究》，北京，中国法制出版社，2000。
13. 王锡锌：《公众参与和行政过程——一个理念和制度分析的框架》，北京，中国民主法制出版社，2007。
14. 胡锦光、韩大元：《中国宪法》，北京，法律出版社，2004。
15. 穆美丽：《行政规范性文件司法审查的制度建构——以司法审查强度为论域》，北京，中国政法大学出版社，2021。
16. 俞祺：《行政规则的司法审查强度——基于法律效力的区分》，北京，法律出版社，2018。
17. 郑春燕：《现代行政中的裁量及其规制》，北京，法律出版社，2015。

18. 张光宏：《抽象行政行为的司法审查研究》，北京，人民法院出版社，2008。

19. 周旺生：《立法学》，北京，法律出版社，2009。

20. 何海波：《行政诉讼法》，北京，法律出版社，2022，第3版。

21. 叶必丰：《行政行为原理》，北京，商务印书馆，2014。

22. 黄茂荣：《法律方法与现代民法》，北京，中国政法大学出版社，2001。

23. 李建良：《行政法基本十讲》，台北，元照出版社，2012。

24. 吴庚：《行政法之理论与实用》，北京，中国人民大学出版社，2005，增订第8版。

25. 陈弘毅：《法治、启蒙与现代法的精神》，北京，中国政法大学出版社，1999。

26. 陈新民：《行政法学总论》，台北，三民书局，2000。

27. 薛刚凌等：《法治国家与行政诉讼——中国行政诉讼制度基本问题研究》，北京，人民出版社，2015。

28. 董书萍：《法律适用规则研究》，北京，中国人民公安大学出版社，2012。

29. 顾建亚：《行政法律规范冲突的适用规则研究》，杭州，浙江大学出版社，2010。

30. 杨伟东：《行政行为司法审查强度研究——行政审判权纵向范围分析》，北京，中国人民大学出版社，2003。

31. 王珉灿：《行政法概要》，北京，法律出版社，1983。

32. 王振宇：《行政诉讼制度研究》，北京，中国人民大学出版社，2012。

33. 王夏昊：《法律规则与法律原则的抵触之解决——以阿列克西的理论为线索》，北京，中国政法大学出版社，2009。

34. 信春鹰：《中华人民共和国行政诉讼法释义》，北京，法律出版社，2014。

35. 何海波：《实质法治：寻求行政判决的合法性》，北京，法律出版社，2009。

36. 王莉君：《法律规范研究》，北京，法律出版社，2012。

37. 林来梵：《宪法学讲义》，北京，法律出版社，2015。

38. 林来梵：《宪法审查的原理与技术》，北京，法律出版社，2009。

39. 王振民：《中国违宪审查制度》，北京，中国政法大学出版社，2004。

40. 最高人民法院《行政诉讼法》培训班：《行政诉讼法专题讲座》，北京，人民法院出版社，1989。

41. 张越：《行政复议法学》，北京，中国法制出版社，2007。

42. 张文显：《法哲学范畴研究》，北京，中国政法大学出版社，2001。

43. 张树义：《寻求行政诉讼制度发展的良性循环》，北京，中国政法大学出版社，2000。

44. 张国庆：《现代公共政策》，北京，北京大学出版社，1997。

45. 梁凤云：《新行政诉讼法讲义》，北京，人民法院出版社，2015。

46. 李广宇：《新行政诉讼法逐条注释》，北京，法律出版社，2015。

47. 全国人大常委会法制工作委员会行政法室：《中华人民共和国行政诉讼法解读》，北京，中国法制出版社，2014。

48. 罗传贤：《立法程序与技术》，台北，五南图书出版股份有限公司，2014。

49. 姜明安：《行政法与行政诉讼法》，北京，中国法制出版社，2015，第6版。

50. 江必新、邵长茂：《新〈行政诉讼法〉修改条文理解与适用》，北京，中国法制出版社，2015。

51. 江必新：《中华人民共和国行政诉讼法理解适用与实务指南》，北京，中国法制出版社，2015。

52. 杨海坤：《跨入21世纪的中国行政法学》，北京，中国人事出版社，2000。

53. 杨临萍：《中国司法审查若干前沿问题》，北京，人民法院出版社，2006。

54. 胡建淼：《行政法学》，北京，法律出版社，2015。

55. 应松年：《行政法学新论》，北京，中国方正出版社，1998。

56. 应松年、杨小君：《法定行政程序实证研究》，北京，国家行政学院出版社，2005。

57. 孔祥俊：《法律解释方法与判解研究》，北京，人民法院出版社，2004。

58. 杨仁寿：《法学方法论》，北京，中国政法大学出版社，2012。

59. 蒋红珍：《论比例原则——政府规制工具选择的司法评价》，北京，法律出版社，2010。

60. 陈新民：《德国公法学基础理论》，济南，山东人民出版社，2001。

61. 徐梅：《日本的规制改革》，北京，中国经济出版社，2003。

62. 莫纪宏：《违宪审查的理论与实践》，北京，法律出版社，2006。

63. 江利红：《行政过程论研究——行政法学理论的变革与重构》，北京，中国政法大学出版社，2012。

64. 余凌云：《行政自由裁量论》，北京，中国人民公安大学出版社，2013。

65. 余凌云：《行政法讲义》，北京，清华大学出版社，2010。

66. 杨日然：《法理学》，台北，三民书局，2005。

67. 张志铭：《法律解释操作分析》，北京，中国政法大学出版社，1999。

68. 张志铭：《法律解释学》，北京，中国人民大学出版社，2015。

69. 吴从周：《概念法学、利益法学与价值法学》，北京，中国法制出版社，2011。

70. 孙华璞：《裁判文书如何说理——以判决说理促进司法公开、公正和公信》，北京，北京大学出版社，2016。

71. 舒国滢：《法学的知识谱系》，北京，商务印书馆，2020。

72. 陈运生：《法律冲突解决的进路与方法》，北京，中国政法大学出版社，2017。

73. 陈林林：《法律方法比较研究——以法律解释为基点的考察》，杭州，浙江大学出版社，2014。

74. 曹茂君：《西方法学方法论》，北京，法律出版社，2012。

75. 董嗥：《法律冲突论》，北京，商务印书馆，2013。

76. 范凯文：《裁判理由的发现与证立》，北京，中国政法大学出版社，2018。

77. 高尚：《德国判例使用方法研究》，北京，法律出版社，2019。

78. 郭华成：《法律解释比较研究》，北京，中国人民大学出版社，1993。

79. 顾祝轩：《体系概念史：欧洲民法典编纂何以可能》，北京，法律出版社,2019。

80. 黄茂荣:《法学方法与现代民法》,北京,中国政法大学出版社,2001。

81. 黄建辉:《法律阐释论》,台北,新学林出版股份有限公司,2000。

82. 黄卉:《法学通说与法学方法》,北京,中国法制出版社,2015。

83. 艾佳慧:《社会变迁中的人事管理——一种信息和知识视角》,北京,北京大学出版社,2008。

84. 汪汉斌:《行政判决的既判力研究》,北京,法律出版社,2009。

85. 应松年、杨小君:《法定行政程序实证研究》,北京,国家行政学院出版社,2005。

(二) 中文译著

1. 〔德〕奥托·迈耶:《德国行政法》,刘飞译,北京,商务印书馆,2021。

2. 〔德〕米歇尔·施托莱斯:《德国公法史:国家法学说与行政学(1800—1914)》,雷勇译,桂林,广西师范大学出版社,2021。

3. 〔德〕哈特穆特·毛雷尔:《行政法学总论》,高家伟译,北京,法律出版社,2000。

4. 〔德〕K.茨威格特、H.克茨:《比较法总论》,潘汉典等译,北京,法律出版社,2003。

5. 〔德〕罗尔夫·旺克:《法律解释》,蒋毅等译,北京,北京大学出版社,2020。

6. 〔德〕拉伦茨:《法学方法论》,陈爱娥译,北京,商务印书馆,2003。

7. 〔德〕卡尔·恩吉施:《法律思维导论》,郑永流译,北京,法律出版社,2004。

8. 〔德〕英格博格·普珀:《法学思维小学堂——法律人的6堂思维训练课》,蔡圣伟译,北京,北京大学出版社,2011。

9. 〔德〕弗里德赫尔穆·胡芬:《行政诉讼法》,莫光华译,北京,法律出版社,2003。

10. 〔美〕皮特·L.施特劳斯:《美国的行政司法》,徐晨译,北京,商务印书馆,2021。

11. 〔美〕米尔伊安·R.达玛什卡:《司法和国家权力的多种面孔:比较视野中的法律程序》,郑戈译,北京,中国政法大学出版社,2015。

12. 〔德〕平特纳:《德国普通行政法》,朱林译,北京,中国政法大学出版社，1999。

13. 〔德〕汉斯·J. 沃尔夫等：《行政法》（第一卷），高家伟译，北京，商务印书馆，2002。

14. 〔荷〕勒内·J. G. H. 西尔登等：《欧美比较行政法》，伏创宇等译，北京，中国人民大学出版社，2013。

15. 〔德〕古斯塔夫·拉德布鲁赫：《法律智慧警句集》，舒国滢译，北京，中国法制出版社，2001。

16. 〔德〕N. 霍恩：《法律科学与法哲学导论》，罗莉译，北京，法律出版社，2005。

17. 〔德〕考夫曼：《类推与"事物本质"——兼论类型理论》，吴从周译，台北，学林文化事业有限公司，1999。

18. 〔美〕理查德·J. 皮尔斯：《行政法》（第五版），苏苗罕译，北京，中国人民大学出版社，2016。

19. 〔美〕安东宁·斯卡利亚：《联邦法院如何解释法律》，蒋惠岭等译，北京，中国法制出版社，2017。

20. 〔美〕凯斯·R. 桑斯坦：《权利革命之后：重塑规制国》，钟瑞华译，北京，中国人民大学出版社，2008。

21. 〔美〕安德瑞·马默：《解释与法律理论》，程朝阳译，北京，中国政法大学出版社，2012。

22. 〔美〕罗斯科·庞德：《法律史解释》，邓正来译，北京，中国法制出版社，2003。

23. 〔美〕肯尼思·F. 沃伦：《政治体制中的行政法》，王丛虎等译，北京，中国人民大学出版社，1999。

24. 〔美〕理查德·B. 斯图尔特：《美国行政法的重构》，沈岿译，北京，商务印书馆，2002。

25. 〔美〕博登海默：《法理学——法律哲学和方法》，张智仁译，上海，上海人民出版社，1992。

26. 〔美〕朱迪斯·N. 施克莱：《守法主义：法、道德和政治审判》，彭亚楠译，北京，中国政法大学出版社，2005。

27. 〔美〕P. 诺内特、P. 塞尔兹尼克：《转变中的法律与社会》，张志铭译，北京，中国政法大学出版社，1994。

28. 〔美〕P. S. 阿蒂亚、R. S. 萨默斯：《英美法中的形式与实质》，金敏、陈林林等译，北京，中国政法大学出版社，2005。

29. 〔美〕布莱恩·比克斯：《法律、语言与法律的确定性》，邱昭继译，北京，法律出版社，2007。

30. 〔美〕布雷恩·Z. 塔玛纳哈：《论法治》，李桂林译，武汉，武汉大学出版社，2010。

31. 〔瑞典〕亚历山大·佩岑尼克：《法律科学：作为法律知识和法律渊源的法律学说》，桂晓伟译，武汉，武汉大学出版社，2009。

32. 〔以〕巴拉克：《民主国家的法官》，毕洪海译，北京，法律出版社，2011。

33. 〔英〕韦德：《行政法》，徐炳译，北京，中国大百科全书出版社，1997。

34. 〔英〕戴维·M. 沃克：《牛津法律大辞典》，北京社会与科技发展研究所组织翻译，北京，光明日报出版社，1988。

35. 〔英〕迈克尔·赞德：《英国法：议会立法、法条解释、先例原则及法律改革》，江辉译，北京，中国法制出版社，2014。

36. 〔意〕奈尔肯、〔英〕菲斯特：《法律移植与法律文化》，高鸿钧等译，北京，清华大学出版社，2006。

37. 〔日〕原田尚彦：《诉的利益》，石龙潭译，北京，中国政法大学出版社，2014。

38. 〔日〕盐野宏：《行政法》，杨建顺译，北京，法律出版社，1999。

39. 〔日〕南博方：《日本行政法》，杨建顺等译，北京，中国人民大学出版社，1988。

40. 〔日〕小早川光郎：《行政诉讼的构造分析》，王天华译，北京，中国政法大学出版社，2014。

41. 〔奥〕凯尔森：《纯粹法理论》，张书友译，北京，中国法制出版社，2008。

（三）中文期刊

1. 何海波：《论法院对规范性文件的附带审查》，《中国法学》2021第3期。

2. 戴杕：《论规范性文件实体合法性的司法审查框架》，《华东政法大学学报》2022年第1期。

3. 王天华：《框架秩序与规范审查——"华源公司诉商标局等商标行政纠纷案"一审判决评析》，《交大法学》2017年第1期。

4. 章剑生：《再论对违反法定程序的司法审查基于最高人民法院公布

的判例（2009~2018）》，《中外法学》2019 年第 3 期。

5. 朱芒：《规范性文件的合法性要件——首例附带性司法审查判决书评析》，《法学》2016 年第 11 期。

6. 章剑生：《论行政诉讼中规范性文件的合法性审查》，《福建行政学院学报》2016 年第 3 期。

7. 王春业：《论规范性文件一并审查制度的实践偏离与校正——以 907 个案例为研究样本》，《浙江大学学报（人文社会科学版）》2021 年第 1 期。

8. 王春业：《论行政规范性文件附带审查的后续处理》，《法学论坛》2019 年第 5 期。

9. 周乐军：《论规范性文件附带审查的"重复审查"》，《比较法研究》2022 年第 5 期。

10. 李明超：《论规范性文件不予一并审查：判断要素及其认定规则——基于 1799 份裁判文书的分析》，《政治与法律》2021 年第 4 期。

11. 卢超：《规范性文件附带审查的司法困境及其枢纽功能》，《比较法研究》2020 年第 3 期。

12. 陈运生：《规范性文件附带审查的启动要件——基于 1738 份裁判文书样本的实证考察》，《法学》2019 年第 11 期。

13. 宋智敏：《论以人大为主导的行政规范性文件审查体系的建立》，《法学论坛》2020 年第 6 期。

14. 周乐军、周佑勇：《规范性文件作为行政行为"依据"的识别基准——以〈行政诉讼法〉第 53 条为中心》，《江苏社会科学》2019 年第 4 期。

15. 解志勇、闫映全：《反向行政诉讼：全域性控权与实质性解决争议的新思路》，《比较法研究》2018 年第 3 期。

16. 汪庆华：《中国行政诉讼：多中心主义的司法》，《中外法学》2007 年第 5 期。

17. 周乐军：《行政规范性文件的生成形态及其类型化》，《法学论坛》2019 年第 3 期。

18. 江国华、易清清：《行政规范性文件附带审查的实证分析——以 947 份裁判文书为样本》，《法治现代化研究》2019 年第 5 期。

19. 霍振宇：《规范性文件一并审查行政案件的调查研究——以新行政诉讼法实施后北京法院审理的案件为样本》，《法律适用》2018 年第 20 期。

20. 张婷：《行政诉讼附带审查的宪法命题及其展开》，《法学论坛》2018年第3期。

21. 章志远：《迈向公私合作型行政法》，《法学研究》2019年第2期。

22. 李稷民：《论我国行政规范性文件司法审查的构造——解读2018年〈行政诉讼法〉司法解释带来的变革》，《学习与探索》2019年第1期。

23. 周游、张涤：《规范性文件的司法审查》，《人民司法》2017年第31期。

24. 耿玉娟：《规范性文件附带审查规则的程序设计》，《法学评论》2017年第5期。

25. 黄学贤：《行政规范性文件司法审查的规则嬗变及其完善》，《苏州大学学报（哲学社会科学版）》2017年第2期。

26. 童卫东：《进步与妥协：〈行政诉讼法〉修改回顾》，《行政法学研究》2015年第4期。

27. 马得华：《我国行政规范性文件附带审查模式与效力难题》，《政治与法律》2017年第8期。

28. 沈开举、任佳艺：《行政规范性文件附带司法审查的实现机制研究——美国经验与中国探索》，《湖北社会科学》2018年第9期。

29. 周汉华：《规范性文件在〈行政诉讼法〉修改中的定位》，《法学》2014年第8期。

30. 陈良刚：《规范性文件一并审查的范围、标准与强度》，《法律适用》2017年第16期。

31. 陈忱、李志勇：《论我国行政规范性文件司法审查制度的构建》，《河南工程学院学报（社会科学版）》2017年第3期。

32. 张淑芳：《原告对行政规范性文件的请求审查权解读》，《法律科学》2017年第5期。

33. 王留一：《论行政规范性文件司法审查标准体系的建构》，《政治与法律》2017年第9期。

34. 张福广：《德国行政判断余地的司法审查》，《行政法学研究》2017年第1期。

35. 胡建淼：《法律规范之间抵触标准研究》，《中国法学》2016年第3期。

36. 林来梵：《论法律原则的司法适用——从规范性法学方法论角度

的一个分析》,《中国法学》2006 年第 2 期。

38. 林来梵、张卓明:《论权利冲突中的权利位阶——规范法学视角下的透析》,《浙江大学学报(人文社会科学版)》2003 年第 6 期。

38. 周辉:《论法律规范抵触的标准》,《国家检察官学报》2016 年第 6 期。

39. 于洋:《明显不当审查标准的内涵与适用——以〈行政诉讼法〉第七十条第(六)项为核心》,《交大法学》2017 年第 3 期。

40. 何永红:《美国法规审查的双重标准——法理的反思性重构与借鉴》,《浙江大学学报(人文社会科学版)》2007 年第 4 期。

41. 吴宇龙:《论规范性文件审查的相对独立性》,《人民司法》2016 年第 10 期。

42. 张浪:《行政规范性文件的司法审查问题研究——基于〈行政诉讼法〉修订的有关思考》,《南京师大学报(社会科学版)》2015 年第 3 期。

43. 孙首灿:《论行政规范性文件的司法审查标准》,《清华法学》2017 年第 2 期。

44. 王红卫、廖希飞:《行政诉讼中规范性文件附带审查制度研究》,《行政法学研究》2015 年第 3 期。

45. 程琥:《新〈行政诉讼法〉中规范性文件附带审查制度研究》,《法律适用》2015 年第 7 期。

46. 朱淼:《论对规范性文件的司法审查——以新行政诉讼法的修改为视角》,《南海学刊》2015 年第 4 期。

47. 关保英:《论行政超越职权》,《社会科学战线》2011 年第 11 期。

48. 梁凤云:《行政诉讼法修改的若干理论前提——从客观诉讼和主观诉讼的视角》,《法律适用》2006 年第 5 期。

49. 王东伟:《法治理念下规范性文件的法院审查研究》,《时代法学》2015 年第 6 期。

50. 王锡锌、章永乐:《专家、大众与知识的运用——行政规则制定过程的一个分析框架》,《中国社会科学》2003 年第 3 期。

51. 周乐军:《规范性文件司法审查的"后果考量"及其补充规则》,《安徽大学学报(哲学社会科学版)》2020 年第 2 期。

52. 王必芳:《行政命令的抽象司法审查——以法国法为中心》,《中研院法学期刊》2012 年第 11 期。

53. 王贵松:《行政法上不确定法律概念的具体化》,《政治与法律》

2016年第3期。

54. 蔡琳：《不确定法律概念的法律解释——基于"甘露案"的分析》，《华东政法大学学报》2014年第6期。

55. 喻少如：《论我国行政立法中的职权立法》，《武汉大学学报（哲学社会科学版）》2009年第1期。

56. 李娜：《对于"违宪审查"的概念分析》，《中国青年政治学院学报》2005年第5期。

57. 刘俊祥：《论我国抽象行政行为的司法审查》，《现代法学》1999年第6期。

58. 杨铜铜：《论法律解释规则》，《法律科学》2019年第3期。

59. 杨伟东：《越权原则在英国的命运》，《政法论坛》2000年第3期。

60. 彭华：《司法与行政的"博弈"之道——其他规范性文件在行政诉讼中的适用问题研究》，《研究生法学》2015年第5期。

61. 郑磊：《合宪性审查该如何启动》，《法学》2007年第2期。

62. 郭百顺：《抽象行政行为司法审查之实然状况与应然构造》，《行政法学研究》2012年第3期。

63. 李成：《行政规范性文件附带审查进路的司法建构》，《法学家》2018年第2期。

64. 金国坤：《论行政规范性文件的法律规范》，《国家行政学院学报》2003年第6期。

65. 沈岿：《解析行政规则对司法的约束力——以行政诉讼为论域》，《中外法学》2006年第2期。

66. 俞祺：《上位法规定不明确之规范性文件的效力判断——基于66个典型判例的研究》，《华东政法大学学报》2016年第2期。

67. 俞祺：《规范性文件的权威性与司法审查的不同层次》，《行政法学研究》2016年第6期。

68. 姚建宗：《法治中国建设的一种实践思路阐释》，《当代世界与社会主义》2014年第5期。

69. 杨士林：《试论行政诉讼中规范性文件合法性审查的限度》，《法学论坛》2015年第5期。

70. 夏雨：《行政诉讼中规范性文件附带审查结论的效力研究》，《浙江学刊》2016年第5期。

71. 陈恩才：《试论行政规则效力的外部化及司法审查》，《江苏社会科学》2012 年第 2 期。

72. 陈金钊：《认真对待规则——关于我国法理学研究方向的探索》，《法学研究》2000 年第 6 期。

73. 谢海定：《法学研究进路的分化与合作——基于社科法学与法教义学的考察》，《法商研究》2014 年第 5 期。

74. 杨代雄：《萨维尼法学方法论中的体系化方法》，《法制与社会发展》2006 年第 6 期。

75. 杨登峰：《选择适用一般法与特别法的几个问题》，《宁夏社会科学》2008 年第 5 期。

76. 杨铜铜：《论立法目的司法运用的方法论路径》，《法商研究》2021 年第 4 期。

77. 尹建国：《不确定法律概念具体化的模式构建》，《法学评论》2010 年第 5 期。

78. 宋华琳：《论行政规则对司法的规范效应》，《中国法学》2006 年第 6 期。

79. 伏创宇：《风险规制领域行政规则对司法的拘束力》，《国家检察官学院学报》2016 年第 3 期。

80. 伏创宇：《高校校规合法性审查的逻辑与路径》，《法学家》2015 年第 6 期。

81. 张亮：《高校学位授予要件之区分审查论——对指导性案例 39 号的质疑与反思》，《行政法论丛》第 19 卷。

82. 陈爱娥：《法体系的意义与功能——借镜德国法学理论而为说明》，《法治研究》2019 年第 5 期。

83. 方新军：《内在体系外显与民法典体系融贯性的实现——对〈民法总则〉基本原则规定的评论》，《中外法学》2017 年第 3 期。

84. 方新军：《融贯民法典外在体系和内在体系的编纂技术》，《法制与社会发展》2019 年第 2 期。

85. 胡敏洁：《美国行政法中的"政策声明"》，《行政法学研究》2013 年第 2 期。

86. 袁勇：《论行政规范合法审查的法学方法》，《山东科技大学学报（社会科学版）》2008 年第 2 期。

87. 韩大元：《全国人大常委会新法能否优于全国人大旧法》，《法学》

2008 年第 10 期。

88. 胡玉鸿、吴萍：《试论法律位阶制度的适用对象》，《华东政法大学学报》2003 年第 1 期。

89. 余军、张文：《行政诉讼中规范性文件附带审查制度研究》，《法学研究》2016 年第 2 期。

90. 朱芒：《行政立法程序调整对象重考——关于外部效果规范与程序性装置关系的考察》，《中国法学》2008 年第 6 期。

91. 徐肖东：《行政诉讼规范性文件附带审查的认知及其实现机制》，《行政法学研究》2016 年第 6 期。

92. 高秦伟：《程序审抑或实体审——美国行政规则司法审查基准研究及其启示》，《浙江学刊》2009 年第 6 期。

93. 陈越峰：《中国行政法（释义）学的本土生成》，《清华法学》2015 年第 1 期。

94. 叶必丰：《行政规范法律地位的制度论证》，《中国法学》2003 年第 5 期。

95. 黄金荣：《"规范性文件"的法律效力及其界定》，《法学》2014 年第 7 期。

96. 闫尔宝：《司法解释放弃定义具体行政行为的策略检讨》，《法制与社会发展》2012 年第 4 期。

97. 章志远：《新〈行政诉讼法〉实施对行政行为理论的发展》，《政治与法律》2016 年第 1 期。

98. 应松年、何海波：《行政法学的新面向：2005—2006 年行政法学研究述评》，《中国法学》2007 年第 1 期。

99. 于立深：《行政立法过程的利益表达、意见沟通和整合》，《当代法学》2004 年第 3 期。

100. 伍劲松：《行政判断余地之理论、范围及其规制》，《法学评论》2010 年第 3 期。

101. 周佑勇、熊樟林：《裁量基准司法审查的技术区分》，《南京社会科学》2012 年第 5 期。

102. 黄先雄：《司法与行政互动之规制》，《法学》2015 年第 12 期。

103. 倪星、王锐：《权责分立与基层避责：一种理论解释》，《中国社会科学》2018 年第 5 期。

104. 龙宗智、袁坚：《深化改革背景下对司法行政化的遏制》，《法学研究》2014 年第 1 期。

105. 顾培东：《当代中国司法生态及其改善》，《法学研究》2016 年第 2 期。

106. 于龙刚：《人民法院立案环节的眼里化解策略及其改革》，《现代法学》2019 年第 5 期。

107. 姚建宗：《法律的政治逻辑阐释》，《政治学研究》2010 年第 2 期。

108. 杨建军：《法治国家中司法与政治的关系定位》，《法制与社会发展》2011 年第 5 期。

109. 亓晓鹏：《行政法官疑难案件审理模型的建构》，《清华法学》2018 年第 6 期。

110. 白云锋：《如何激励执法者———一个认知行为主义的分析进路》，《法制与社会发展》2020 年第 6 期。

111. 田勇军：《论行政判决中主要争议事实的预决力》，《政治与法律》2013 年第 3 期。

112. 梁君瑜：《论行政诉讼中的确认无效判决》，《清华法学》2016 年第 4 期。

113. 张力：《党政联合发文的信息公开困境与规则重塑：基于司法裁判的分析》，《中国法学》2020 年第 1 期。

114. 黄锫：《为什么选择性执法？———制度动因及其规制》，《中外法学》2021 年第 3 期。

（四）外文文献

1. Aulis Aarnio, *Essays on the Doctrinal Study of Law*, Spring Press, 2011.

2. Brian Z. Tamanaha, *On the Rule of Law: History, Politics, Theory*, Cambridge University Press, 2004.

3. Brian Leiter, *Naturalizing Jurisprudence: Essays on American Legal Realism and Naturalism in Legal Philosophy*, Oxford University Press, 2007.

4. John Rawls, *Political Liberalism*, Columbia University Press, 2005.

5. Paul Daly, *A Theory of Deference in Administrative Law: Basis, Application and Scope*, Cambridge University Press, 2012.

6. Breyer et al., *Adiminstrative Law and Regulatory Policy:

Problems, *Text and Cases*, 6th edition, Aspan Pubilishers, 2006.

7. John Gardner, *How Law Claims*, *What Law Claims*, in *Institutionalized Reason: The Jurisprudence of Robert Alexy*, Oxford University Press, 2012.

8. Adrian Vermeule, "Our Schmittian Administrative Law", *Harvard Law Review* 122, 2009.

9. Matthew C. Stephenson and Adrian Vermeule, *Chevron has only One Step*, Harvard Law School Faculty School Faculty Scholarship Series, 2009.

10. J. Skellly Wright, "The Courts and the Rulemaking Process: The Limits of Judicial Review", *Cornell L. Rev.* 59, 1973.

11. Erhard Denninger, "Judicial Review Revisited: The German Experience", *Tul. L. Rev.* 59, 1984.

12. Anne Joseph O'Connell, "Political Cycles Of Rulemaking: An Empirical Portrait of The Modern Administrative State", *Virginia Law Review* 94, 2008.

13. Patrick M. Garry, "Accommodating the Adimistrative State: The Interrelationship between the Chevron and Nondelegation Doctrines", *Ariz. St. L. J.* 38, 2006.

14. Paul Craig, "Competing Modes of Judicial Review", *Public Law*, 1999.

15. Mark Greenberg, "What Makes a Method of Legal Interpretation Correct: Legal Standard vs. Fundamental Determinants", *Harv. L. Rev. F.* 105, 2017.

16. Ward Farnsworth, Dustin Guzior, and Anup Malani, "Policy Preferences and Legal Interpretation", *Journal of Law and Courts* 1, 2013.

17. D. Neil MacCormick and Robert S. Summers, *Interpreting Statutes: A Comparative Study*, Dartmouth Publishing Company Limited, 1991.

18. Ronald J. Gilson, "Charles F. Sabel & Robert E. Scott, Text and Context: Contract Interpretation as Contract Design", *Cornell L. Rev.* 23, 2014.

19. William D. Popkin, *A Dictionary of Statutory Interpretation*,

Carolina Academic Press, 2007.

(五) 学位论文

1. 孟葆玥:《权利位阶理论的司法适用研究》,吉林大学 2019 年硕士学位论文。

2. 亓晓鹏:《行政诉讼疑难案件裁判的理念与方法》,吉林大学 2019 年博士学位论文。

图书在版编目（CIP）数据

规范性文件附带审查制度研究/于洋著. --北京：中国人民大学出版社，2024.3
国家社科基金后期资助项目
ISBN 978-7-300-32656-6

Ⅰ.①规… Ⅱ.①于… Ⅲ.①国家行政机关－文件管理－制度－研究－中国 Ⅳ.①D630.1

中国国家版本馆 CIP 数据核字（2024）第 055553 号

国家社科基金后期资助项目
规范性文件附带审查制度研究
于洋 著
Guifanxing Wenjian Fudai Shencha Zhidu Yanjiu

出版发行	中国人民大学出版社	
社　　址	北京中关村大街 31 号	邮政编码　100080
电　　话	010-62511242（总编室）	010-62511770（质管部）
	010-82501766（邮购部）	010-62514148（质管部）
	010-62515195（发行公司）	010-62515275（盗版举报）
网　　址	http://www.crup.com.cn	
经　　销	新华书店	
印　　刷	唐山玺诚印务有限公司	
开　　本	720 mm×1000 mm　1/16	版　次　2024 年 3 月第 1 版
印　　张	17.75 插页 2	印　次　2024 年 3 月第 1 次印刷
字　　数	298 000	定　价　79.00 元

版权所有　侵权必究　印装差错　负责调换